国家出版基金项目
NATIONAL PUBLICATION FOUNDATION

满族语言与文化研究丛书

主编◎郭孟秀　副主编◎长　山

清代
黑龙江地区世居民族
交往交流研究

QINGDAI HEILONGJIANG DIQU SHIJU MINZU
JIAOWANG JIAOLIU YANJIU

吕　欧◎著

社会科学文献出版社
SOCIAL SCIENCES ACADEMIC PRESS (CHINA)

黑龙江大学出版社
HEILONGJIANG UNIVERSITY PRESS

图书在版编目（CIP）数据

清代黑龙江地区世居民族交往交流研究 / 吕欧著
. -- 哈尔滨 ：黑龙江大学出版社 ；北京 ：社会科学文
献出版社，2023.6
（满族语言与文化研究丛书 / 郭孟秀主编）
ISBN 978-7-5686-0605-9

Ⅰ．①清… Ⅱ．①吕… Ⅲ．①满族－民族融合－研究
－黑龙江省－清代 Ⅳ．① K282.1

中国版本图书馆 CIP 数据核字（2021）第 002399 号

清代黑龙江地区世居民族交往交流研究
QINGDAI HEILONGJIANG DIQU SHIJU MINZU JIAOWANG JIAOLIU YANJIU
吕　欧　著

责任编辑　魏翕然
出版发行　黑龙江大学出版社　社会科学文献出版社
地　　址　哈尔滨市南岗区学府三道街 36 号　北京市北三环中路甲 29 号院华龙大厦
印　　刷　哈尔滨市石桥印务有限公司
开　　本　720 毫米 ×1000 毫米　1/16
印　　张　13.75
字　　数　204 千
版　　次　2023 年 6 月第 1 版
印　　次　2023 年 6 月第 1 次印刷
书　　号　ISBN 978-7-5686-0605-9
定　　价　51.00 元

本书如有印装错误请与本社联系更换，联系电话：0451-86608666。

总　序

　　由黑龙江大学出版社联合社会科学文献出版社组织策划的满族语言与文化研究丛书即将出版。丛书荟萃《清代满语文对蒙古语言文字的影响研究》（长山著）、《朝鲜语与满－通古斯语族同源词研究》（尹铁超著）、《满语修辞研究》（魏巧燕著）、《满语借词研究》（哈斯巴特尔著）、《满语认知研究：形态、语义和概念结构》（贾越著）、《俄藏满文文献总目提要》（王敌非著）、《满族社会文化变迁研究》（阿拉腾等著）、《濒危满语环境中的满族祭祀文化》（阿拉腾著）、《满洲崛起对东北少数民族文化认同的影响》（郭孟秀著）、《清代黑龙江地区世居民族交往交流研究》（吕欧著）、《清代东北流人视野中的满族社会生活》（高松著），共十一部力作，是近年来黑龙江大学满学研究院研究成果的集中展现，也是诸位学者"博观而约取，厚积而薄发"的必然结果；同时也体现出黑龙江大学出版社慧眼识金，为满学研究把薪助火的专业精神。在本丛书的十一部著作中，可以归类为满语（通古斯语族）语言学的有五部，可以归类为文化人类学的有四部，另有古籍类一部，民族史类一部。其中涉及满族语言文字方面的内容，笔者并非相关领域专家，无从评价。以下是阅后的几点思考，是为序。

　　首先，是关于满族文化内涵的思考。

本套丛书把内容定位为"语言与文化"，以展示黑龙江大学满学研究院在满族语言文化研究方面取得的优秀成果。阅读这套丛书后，笔者欲从历时和地理空间的角度思考满族文化的内涵，以便更深刻地理解丛书的内容。

尹铁超教授在《朝鲜语与满-通古斯语族同源词研究》一书中，将同源词研究上溯到了中国古代地方民族政权高句丽国的高句丽语和三韩语，把朝鲜语、高句丽语、满-通古斯语族诸语作为比较研究的对象。郭孟秀研究员提出，满族文化研究的内容框架可参考文化哲学三个层面的研究主题，即对文化现象的一般考察，关于文化的社会历史透视，以及关于文化的价值思考。他认为，除了第一个层面外，满族文化研究在其他两个层面都比较匮乏。① 这一观点无疑是正确的，非常有价值的。阿拉腾等在《满族社会文化变迁研究》一书中对满族文化进行了历时的分期。特别重要的是郭孟秀研究员在《满洲崛起对东北少数民族文化认同的影响》一书中对满族文化进行了纵向、历时的思考，将肃慎族系文化作为整体进行分类研究，包括肃慎-挹娄、勿吉-靺鞨、宋金时期女真人、元明时期女真人，研究其文化特征和满洲文化的形成。从历史发展过程的角度思考满族及其先民的文化的形成、演变过程，无疑为我们提供了非常有意义的研究视角。郭孟秀研究员还在满族文化的内涵研究上进行了创新，提出底层文化（渔猎文化）、表层文化（农耕文化）的概念，并首创满洲文化"轴心期"的新观点，即满洲人学汉语、习汉俗是一种文化选择的结果，更是文化有机体生命力的一种展示。对满族人来说，作为核心的渔猎文化与作为次核心的农耕文化在这一时期既存在一种亲和的相互融合的状态，同时又各自保留具有独立特征的文化张力，是文化二元结构的最佳状态，为满洲文化的发展提供了广阔的空间和愿景。此时的满洲文化表现出未特定化和未确定性，处于充满无限可能的"方成"而非"已成"状态，是满洲文化轴心期的重要标志。而在此之前，满学界就已经开始从人类发展史的角度审视

---

① 郭孟秀：《满族文化研究回顾与反思》，载《满语研究》2016 年第 1 期。

满族文化的形成发展过程。在全国"首届满族文化学术研讨会"上，有学者提出满族文化发展的三个阶段，即远古时期、满洲鼎盛时期（努尔哈赤进入今辽沈以后）、中华人民共和国成立以后的满族新文化时期。有学者提出清朝时期满族文化的四个类型：留守型文化、屯垦型文化、留守与驻防交叉型文化、驻防型文化。驻防型文化层次最高，留守、屯垦型文化保留传统内容较多。[①] 但此次研讨会以后，从人类发展史的角度和自然地理空间的角度研究满族文化的成果还是较少。而满族语言与文化研究丛书的出版，将会成为帮助我们更加全面地了解满族文化内涵的重要资料。

中国远古的文化，由于处于相对封闭的自然地理空间而呈现出独立发展的地域土著特征，很少受到族系外民族的冲击和干扰，形成了自身的半闭环的交流循环体系，黑龙江流域便是中国相对封闭的自然地理空间中的重要一环。黑龙江流域以北是不太适合远古人类生存的，外兴安岭南缘只发现了零星的新石器遗址，而在黑龙江流域内，新石器文化的遗存才开始密集、丰富起来。在满族先民生存的黑龙江下游流域以及乌苏里江、松花江下游流域，其北部是没有外敌存在的，而其东部是大海，只有西部和南部面临着濊貊－夫余族系的威胁，即夫余和高句丽。在公元 7 世纪前，肃慎族系与濊貊－夫余族系间形成了弱平衡关系，在长期的历史发展过程中塑造了具有独特地域特征的文化，即北东北亚类型的渔猎文化。而一旦离开这一具有独特自然地理特征的区域，就会发生文化类型的明显演变。笔者认为，在远古时期，自然地理状况对人类社会的发展进程起到决定性的影响，几乎所有的文明古国都不曾脱离这一规律。古埃及、古巴比伦、古印度文明的发生区域有一个共同的因素，即大河、平原和适合于旱地农业发展的环境。这些文明古国自然地理空间的开放性导致了其文明的中断，而相对封闭的地理空间环境则成为中国古代文明绵延不断的有利条件之一。中国古代文明的发生因素同样是大河（黄河）、平原，黄河从上游至下游流经宁夏平原、河套平原、汾渭平原、华北平原，特别是汾渭平原和

---

① 周凤敏：《"首届满族文化学术研讨会"综述》，载《满族研究》1990 年第 1 期。

华北平原，作为古中国文明的发生地域，远古农业十分发达。据考证，这些地方距今五千年左右出现青铜器，距今三千多年出现象形文字——甲骨文。这些条件与其他三个文明古国有相似之处，即适合远古农业发展的大河、平原，以及象形文字和青铜器。

历史事实证明，黑龙江干流流域不适合旱地农业的发展，若不脱离这一区域便不可能进入古代的文明社会，而是长期滞留于原始的氏族－部落社会。比如，东胡族系的鲜卑人和契丹人在脱离这一区域南下直至中原后，才有机会进入到奴隶制社会，最终进入到封建社会；蒙古族脱离这一区域到漠北草原后才进入到奴隶社会。而那些没有机会脱离黑龙江干流流域的诸氏族部落，比如埃文基人（鄂伦春、鄂温克人）、那乃－赫哲人、乌尔奇人、乌德盖人、尼夫赫人、奥罗奇人、奥罗克人等25个土著"民族"，则根本没有机会脱离氏族－部落社会。因此，我们可以把满族的传统文化划分为四种类型：第一种类型是没有脱离黑龙江干流下游流域、乌苏里江流域、松花江干流下游流域的满族先民的文化，他们仍然处于氏族－部落社会，狩猎、捕鱼是其文化的核心特征，比如肃慎、挹娄、勿吉、靺鞨的大部分及生女真、野人女真等；第二种类型是源自黑水靺鞨的女真人建立金朝后形成的该时期的女真文化；第三种类型是以粟末靺鞨为主建立的渤海国的文化，粟末部是夫余人和勿吉人融合形成的，《旧唐书》记载为"涑沫靺鞨"或"浮渝靺鞨"①，受夫余人影响，粟末靺鞨文化具有鲜明的中原文化特征；第四种类型就是女真－满洲－满族文化，简称满族文化，建立清朝的核心是建州女真，其主要部落胡里改部的源头是黑龙江下游以北的乌德盖部落，逐步迁移至松花江中游（今依兰县）。元末明初，胡里改部和斡朵里部先后南迁，开启了满洲族的历史，也创造了满洲族文化。分析这四种类型的文化我们发现，渤海文化、女真文化、女真－满洲－满族文化之间并没有继承关系，而是表现出明显的差异性，它们的共同点是其源头都与黑龙江下游的原始部落相关，在恶劣的自然环境下形

---

① 刘昫等：《旧唐书》第05部，陈焕良、文华点校，岳麓书社1997年版，第991、992页。

成的剽悍、刚烈和无所畏惧的精神，或许就是它们文化共同性的体现。所以，如果我们用"肃慎－满洲族系"文化来命名满族及其先民的文化的话，其特点则是多样性中蕴含着共同性，且多样性超过其共同性。满族文化包括满族先民的文化（黑龙江下游流域的氏族－部落文化、渤海文化、建立金朝的女真文化）、满族传统文化和革命文化、社会主义先进文化。满族的传统文化处于濒危状态，但满族的现代文化（社会主义先进文化）则正处于形成、发展的过程中，而且必然是综合性的、复合型的新文化。不能将满族现代文化的形成发展视为"汉化过程"，因为这完全违背了中国历史的发展过程。新石器时代的六大文化区系①和六大文化区②，以及先秦时期华夏"中国"的"天下"中夷夏分布、交错杂居的事实，包括秦、楚、吴、越等融入华夏的历史，这些都说明是各民族共同创造了华夏文化。满族现代文化的建设处于中华现代文化建设的范围中，表现为核心文化（中华文化核心价值观、精神力量）的统一和表层、深层文化（满族文化）多样性的统一。中国其他各民族的文化同样处于现代文化的重塑过程中。

其次，是关于满族文化濒危问题的思考。

所谓"濒危文化"包括物质的、非物质的正在消失的文化，而且是不可逆转地即将消失的文化。既然是濒危的文化，其所依存的人文条件和自然地理条件就都已经处于消失的过程中，所以，濒危文化不具有传承性，因为文化的本体内涵和形式都已经经历了长期的变异过程，失去了传播的功能性基础。濒危文化的原始内涵是不可复原的，因为其最核心的文化内涵已经不复存在。比如现在东北地区还存在一些"活态"的萨满祭祀仪式，但无论是规模还是功能都区别于以往。在本套丛书中，《清代满语文对蒙古语言文字的影响研究》《朝鲜语与满－通古斯语族同源词研究》《满语修辞研究》《满语借词研究》《满语认知研究：形态、语义和概念结构》

---

① 苏秉琦、殷玮璋：《关于考古学文化的区系类型问题》，载《文物》1981 年第 5 期。
② 严文明：《中国史前文化的统一性与多样性》，载《文物》1987 年第 3 期。

《濒危满语环境中的满族祭祀文化》，均属于濒危文化研究的范畴。"黑龙江省富裕县三家子村、孙吴县四季屯等一些满族村屯中还有十几位满族老人能够较为熟练使用满语，满语口语即将彻底退出历史舞台。对基础满语语法、满语修辞、满语与锡伯语比较等方面的研究，是在书面语的层面对满语所做的继承与保护，这项工作可以让满族语言作为满族文化的一部分存续下去。"这是本套丛书立项报告中的表述，笔者深以为然。满族濒危文化严格表述应为"满族濒危传统文化"，即将退出社会功能的是过去的文化，而满族新的文化即社会主义先进文化正处于建设过程中，因此从整体视角看，满族文化不存在濒危的问题，而是在发展中出现了变迁。《满族社会文化变迁研究》就是从这个视角进行的研究，非常具有现实意义。

基于上述认识，笔者个人的观点是要重视满族濒危传统文化的资料库建设（文字记载、影像资料制作、博物馆展示建设等）和专业化研究，做好这些工作的基础是有效的精英人才培养机制，如黑龙江大学开展的满族语言文化方向的本科生和研究生培养工作，就是很有远见的举措。满族优秀的传统文化是中华文化的组成部分，我们有责任，更有能力，对其进行深入、系统的研究。

再次，是关于满族语言与文化研究重要价值的思考。

郭孟秀研究员认为，目前针对满族文化价值方面的研究是比较匮乏的，该观点抓住了满族文化研究存在的突出问题。满族及其先民创造了恢宏而又多样的优秀民族文化，诸如渤海文化、女真文化和女真–满洲–满族文化，是中国古代北方地区最具影响力的少数民族文化，对中华文化的发展做出了杰出贡献。从我国旧石器晚期到新石器早期的人类发展状况来看，中原地区并不总是走在前面，先进的文明也并不都是从中原向四周扩散。比如距今约八千年的阜新查海文化的玉器，距今五六千年的红山文化的庙、祭坛、塑像群、大型积石冢、玉猪龙等成套玉器，都说明苏秉琦先生认为中华文明"满天星斗"的观点是正确的。至少在某一个时期内，中原地区还未发现"具有类似规模和水平的遗迹"而走在前面的文明，当然，这并不影响中原地区作为古中国文明核心区域所起到的引领作用。东北地区史前文化的顶峰显然是前红山－红山文化，它作为华夏文化的边缘和"北狄"文化的腹地，成为中华文化向东北地区传播的枢纽和通道，最先受到影响的是濊貊－夫余族系，而后是东胡族系，最后受影响的肃慎－满洲族系却创造了三种类型的文化，从公元7世纪末开始间断影响中国北部一千多年，是少数民族文化与中华文化融合的典型范例。满族先民所创造的这些优秀文化对中华文化的贡献没有得到学界应有的重视，研究成果较少，这是非常遗憾的。应该特别重视女真人两次入主中原、粟末靺鞨人建立"海东盛国"渤海的文化因素研究，以及这些满族先民的文化向中原文化靠拢的原因，这些都是满族文化价值研究的重要课题，但不限于此。"满族缔造的清朝，持续近三百年，对中华民族的近现代历史与文化都产生了重要的影响。因此，从中华民族文化大局的角度研究满族文化具有重要的历史意义与现实意义。"这是本套丛书的重要意义和价值所在。

丛书中《满洲崛起对东北少数民族文化认同的影响》《清代满语文对蒙古语言文字的影响研究》《清代东北流人视野中的满族社会生活》《清代黑龙江地区世居民族交往交流研究》四部著作对满族文化的价值进行了探讨。后金－清政权在入关前，分别发动了对蒙古、赫哲、索伦等族的一系列统一战争，建立了牢固的同盟关系，稳固了后方，同时进一步将中华文化传播到这些地区。通过清朝的统治，东北少数民族逐步接受中华文化并且开始认同中华文化，有一个重要的途径就是通过接受、认同满洲文化来渐次接受、认同中华文化，满洲文化"中华化"的过程使得中华文化在东北少数民族中的传播和影响更为深入、稳固，这是满族文化对中华文化历史建设的重要贡献。当然，这一贡献并不局限于东北地区，还包括中国其他的少数民族地区。

在先秦时期，"天下观"中存在"教化天下"的内涵，自秦朝始，"教化天下"演化出中央与边疆之间"因俗而治"、羁縻制度、土司制度以及朝贡－封赏等多种形式的政治关系，实则是"教化观"外溢扩展的结果。先秦时期"教化天下"不等于华夏"中国"实际控制的"天下"，带有礼治的想象成分，两种"天下"合二为一实现于清朝。也可以这样认为：满洲文化的"中华化"使得先秦时期想象的"天下"和"教化天下"在清朝统一于实践的"天下"。"大一统"的理想之所以能够在清朝实现，文化一统是重要的条件，而在这一过程中，满洲文化"中华化"的贡献是关键因素，其当然成为满族文化价值研究的重要内容。

在满族文化中，语言文字具有重要而独特的学术研究价值。《俄藏满文文献总目提要》等著作就是这方面的研究成果。满文古籍文献包括档案、图书、碑刻、谱牒、舆图等，数量居55个少数民族文字古籍文献之首。"清代，特别康熙、雍正、乾隆三朝，大量公文用满文书写，形成了大量的满文档案。用满文书写印制的书籍档案资料，及汉文或别种文字文献的满译本，构成了满文文献的全部。"此外，中国第一历史档案馆所藏满文文献，就有一百五十万件左右。辽宁、吉林、黑龙江、内蒙古、西藏、北京等省、市、自治区的档案部门或图书馆，中央民族大学、北京大学等大学的图书馆，以及中国社会科学院民族学与人类学研究所等研究机构的图书馆，均藏有满文文献。北京、沈阳、台北是我国三大满文文献收藏宝库。由于历史变迁等一些举世周知并令人难忘的原因，我国珍贵的满文文献还流散在世界各地，如日本、韩国、俄罗斯、英国、美国等地。[①]比如，日本有镶红旗文书（从雍正至清末）资料2402函。1975年，美国国会图书馆藏有满文文献8916册。因此，我国必须培养一批相当数量的满语言文字方面的专业人才，翻译和研究浩如烟海的满文文献，与其他文字的文献对照、补充，还原更加真实、完整的清朝历史与文化，寻觅无文字民族的历史与文化的面貌，其价值自不待言。本套丛书中满语言文字研究方面的著作，就属于这类成果。

最后，是关于满族文化与中华文化关系的思考。

在《满洲崛起对东北少数民族文化认同的影响》一书中，郭孟秀研究员认为东北少数民族对中华文化认同的形成过程，是通过对国家政权的认同发展到对满洲文化的认同，再由此升华到对中华文化的认同。这是非常

---

① 富丽：《满文文献整理纵横谈》，载《中央民族学院学报》1984年第3期。

新颖而有创意的观点。笔者认为，在这个过程中，满洲文化的逐步"中华化"是影响清朝各民族对中华文化产生认同的关键因素。李大龙教授认为，"建立清朝的满洲人则不仅没有回避其'东夷'的出身，反而在天子'有德者居之'旗号下对魏晋以来边疆政权对'大一统'观念继承与发展的基础上有了更进一步发扬，目的是在确立满洲及其所建清朝的'中国正统'地位的基础上实现中华大地更大范围内的'大一统'"①。"大一统"观念自秦朝开始拓展其内涵，从单纯的华夏"中国"统治的合法性、正统性，逐渐形成中央王朝文化一统、政治一统、疆域一统、族系一统等内涵的综合概念，其中，文化一统是实现其他"大一统"的基础。所以，清朝统治者在顶层文化上推行以儒家思想为基础的中华文化，在基础层文化上采取"修其教不易其俗，齐其政不易其宜"②的政策，既包容差异，又实现了中华文化核心价值的统一。在这一过程中，满族文化必然向"中华化"的方向发展，因为文化政策必须服从于统治的合法性和稳定性。

研究满族文化与中华文化的关系，首先要知道什么是中华文化。习近平总书记对此指出："我们灿烂的文化是各民族共同创造的。中华文化是各民族文化的集大成。"③ 在 2021 年的中央民族工作会议上，习近平总书记又指出："要正确把握中华文化和各民族文化的关系，各民族优秀传统文化都是中华文化的组成部分，中华文化是主干，各民族文化是枝叶，根深干壮才能枝繁叶茂。"④ 满族的优秀传统文化亦是中华文化的组成部分，中华文化认同是由包括满族文化在内的各民族文化认同的基础文化层级和中华文化认同的国家文化层级组成的，基础文化层级不应具有政治属性，而国家文化层级则必然具有政治属性。中华文化认同是在认同中华各民族

---

① 李大龙：《农耕王朝对"大一统"思想的继承与发展》，载《云南师范大学学报（哲学社会科学版）》2020 年第 6 期。

② 《礼记·王制》，见杜文忠：《王者无外：中国王朝治边法律史》，上海古籍出版社 2017 年版，第 72 页。

③ 《习近平：在全国民族团结进步表彰大会上的讲话》，新华网，2019 年 9 月 27 日。

④ 《习近平在中央民族工作会议上强调　以铸牢中华民族共同体意识为主线　推动新时代党的民族工作高质量发展》，新华网，2021 年 8 月 28 日。

文化形成和发展历史的基础上，对中华顶层文化的价值观、精神的认同，或者说顶层文化已经属于国家文化的范畴，每个民族的文化认同都不能与之等同，每个民族的文化都不等同于中华文化。这就厘清了满族文化与中华文化的关系，即枝叶与主干的关系，基础层级与顶层（国家文化）的关系。这一认识应该成为开展满族文化研究的原则，也就是说既不能把满族文化的研究政治化，也不能认为开展满族传统文化研究和发展满族现代文化就有害于中华文化认同，就与极端的、狭隘的民族主义有联系。开展满族文化研究与发展满族现代文化是中华文化建设的一部分，不影响中华文化共同性的增进，包容和尊重差异的共同性才会更有生命力和凝聚力。正常的差异并不会成为中华文化建设的障碍，处理得当，反而会成为动力。

　　满族语言与文化研究丛书的出版，体现了上述四个思考中提到的理念，笔者期盼更多此类研究成果涌现。

中国民族理论学会副会长，

延边大学、黑龙江大学兼职教授、博导，都永浩

总　导　言

　　满族（满洲）既是一个历史民族，也是一个现代民族，独特的发展历程铸就了其别具一格的文化特质，使之成为中华文明大花园的一朵奇葩。形成于明朝末年的满洲民族共同体，素有"马背上的民族""引弓民族"之称。满族族源可追溯至商周时期的肃慎，汉至两晋时期的挹娄（肃慎），北魏时期的勿吉，隋唐时期的靺鞨，宋、元、明时期的女真等均为肃慎后裔，也是满族的先世。这些部族长期繁衍生息于我国东北的"白山黑水"之间，在军事、政治、社会、文化上都创造了辉煌的成就，对中华民族文化的形成发展影响重大，意义深远。正如著名社会学家、人类学家费孝通先生所言，中华民族是由56个民族构成的多元一体，各民族文化的多样性构成了中华文明的丰富性。因此，研究满族语言及其历史文化具有重要的学术价值与现实意义。

　　全国唯一专门的满语研究机构——黑龙江省满语研究所自1983年成立以来，本着"把科研搞上去，把满语传下来"的办所宗旨，组建了国内第一个满语研究团队。自20世纪80年代以来，黑龙江省满语研究所充分利用地缘优势，连续对日趋濒危的满语进行抢救性调查，采用录音、录像等现代化手段，对黑河地区、齐齐哈尔地区和牡丹江地区仍然能够使用满语的满族老人进行连续性跟踪调查记录，完整保存活态满语口语原始资料。

近年来，抢救性调查范围拓展至赫哲语、鄂伦春语、鄂温克语、那乃语与锡伯语，搜集了较为全面丰富的满－通古斯语族诸语言调查资料。此外，黑龙江省满语研究所对满语语音、语法、词汇等基本理论问题展开了系统的分析研究。

1999 年 11 月，黑龙江省满语研究所整建制迁入黑龙江大学，组建黑龙江大学满族语言文化研究中心，研究领域由单一满语拓展至满族历史与文化，并利用黑龙江大学的人才培养机制，陆续创建与完善中国少数民族语言文学（满语）学士、硕士与博士三级学位培养体系，目前共培养满语本科、硕士、博士毕业生近 170 人。中国少数民族语言文学（满语）专业培养了大量的满语专业人才，毕业生多于满文档案保管机构从事满文档案整理与研究工作。2019 年 6 月，为适应学科建设发展需要，满族语言文化研究中心正式更名为满学研究院，标志着黑龙江大学满学学科建设迈上一个新台阶，成为集满语满学研究、满语人才培养、满族文化传承于一体的教学科研机构。经过几代人的努力，黑龙江大学满学研究团队以学科特色鲜明、学术积淀厚重、学科体系完善、学术研究扎实而享有一定学术声誉和社会影响力。

满族语言与文化研究丛书拟出版的 11 部专著即为满学研究院科研人员的近期学术成果。其中以满语研究为主题的成果 4 部，哈斯巴特尔《满语借词研究》，长山《清代满语文对蒙古语言文字的影响研究》，贾越《满语认知研究：形态、语义和概念结构》，魏巧燕《满语修辞研究》；以亲属语言比较研究为主题的 1 部，尹铁超《朝鲜语与满－通古斯语族同源词研究》；以满文文献研究为主题的 1 部，王敌非《俄藏满文文献总目提要》；以满族历史文化研究为主题的 5 部，阿拉腾《濒危满语环境中的满族祭祀文化》，郭孟秀《满洲崛起对东北少数民族文化认同的影响》，阿拉腾等《满族社会文化变迁研究》，吕欧《清代黑龙江地区世居民族交往交流研究》，高松《清代东北流人视野中的满族社会生活》。丛书研究既涉及基础理论问题，又涵盖以问题为中心的专题探讨；研究主题多偏重于历史范畴，亦有基于田野调查的现实问题研究。

这批成果是黑龙江大学满学研究院的教学科研人员经过一定时期的积累，秉持严谨的态度所推出的原创性成果。但是，学无止境，受自身专业与研究能力限制，相关研究或许还存在一些局限与不足，希望得到学界师友批评指正。

满语文已经退出或者说正在淡出历史舞台，不再具有现实应用性的交际交流功能。因而，满语文研究，乃至以满语文研究为基础的满学研究已经成为"具有重要文化价值和传承意义的绝学冷门学科"。在现代语境下，抢救保护与开发研究少数民族语言文化是一项意义重大而充满艰辛的事业，需要学术工作者坚持严谨的学术操守，抵制急功近利的诱惑，甘于"板凳要坐十年冷"的寂寞，同时更需要社会各界的大力支持与积极参与。

满族语言与文化研究丛书的出版要特别感谢香港意得集团主席高佩璇女士。自 2009 年开始，高佩璇女士从中华民族传统文化传承与保护的高远视角，先后出资 700 余万元资助黑龙江大学与香港大学饶宗颐学术馆合作开展"满族文化抢救开发与研究"项目。该项目旨在对现存活态满族文化进行抢救性调查与挖掘，对现存满文档案开展整理翻译与研究开发，以加强后备人才培养，拓展深化满族语言与历史文化研究。德高望重的国学大师饶宗颐先生大力倡导这一功在当代、利在千秋的民族文化事业，并为项目亲自题写牌匾"满族文化抢救开发与研究"。高佩璇女士以黑龙江省政协常务委员身份，多次撰写建议提案，向各级领导及社会呼吁关注支持满学研究与满族文化事业，并得到省委、省政府、省政协领导的重视与批示，彰显了深切的民族情怀与企业家的担当奉献精神。香港大学饶宗颐学术馆馆长李焯芬教授、副馆长郑炜明教授等在项目论证和实施中开展了大量细致工作。经过项目组成员十余年的努力，目前项目第二期即将结项，此次出版的 11 部专著即为该项目第二期的部分成果。在此谨向令人敬仰与怀念的饶宗颐先生（已故）致以敬意，向高佩璇女士等支持关注满学事业的社会各界仁人志士表示由衷感谢。

满族语言与文化研究丛书出版之际，还要感谢黑龙江大学领导及黑龙江大学重点建设与发展工作处的大力支持。感谢黑龙江大学出版社的帮助，正是在他们的努力下，本丛书得到了国家出版基金的资助；他们对所有选题进行认真审核，严把意识形态关，并邀请相关领域专家对每部专著内容予以审读，提出修改建议，大大提升了学术成果的严谨性。部分论著涉及满语文及音标，给录入排版造成了一定困难，幸有诸位编辑不辞辛苦，认真校对，保证内容的规范与质量，在此一并致谢！

黑龙江大学满学研究院院长，

博导、研究员，郭孟秀

目 录

绪　论

中国是一个地大物博、民族众多的国家。我国现今有 56 个民族，各民族形成及使用现有族称的时间虽有早有晚，但都有着悠久的历史，都是我国古代民族直接或间接的继续，通过不断分化或融合发展而来的。

清代是我国历史上最后一个封建王朝，也是东北诸多民族形成、发展的重要历史时期。清代黑龙江地区主要指今黑龙江省辖区、内蒙古自治区东北部地区及部分今俄罗斯境内地区，北起黑龙江流域，南至张广才岭、完达山脉，东至大海，西接松嫩平原。早在旧石器时代黑龙江地区就有人类活动的痕迹，自古以来这里就是多民族共同的繁衍栖息地。历史上通过不同民族、部族间的迁徙、析出及融合，清代黑龙江地区以大杂居小聚居的形式居住着汉族、满族、朝鲜族、蒙古族、回族、锡伯族、赫哲族、鄂伦春族、鄂温克族、达斡尔族等诸多民族。

历史上，这些民族在广袤的白山黑水间繁衍生息，有相对固定的民族聚居区及经济生产方式，形成了独特的民族文化，并通过各种形式交往交流，形成了错综复杂的政治、经济、语言、文化等方面的相互关系。特别是清代建立后，统治者为了维护国家的统一、边疆的稳定，更加重视对黑龙江等东北边疆地区各民族的管理，先后在该区域通过宁古塔将军、黑龙江将军驻防等军政合一的管理体制进行管辖，制定了特殊的、开放的民族政策，促进了各民族间的交往交流，形成了稳定、和谐的民族关系格局。

一、主要研究内容

(一)民族

关于民族的概念和定义,一直是学术界关注的问题,在这一方面对中国影响较大的是斯大林。他在《马克思主义和民族问题》中指出:"民族是人们在历史上形成的一个有共同语言、共同地域、共同经济生活以及表现于共同文化上的共同心理素质的稳定的共同体。"①中国学者对于马克思主义民族的概念如何适应中国国情并得到正确的理解和运用的问题,从未停止过研究和探讨,并深刻地认识到"分清什么是马列主义概念,什么是传统的概念,这是我们研究民族问题的前提之一"②。杨堃先生认为:"民族是人们在历史上形成的一个有共同名称、共同语言、共同地域、共同经济生活和共同民族意识、民族情感的稳定的人们共同体。从历史发展的角度来看,它分为氏族、部落、部族、资产阶级民族和社会主义民族五个阶段和五种类型。"这几种类型全部具有五个要素,其中"共同的民族名称和民族意识与民族情感,是主要的和必不可少的"③。都永浩研究员认为,斯大林给民族规定的四个特征具有局限性,其中语言、地域、经济是重要条件,而非特征,应综合地认识民族概念。民族是在氏族、部落(联盟)的基础上形成的。民族是历史上在共同地域及各种联系(社会的、政治的、经济的、文化的等)的基础上形成的,受其传统文化制约的有共同自我意识的人们共同体。④

关于构成民族的要素问题,阮西湖在《关于民族概念的几个问题》一文中认为:共同的民族意识,这是最主要的一条;共同的文化是第二个主要因素;第三个要素是共同的语言,没有它,民族内部的人们就无法交际;第四个要素是共同的历史渊源,它是民族的重要内聚力。无论在历史上或是现在,

① 《斯大林全集》第二卷,人民出版社 1953 年版,第 294 页。
② 敬东:《关于"民族"一词的概念问题》,载《民族研究》1980 年第 4 期。
③ 杨堃:《论民族概念和民族分类的几个问题》,载《中国社会科学》1984 年第 1 期。
④ 都永浩:《论民族概念》,载《北方民族》1990 年第 1 期。

有共同经济生活的不一定是同一民族。居住在不同地域,也不一定就是不同的民族。[①] 纳日碧力戈曾定义:"民族是在特定历史的人文和地理条件下形成,以共同的血统意识和先祖意识为基础,以共同的语言、风俗或其他精神和物质要素组成系统特征的人们共同体。"并进一步指出:"在民族诸特征中,唯有民族自我意识和民族自称是最为稳定持久的了。"[②]杨庆镇则提出:"民族是人类发展到现代人科之智人……阶段,由于生活地域、自然环境、社会环境的差异而产生的,具有不同人种特点或有相同人种特点、文化传统与心理特点、语言特点、生产方式特点、生活方式特点、风俗习惯特点的,稳定发展的或急剧变化的、正在同化或者异化过程中发展或消亡的人类群体。"[③]何淑涛在《略论民族定义及民族共同体的性质》一文中提出,"民族是从文化的角度来区分的人们共同体,同时又是具有凝聚力的利益集团……构成民族的要素和进行民族识别的标志是共同的历史渊源和语言文化,一定程度的经济联系性和大致相同的经济模式,以及建立在共同体经济文化生活基础上并受到族际关系所制约而强调共同起源、反映共同利益的民族感情和自我意识……民族并不可能是一个完整的经济实体和政治实体"[④]。

　　中国学界关于民族的定义,是结合中国历史和民族实情提出的,具有中国特色。中国的民族既包括历史上的氏族、部落、部族等原生形态民族,也包括半殖民地半封建时期和社会主义时期,民族形成后经过分化、同化、组合而出现的次生形态民族。[⑤] 中国社会科学院民族研究所在编写我国各少数民族简史的时候,对国外学者关于民族理论的各类著作进行了严谨、审慎的研读,并结合我国少数民族的历史和现实情况,于 1962 年提出,将历史上的"部族"统一更译为"民族",不做"部落""部族""民族"之类的区分。在构成民族的诸多要素中,不但有客观的文化特征,更重要的是"民族自我意识",也被称为"民族意识"。"民族意识"是民族众多特征中较重要的一个,

---

① 阮西湖:《关于民族概念的几个问题》,载《云南社会科学》1987 年第 1 期。
② 纳日碧力戈:《民族与民族概念辨正》,载《民族研究》1990 年第 5 期。
③ 杨庆镇:《民族的概念和定义》,载《民族研究》1990 年第 6 期。
④ 何叔涛:《略论民族定义及民族共同体的性质》,载《民族研究》1993 年第 1 期。
⑤ 金炳镐:《马克思主义的民族形成理论及其在中国的传播》,载《内蒙古社会科学》1984 年第 6 期。

"民族自称"是民族意识的外在标志。这是把马克思主义民族理论灵活地应用到解决中国民族问题实践中的典型和有益的尝试。20世纪50年代始,在对我国各民族调查和识别的工作中,专家学者和民族工作者们在中国民族概念和理论的指导下,实际考察每个民族的历史、现实以及民众的意愿,"根据中国民族发展的历史和民族分布特点,考察现实的民族居住区域时并不一定必须以连片的地域才算民族共同地域。根据中国历史上民族分化、组合的情况,不单纯依据语言来确定族别"①。例如,对于满族的识别主要是依据历史和民族心理、自我意识;对于蒙古族和达斡尔族的识别则主要是依据语言;对于裕固族的识别,主要是依据其族源、血缘;对于回族的识别则兼顾历史与宗教;等等。

有清一代,黑龙江地区部分民族经历了由原始民族(包括氏族、部落、部族)向现代民族发展的重要历史过程,对清代黑龙江地区诸民族的研究具有重要的学术价值和极大的探索空间。本书中所涉及的清代民族遵循中国特色民族理论,既包括已经符合现代民族概念的部分民族,也包括形成民族意识的部分部族、部落。虽然这些民族在清代可能存在不同的"自称"或"他称",但为了方便识别,本书中所涉及的清代各民族一律称其现代族称。需要指出的是,清代黑龙江地区民族众多,有世居民族,如满族、赫哲族,有来自于西北地区的维吾尔族,有来自于西南地区的苗族、白族,有从国外迁入的俄罗斯族、柯尔克孜族,等等。由于有些民族可参考的资料所限,本书重点对清代黑龙江地区比较有代表性,交往较为密切的几个世居民族进行研究。

(二)民族关系

民族关系指"民族生存和发展过程中相关民族之间的相互交往、联系以及作用、影响的关系"②。民族关系有多种表现形式,有民族群体(或其部分)之间产生的民族关系,有不同民族成员之间相互交往产生的民族关系,还有以曲折、隐蔽的方式表现的某种民族关系。

---

① 金炳镐:《民族理论通论》,中央民族大学出版社1994年版。
② 金炳镐:《民族关系理论通论》,中央民族大学出版社2007年版。

清代黑龙江地区属于边疆重地、多民族聚居区,诸民族通过政策统治、军事战争、移民杂居、经济往来、文化交融等相互影响,相互交流,形成了错综复杂的民族关系。本书所研究民族间的关系既包括政治关系、经济关系、军事关系,也包括最能代表民族内涵的民族语言、文化间的关系。东北地区的白山黑水是满族的发源地,清代黑龙江地区满族人口比例大,分布范围广,经济发展水平较高,民族文化影响力大,在各民族交往交流中处于主导地位。同时,满族贵族作为清朝的统治阶层的主体,是国家各种制度,特别是民族政策的制定者,在维护东北边疆的安定、促进各民族的团结中发挥了重要作用。有清一代,黑龙江地区诸民族共同体发展较为稳定,没有发生大的冲突或矛盾,诸民族之间的关系主要是和谐共存,通过不断交往交流,更深层地实现民族文化上认同与交融,最终共同融入中华民族多元一体格局之中。

(三)满洲与满族

明朝万历十一年(1583),东北地区建州女真首领努尔哈赤以其祖、父十三副遗甲起兵,开启了统一女真各部的征途。经过三十多年的不懈努力,努尔哈赤顺应历史潮流,结束了东北地区女真各部长期分裂割据和动荡不安的局面。明万历四十四年(1616),努尔哈赤在赫图阿拉称汗登位,国号大金,史称后金,建元天命,将分散的女真各部统一在后金政权之下,使其政治、经济、军事力量迅速壮大,成为与明朝中央政权相抗衡的强大的地方政权。

后金第二任汗王皇太极即位后,通过政治、经济、军事及思想文化等方面的一系列改革措施,使后金政权得到不断发展壮大。为顺应融合趋势,促进稳定团结,加强统治管理,后金天聪九年(1635)十月十三日,皇太极发布谕令:

> 我国原有满洲、哈达、乌喇、叶赫、辉发等名。向者无知之人,往往称为诸申。夫诸申之号乃席北超墨尔根之裔,实与我国无涉。我国建号满洲,统绪绵远,相传奕世。自今之后,一切人等,只称我满洲原名,

不得仍前妄称。①

museigurunigebudacimanju, hada, ula, yehe, hoifakai. tere be ulhirakv niyalma juxen sembi. juxen serengge sibei coo mergen ihvncihinkai. tere-muse deai dalji. ereci julesiyayaniyalmamusegurun i da manju seregebubehv-la. juxensemehvlahade weile.

自此,满洲民族共同体正式形成,登上历史舞台。清朝灭亡后,"满洲族"被时人简称为"满族",作为族称经常出现在当时的报刊中,流传至今。本书中所涉及的历代满族先民与清代满洲、清灭亡后的满族等均有着不可分割的联系,为方便识别,故统一使用"满族"一词。

二、相关研究概述

清代黑龙江地区民族关系研究是历史学、民族学、人类学等相关领域研究的重要组成部分。在清代诸多史籍档案中均有对东北边疆政治、经济、军事、文化以及各民族间交往的记载,但真正对清代黑龙江地区诸民族关系展开专业性研究,也不过是最近百余年的事。19世纪中叶,中国东北出现边疆危机,从而引发有识之士对东北边疆史地、民族关系的关注和研究。迄今为止,国内外学者对清代黑龙江地区民族关系的研究还处于起步阶段,体现为相关著作和论文较少,研究主题较为单一,特别是缺乏对人口较少民族的关注。

(一)清代史籍文献

1. 官修史书

清朝历代统治者十分重视史籍的修撰,例如《大清历朝实录》《钦定大清通礼》《大清会典事例》《大清一统志》等清代官修史书,以及《盛京通志》《吉林通志》等地方志中,均有篇章记载了清代历朝皇帝诏令、人丁田亩、民族交往等方面的内容,其中对黑龙江地区赫哲族贡貂纳税、满蒙联姻、满汉文化

① 《清太宗文皇帝实录》卷二十五,中华书局2008年版。

交融等多有论述。虽然这些史书系为维护统治者自身利益所修,其内容多经过多次修订,但其系统性与翔实性仍为清史、民族史研究的重要文献资料。

2. 私人著述

在清朝文化繁荣的社会背景下,诸多文人志士著书立说,例如萨英额的《吉林外纪》,西清的《黑龙江外记》,林传甲的《黑龙江乡土志》,徐宗亮的《黑龙江述略》等著作记述了清代东北边疆的政治制度、经济贸易、军事战争、民族关系。清末何秋涛的《朔方备乘》,曹廷杰的《东北边防辑要》《东三省舆地图说》《西伯利东偏纪要》,屠寄的《黑龙江舆图说》在清代黑龙江地区的历史地理、民族分布及风土人情方面为我们提供了宝贵的历史资料。此外一些清代流人笔记,如吴兆骞的《秋笳集》和《归来草堂尺牍》,吴振臣的《宁古塔纪略》,杨宾的《柳边纪略》,方式济的《龙沙纪略》,张缙彦的散文集《域外集》和《宁古塔山水记》,方拱乾的《绝域纪略》及诗集《何陋居集》等,多系当时的一些文人政客因获罪被流放戍守东北边疆时,根据亲见亲闻所著而成,其内容对研究清代黑龙江地区统治政策、抗俄斗争、各民族间交往、风土人情具有很高的史料价值。

3. 满文档案及家谱

清代《满文老档》《黑龙江将军衙门档案》《盛京将军衙门档案》《吉林将军衙门档案》《三姓副都统衙门档案》《珲春副都统衙门档案》等满文档案,是用少数民族文字——满文记述的官方档案,其中既包含了清朝统治者对东北地区政治、经济、文化管理政策,也有对黑龙江等边疆地区各民族关系的真实记载。

家谱是记载家族世系及历代兴衰繁衍的文书档册,现存清代满族、锡伯族、赫哲族等民族的家谱不仅记载了其家族的繁衍兴衰、迁徙过程,还揭示出当时各族通婚、经贸往来等民族交往交流情况,其真实性和基础性是其他历史文献所无法比拟的。

有清一代对于黑龙江等东北边疆史地及民族关系的研究还处于非系统性研究阶段,多为简略的记载描述,但这些史籍文献中的记述和研究,客观上为我们今天认知清代东北边疆的历史发展,以及各民族间交往交流提供了宝贵的原始资料。

（二）20 世纪初的相关研究

这一时期包括清朝灭亡后至中华人民共和国成立前。近代帝国主义掀起了瓜分中国的狂潮。沙俄从我国东北边疆地区，包括黑龙江以北、乌苏里江以东，掠走一百多万平方公里的土地。日本帝国主义侵犯我国东北地区，烧杀劫掠，欺压当地少数民族百姓，造成严重的边疆危机。在这一背景下，许多学者深怀忧患意识，重点关注东北边疆安定、民族关系问题，以唤起国人与当政者的危机感，汲取历史经验，提高抵御列强侵略的民族自信心。比较有影响的东北边疆史地研究成果有张伯英等编纂的《黑龙江志稿》，黄维翰的《黑水先民传》，魏声和的《鸡林旧闻录》，傅斯年的《东北史纲》，金毓黻主持编纂的《辽海丛书》等，均对清代东北边疆社会发展状况、行政沿革、军事统治、民族关系等进行了深入探讨。这些著作从清代史料中对东北民族发展样态、民族间交往交流的简单记述阶段，进入了对诸民族关系的研究阶段。

民族史方面也诞生了一些重要著作，但专家学者们多对中国各民族进行综合研究，对民族断代史及区域民族关系的专题性研究论著较少。例如，梁启超的《历史上中国民族之观察》《中国历史上民族之研究》，刘师培的《中国民族志》，吕振羽的《中国民族简史》，王桐龄的《中国民族史》，吕思勉的《中国民族史》，张旭光的《中华民族发展史纲》等综合性民族史著述较为全面地阐述了中国各民族的发展历史及相互关系，其中就包括黑龙江地区的满族、蒙古族、锡伯族、赫哲族等。值得一提的是凌纯声的《松花江下游的赫哲族》一书，图文并茂地介绍了黑龙江地区赫哲族的历史、文化全貌，对研究东北地区少数民族具有重要的参考价值。

这一时期，在新的理论体系的指导下，学者们拓展了研究的领域，完善了研究方法，十分重视东北边疆历史、民族关系的研究，认识到中华民族构成的多源性，注重少数民族间的影响与互动。同时在对民族关系的研究中，既包括对其政治、经济方面关系的探讨，也开始关注其语言、文化方面的相互影响关系。关于东北地区的少数民族，不仅关注满族、蒙古族、锡伯族等与中央王朝息息相关的民族,还把研究触角延伸到赫哲族、鄂温克族、鄂伦春族等人口较少的民族的历史、文化和相互交流。

(三)中华人民共和国成立后的相关研究

中华人民共和国成立后,我国历史学、民族学等学科研究蓬勃发展。为了弄清国内的民族情况,制定合理的民族政策,国家组织相关学者在全国范围内开展了大规模的民族识别和民族调查工作,最终确定了 56 个民族,并收集了大量第一手的地方调查资料。20 世纪 80 年代相继出版了《中国少数民族》以及中国少数民族简史丛书、中国少数民族语言简志丛书、中国少数民族自治地方概况丛书、中国少数民族社会历史调查资料丛刊,分别介绍了各民族聚居地的自然地理、民族成分、人口分布、地区沿革、社会经济结构、语言文字、风俗习惯、宗教信仰、民族关系等。这些有关各民族基础资料的整理,使我们能更加完整、深入地了解各少数民族的历史、语言、文化,为专家学者们对各民族间关系研究提供了重要依据。

中国东北民族史和民族关系研究成果斐然,涌现出了大批知名专家学者,相关专题研究专著数百部、论文万余篇,其研究视角广泛,既有全局性的研究,亦有地域性、时段性和专类性的研究,内容丰富,方法多样,观点新颖,其中不乏传世之作。比较有代表性的民族史著作有王锺翰的《中国民族史》,陈连开的《中国民族史纲要》,翁独健的《中国民族关系史纲要》,白寿彝的中国民族史研究系列著作,相关东北民族研究著作有《东北民族史研究》[①]、《东北民族史略》[②]、《中国东北民族史》[③]、《东北各民族文化交流史》[④]、《中国北方民族关系史》[⑤]、《中国东北民族关系史》[⑥]、《黑龙江古代民

---

① 魏国忠:《东北民族史研究》,中州古籍出版社 1994 年版。

② 傅朗云、杨旸:《东北民族史略》,吉林人民出版社 1983 年版。

③ 姜维公:《中国东北民族史》,吉林文史出版社 2014 年版。

④ 孙进己:《东北各民族文化交流史》,春风文艺出版社 1992 年版。

⑤ 《中国北方民族关系史》编写组:《中国北方民族关系史》,中国社会科学出版社 1987 年版。

⑥ 赵永春:《中国东北民族关系史》,中央广播电视大学出版社 2008 年版。

族史纲》①、《黑龙江古代民族关系史》②、《清朝前期黑龙江民族研究》③、《清代东北边疆的满族》④、《清初满蒙关系演变研究》⑤、《满文档案与清代边疆和民族研究》⑥、《清朝索伦部与满洲关系研究》⑦等等，均堪称东北民族研究之典范。

学术论文方面，一些国内外知名学术刊物设立相关东北民族历史、文化研究专栏，东北三省的社科院、高校、文史馆、政协、方志办等皆以发表民族史、民族关系史论文为其特色。相关清代东北民族关系研究成果论及清代对东北各民族统治政策、满族与其他民族交往交流等等，例如《论清太宗对黑龙江流域的统一》⑧、《满族兴起与东北民族关系的变化》⑨、《清代满汉民族的交往与融合》⑩、《试论清入关前对黑龙江流域各族的政策》⑪、《清初招抚新满洲述略》⑫、《清代满族与其他少数民族关系研索——以黑龙江地区为中心》⑬、《清代满蒙联姻的三个阶段及其特点》⑭等等。相比较早时期东北民族史研究的粗疏简略，这些集思广益的东北民族史著作、论文研究涉猎的面更宽广，论述分析更为深入，在深度和广度上都达到了较高的学术水平，

---

①　于志耿、孙秀仁：《黑龙江古代民族史纲》，黑龙江人民出版社 1987 年版。

②　方衍：《黑龙江古代民族关系史》，黑龙江人民出版社 1999 年版。

③　周喜峰：《清朝前期黑龙江民族研究》，中国社会科学出版社 2007 年版。

④　张杰、张丹卉：《清代东北边疆的满族(1644—1840)》，辽宁民族出版社 2005 年版。

⑤　哈斯巴根：《清初满蒙关系演变研究》，北京大学出版社 2016 年版。

⑥　乌云毕力格：《满文档案与清代边疆和民族研究》，社会科学文献出版社 2013 年版。

⑦　黄彦震：《清朝索伦部与满洲关系研究》，中国社会科学出版社 2021 年版。

⑧　李治亭：《论清太宗对黑龙江流域的统一》，载《北方论丛》1983 年第 4 期。

⑨　杨学琛：《满族兴起与东北民族关系的变化》，载《满族研究》1988 年第 3 期。

⑩　周德清、贾素芳、贾凤香：《清代满汉民族的交往与融合》，载《大连民族学院学报》2001 年第 3 期。

⑪　那晓波：《试论清入关前对黑龙江流域各族的政策》，载《黑龙江民族丛刊》1987 年第 4 期。

⑫　张杰：《清初招抚新满洲述略》，载《清史研究》1994 年第 1 期。

⑬　吴扎拉克尧：《清代满族与其他少数民族关系研索——以黑龙江地区为中心》，载《黑龙江民族丛刊》2007 年第 5 期。

⑭　王静芳：《清代满蒙联姻的三个阶段及其特点》，载《内蒙古大学学报(人文社会科学版)》2000 年第 S1 期。

理论上获得突破和创新,大批优秀成果熠熠生辉。

(四)外国史籍文献

国外学者对于中国东北地区史地以及边疆跨界民族交往的记述及论著很多,但是专门针对清代黑龙江地区民族关系问题的研究较少。《朝鲜王朝实录》又称《李朝实录》,是记载朝鲜李氏王朝的实录,也记载了清朝自入关以来,朝鲜会宁府与东北边疆各民族的民间往来。另外还有一些朝鲜私人著述,如李肯翊的《燃藜室记述》,李民寏的《建州闻见录》,申忠一的《建州纪程图记》,朴趾源的《热河日记》,金昌业的《老稼斋燕行日记》,尹行恁的《硕斋稿》,麟坪大君李㴭的《燕途纪行》等,对东北地区百姓的日常往来都有所记载,可使我们从另一个角度窥探清代东北地区各民族关系。另外俄国学者史禄国的《北方通古斯的社会组织》、日本学者松本真澄的《中国民族政策之研究》、美国学者拉铁摩尔的《中国的亚洲内陆边疆》等论著也探讨了东北边疆的各民族关系问题,值得我们去深入研读。

三、基本研究思路与意义

本书以历史学理论为主导,同时利用民族学、人类学、文化语言学、文化哲学等多学科研究方法,通过对历史文献资料、满文档案、考古资料等进行整理与研究,分析清代黑龙江地区满族等世居民族历史沿革及诸民族间政治、经济、军事、文化交往交流及特点。本书整体框架以时间为顺序,纵向梳理了黑龙江地区各民族的族源、历史发展脉络,以及清代不同时期黑龙江地区各民族间的交往交流概况,横向从政治管理、军事征战、经济交流、文化交融等方面,对同一时期各民族关系特点进行对比。

第一章介绍黑龙江地区部分世居民族族源及历史沿革。首先对黑龙江地区满族、锡伯族、赫哲族、鄂伦春族、鄂温克族、蒙古族、达斡尔族及汉族的族源进行探究。其次对各民族在清朝以前的历史沿革、民族分布与迁徙、社会经济及民族文化进行梳理,为后文奠定基础。

第二章介绍清代前期黑龙江地区世居民族的发展与交往。这一时期主要包括后金时期至清朝入关后的康熙朝中期。满族中的贵族建立后金地方政权，并进入关内发展成为中央政权，康熙二十三年（1684）清政府平定三藩之乱，收复台湾，完成全国统一大业。清朝统治者通过军事征伐和招抚并用的手段将黑龙江地区诸民族纳入其统治之下，满族在与其他各民族关系中起着主导作用，在政治、经济、军事、文化等方面对其他各民族影响较大。

第三章介绍清代中后期黑龙江地区世居民族间的交往交流。清代进入康乾盛世阶段，各民族和谐发展。满族贵族统治者特别重视对黑龙江地区等民族发源地的保护与管理。通过杂居联姻，各民族和谐共荣；通过经济贸易交流，黑龙江地区各民族除传统渔猎业外，农业、手工业迅速发展；以满族为媒介，中原汉族文化传到黑龙江地区，对少数民族传统文化产生影响。

第四章介绍清代黑龙江地区世居民族交往交流的特点与影响。黑龙江地区是边疆重地、多民族聚居区，但是有清一代，各民族间并没有发生大的矛盾与冲突，形成了和谐共荣的整体民族关系。满族作为东北地区分布较广、人口较多的民族，其政治、经济、文化发展较其他民族有影响力，并且由于黑龙江地区各民族的发展水平不同，民族关系格局也呈现多层次性，而各民族间交往的核心是文化上的交流与交融。

目前学界对清代东北民族关系问题的研究成果丰富，但也留下了很多探索的空间。在以往的研究中，对清代东北地区民族关系的研究多局限于满汉、满蒙等人口较多的民族。本书立足于有清一代黑龙江地区诸民族间的关系，分时间段、分民族对其进行系统研究。满族是清代统治者所隶属的民族，本书重点探讨了其在黑龙江地区诸民族关系中的重要性和特殊性。除了对汉族、蒙古族等人口较多民族进行研究外，本书还对满族与赫哲族、锡伯族、鄂伦春族、鄂温克族等人口较少民族间的关系进行了梳理。

民族关系有多种形式，专家学者们十分重视关于清代黑龙江地区诸民族间政治关系、军事关系、经济关系等方面的研究，有关于诸民族间语言文化关系的成果却很薄弱，而民族关系中最根本、最复杂的则是语言文化关系。本书将着重考察各民族语言文化方面的交流与影响，希望能够引起社会各界对黑龙江地区人口较少民族历史、文化的重视。

本书不仅参考了汉语历史文献，还利用了部分未被翻译及出版的清代满文档案资料。这些满文档案是清代东北地方官员记录当地政治、经济、民族情况的第一手资料,有很多史实在正史中未被收录,仅在地方满文档案中有所记载。将这些满文档案作为研究的核心资料,能够更真实、更具体地还原东北地区的历史、文化面貌,为进行清史、民族志、东北民族关系史研究奠定基础,提供新颖的素材,推动中国民族史学科的发展,也可为东北边疆民族历史、文化资料库的建设提供有力支持。

铸牢中华民族共同体意识是当前民族工作的主线。希望本书的研究成果可以以史鉴今,为当今少数民族政策的制定和完善提供历史依据,为黑龙江地区满族、赫哲族等少数民族非物质文化遗产的保护与传承提供理论参考。

第一章

黑龙江地区部分世居民族族源及历史沿革

第一节　满　　族

　　满族是世居东北地区的少数民族之一,从满洲民族共同体形成至今具有四百年左右的历史,其先民的历史更加源远流长。史料及考古资料证实,东北地区的白山黑水是满族的发源地,黑龙江地区的松花江、牡丹江流域是满族世代繁衍生活的聚居区。满族先民的主源是世代生活在东北地区的肃慎族系诸民族,包括古籍史料中记载的先秦时期的肃慎人、两汉至两晋时期的挹娄人、北魏至南北朝时期的勿吉人、隋唐时期的靺鞨人、辽金及以后的女真人,通过不断析出与融合,经历了从氏族、部落到部落联盟,再向民族共同体发展的漫长过程。

一、肃慎时期

　　先秦时期,古籍中称生活在东北地区白山黑水间的族众为肃慎,亦称息慎、稷慎,是我国目前有文字记载的肃慎族系最早的族称。通过古籍我们可以推断其主要分布在今牡丹江、松花江流域,西至嫩江中下游,东南包括乌苏里江流域及至大海,北达黑龙江中下游及入海口流域。从传说的舜帝时期开始,肃慎人即已来朝,与中原建立了联系。《山海经·大荒北经》中有载:"大荒之中,有山名曰不咸,有肃慎氏之国。"①

《竹书纪年·五帝篇》中载:帝舜"二十五年,息慎氏来朝,贡弓矢"②。西周时期,肃慎人曾多次到中原朝贡。《国语·鲁语》载:"昔武王克商,通道于九夷百蛮,使各以其方贿来贡,使无忘职业。于是肃慎氏贡楛矢石砮,其长尺有咫。"③《史记·周本纪》载:"成王既伐东夷,息慎来贺,王赐荣伯作《贿息慎之命》。"④《左传·昭公九年》也载:"肃慎、燕、亳,吾北土也。"⑤由此可见,肃慎人与西周等中原王朝往来密切,其分布区域被视为中原统辖之北土疆域。

先秦时期的肃慎人主要生活在深山密林、河流之畔,自然环境恶劣,逐水草、猎物而居,没有固定的住所。从其曾向周朝进献"楛矢石砮"等方物可以看出,肃慎人以狩猎、采集为主要生产方式,擅骑射,性勇猛。肃慎人在这一时期没有稳定的社会组织,没有文字,主要以家族为生产生活最小单位,共同狩猎、采集,并共享食物。肃慎人与中原的政治、经济、文化往来一直没有间断,两者为朝贡、臣服关系,为"九州"范围的一部分。郭孟秀研究员、胡秀杰研究员根据考古资料"锁定兴城文化为商周时期肃慎考古学文化之后,又从族系渊源与传承角度,考察汉魏之际肃慎族系的考古学文化,在牡丹江流域和松花江流域,莺歌岭上层遗存、依兰桥南文化都直接或间接地吸纳了兴城文化的一些文化元素"⑥。

二、挹娄时期

两汉至两晋时期,中原史籍对东北地区族众的称谓为挹娄,有时仍称肃慎。《晋书·四夷传》中记述:"肃慎氏一名挹娄,在不咸山北,去夫余可六十

① 袁珂:《山海经校注》,上海古籍出版社 1980 年版。
② 袁珂:《山海经校注》,上海古籍出版社 1980 年版。
③ 《国语》卷五,中华书局 1959 年版。
④ 司马迁:《史记》,中华书局 1982 年版。
⑤ 左丘明:《左传》,郭丹、程小青、李彬源译注,中华书局 2012 年版。
⑥ 郭孟秀、胡秀杰:《商周时期肃慎考古学文化考论》,载《中国边疆史地研究》2021年第 2 期。

日行。东滨大海,西接寇漫汗国,北极弱水。其土界广袤数千里,居深山穷谷,其路险阻,车马不通。"①史籍中的不咸山即长白山,弱水即黑龙江,大海即指日本海及鄂霍次克海。挹娄人分布地理位置大致与肃慎人相同,包括今天东北地区的三江流域、东至大海的广阔区域。关于挹娄与肃慎的关系,近年来,专家学者们通过梳理不同文献及利用考古资料证实,挹娄并非先秦肃慎的改称,两者并非一脉相承。郭孟秀研究员认为:两者在地理位置上相近,甚至不排除曾经互相在对方领域中活动过,在历史上并存过。肃慎与挹娄是活动区域相近且曾经生活在同一历史时期的两个古代民族,且有着不同历史进程和发展结果。虽然从目前所知的历史文献和已经取得的考古成果无法判断二者作为古代部落最早聚合而成的时期是否一致,但却可以确认,他们或融入其他部落而退出历史舞台(挹娄)或以一个新族称而赓续久远(肃慎)。②

挹娄仍处于原始社会阶段,以邑落为基本社会组织,没有统一的首领,已有贫富分化,但阶级分化还不明显,没有法纪纲常。《后汉书·东夷传》载:"无君长,其邑落各有大人。处于山林之间,土气极寒,常为穴居,以深为贵,大家至接九梯。""好寇盗,邻国畏患,而卒不能服。东夷夫余饮食类此皆用俎豆,唯挹娄独无,法俗最无纲纪者也。"③两汉时期,东北地区中部夫余族系崛起并逐渐强大,阻隔了挹娄人与中原的贡道,遂挹娄臣服夫余政权,不通中原。《后汉书·东夷传》载:"挹娄,古肃慎之国也……自汉兴已后,臣属夫余。"④三国时期,挹娄人摆脱了夫余的控制,转向曹魏贡献楛矢石砮,"挹娄貂"在当时被视为珍品。《三国志·魏书》载:"(挹娄)自汉已来,臣属夫余,夫余责其租赋重,以黄初中叛之。夫余数伐之,其人众虽少,所在山险,邻国人畏其弓矢,卒不能服也。"⑤《晋书·四夷传》中还记述:"肃慎氏一名挹娄……及文帝作相,魏景元末,来贡楛矢、石砮、弓甲、貂皮之属。魏帝诏归于相府,赐其王傉鸡、锦罽、绵帛。至武帝元康初,复来贡献。元帝中兴,

---

① 房玄龄等:《晋书》卷九十七,中华书局 1996 年版。
② 郭孟秀:《肃慎与挹娄关系再议》,载《民族研究》2012 年第 5 期。
③ 范晔:《后汉书》卷八十五,中华书局 1965 年版。
④ 范晔:《后汉书》卷八十五,中华书局 1965 年版。
⑤ 陈寿:《三国志》卷三十,中华书局 2011 年版。

又诣江左贡其石砮。至成帝时，通贡于石季龙，四年方达。季龙问之，答曰'每候牛马向西南眠者三年矣，是知有大国所在，故来'云。"①这一时期，挹娄人虽然臣服过夫余，但始终与中原王朝保持一定的朝贡关系，即使在中原战乱时期也没有间断。挹娄人还曾不远万里到江南地区向东晋王朝进贡。

正是由于挹娄人的不断对外交往，在中原与夫余政权的影响下，其政治、经济、文化逐渐强大起来，但受到自然环境所限，仍然以渔猎、采集为主要生产方式，有简单的畜牧、手工制作及农业种植。挹娄人同肃慎人一样使用"楛矢石砮"狩猎，但这一时期，其族众学会了在箭尖施毒，提高了狩猎产量；开始种五谷，种麻纺布，并善于养猪，用猪皮制衣，以猪油涂身防风寒；出产赤玉、貂皮，会造小船。史籍记载：挹娄"有五谷、麻布，出赤玉、好貂"，"种众虽少，而多勇力，处山险，又善射，发能入人目。弓长四尺，力如弩。矢用楛，长一尺八寸，青石为镞，镞皆施毒，中人即死。便乘船……"②。"有马不乘，但以为财产而已。无牛羊，多畜猪……"③滚兔岭文化的典型农具包括半月形和长方形穿孔石刀、石磨盘和石磨棒、研磨器、砺石等；滚兔岭遗址 F7 出土了较多的炭化种子。凤林文化阶段亦有成套的农具集中出土，如整地工具铁镢、铁犁铧，收获工具带孔石刀，加工工具石磨盘、石磨棒等；凤林文化的一些房址中发现有较多已炭化的粮食颗粒，据其外形不同，可以明确分辨出它们至少分属于四个不同种属，证明凤林文化阶段已有多种粮食作物种植。④

挹娄人有自己的语言，没有文字，生活习俗仍然很原始粗犷。"其人形似夫余，言语不与夫余、句丽同。"⑤"无文墨，以言语为约。"⑥"好养豕，食其肉，衣其皮。冬以豕膏涂身，厚数分，以御风寒。夏则裸袒，以尺布蔽其前后。其人臭秽不洁，作厕于中，圜之而居。"⑦挹娄人的生活习性与肃慎人十

---

① 房玄龄：《晋书》卷九十七，中华书局 1996 年版。
② 范晔：《后汉书》卷八十五，中华书局 1965 年版。
③ 房玄龄：《晋书》卷九十七，中华书局 1996 年版。
④ 黑龙江省文物考古研究所：《黑龙江友谊县凤林城址 1999 年发掘简报》，载《北方文物》2016 年第 4 期；田禾：《凤林文化浅析》，载《北方文物》2004 年第 1 期。
⑤ 陈寿：《三国志》卷三十，中华书局 2011 年版。
⑥ 房玄龄：《晋书》卷九十七，中华书局 1996 年版。
⑦ 范晔：《后汉书》卷八十五，中华书局 1965 年版。

分相似,"坐则箕踞,以足挟肉而啖之,得冻肉,坐其上令暖。土无盐铁,烧木作灰,灌取汁而食之。俗皆编发,以布作襜,径尺余,以蔽前后。将嫁娶,男以毛羽插女头,女和则持归,然后致礼娉之。妇贞而女淫,贵壮而贱老,死者其日即葬之于野,交木作小椁,杀猪积其上,以为死者之粮。性凶悍,以无忧哀相尚。父母死,男子不哭泣,哭者谓之不壮。相盗窃,无多少皆杀之,故虽野处而不相犯"①。"肃慎与挹娄是两个关系密切但又不同的部落,在文化上属于同一个族系,具有相同的文化类型,即以渔猎采集为主……"②史料中关于挹娄的记述主要出现于两汉三国时期,但挹娄的实际存史时间可至少延续到魏晋时期。东北地区的滚兔岭文化已经被确认为文献所载的两汉时期挹娄文化遗存。③ 凤林文化与滚兔岭文化具有明显的直接承继关系,二者在存史时间、地望、文化特征等方面均与文献中的挹娄文化相符。滚兔岭文化属于文献记载的早期挹娄文化,凤林文化属于晚期挹娄文化,二者共同构成了汉至魏晋时期的挹娄文化。④

三、勿吉时期

北魏至南北朝时期,勿吉登上历史舞台,中原认为其是肃慎、挹娄人的后裔。《通典》中记:"古之肃慎,宜即魏时挹娄……后魏以后曰勿吉国。"⑤勿吉分布范围比挹娄时有所变化,且部族众多。北魏太和十七年(493)勿吉人推翻了夫余政权,占据了松花江上游等夫余故地,西部有所扩展,方便了与中原的交往。南部由于高句丽的发展壮大,地域有所缩回。《北史·勿吉传》中载:"勿吉国在高句丽北……去洛阳五千里。自和龙北二百余里有善玉山,山北行十三日至祁黎山,又北行七日至如洛瑰水,水广里余,又北行十五日至太岳鲁水,又东北行十八日到其国。国有大水,阔三里余,名速

---

① 房玄龄:《晋书》卷九十七,中华书局 1996 年版。
② 郭孟秀:《肃慎与挹娄关系再议》,载《民族研究》2012 年第 5 期。
③ 贾伟明、魏国忠:《论挹娄的考古学文化》,载《北方文物》1989 年第 3 期。
④ 郭孟秀、胡秀杰:《挹娄文化考》,载《求是学刊》2019 年第 4 期。
⑤ 杜佑:《通典》,中华书局 1988 年版。

末水。"①

社会组织方面,勿吉人已形成部落,"邑落各自有长,不相总一",还没有形成部落联盟。史载勿吉初有数十部,后逐渐发展为七大部,并且出现"父子相承,世为君长"的情况。《北史·勿吉传》中载:"其部类凡有七种:其一号粟末部,与高丽接,胜兵数千,多骁武,每寇高丽;其二伯咄部,在粟末北,胜兵七千;其三安车骨部,在伯咄东北;其四拂涅部,在伯咄东;其五号室部,在拂涅东;其六黑水部,在安车骨西北;其七白山部,在粟末东南。胜兵并不过三千,而黑水部尤为劲健。"②这一时期虽然中原地区一直处于分裂战乱状态,但勿吉人对中原的朝贡一直未断,北魏孝文帝延兴五年(475)首次来朝,后进贡东魏,直到北齐时仍有朝贡,且入贡的人数也越来越多。据记载,北魏太和十七年(493),勿吉人至中原王朝纳贡人数多达五百余人。《北史·勿吉传》中载:"延兴中,遣乙力支朝献。太和初,又贡马五百匹。乙力支称:初发其国,乘船溯难河西上,至太沵河,沈船于水。南出陆行,度洛孤水,从契丹西界达和龙……乙力支乃还。从其来道,取得本船,泛达其国。九年,复遣使侯尼支朝。明年,复入贡。"③勿吉人向中原进贡的物品,除了楛矢石砮之外,还有铜镞、铁铠等,说明其已经进入铜器、铁器和石器并用的时代。勿吉人朝贡中原不仅是政治上向中原的一种臣服,也是一种经济交往。勿吉人将其土特产贡献于中原,中原王朝又回赐其大量的布匹、种子、盐铁等中原产物,客观上也促进了勿吉政治、经济、文化的发展。

这一时期的勿吉人除了与中原交往之外,与其他民族偶有往来,拥有自己的语言,无文字。"其人劲悍,于东夷最强,言语独异。常轻豆莫娄等国,诸国亦患之。"④生产生活方面,勿吉人除了原来的狩猎业,也发展了畜牧业和简单的手工业。勿吉七部中,处在南部的部落生活在平原区,受汉族等影响发展农业,能够种植粟、麦、穄等作物,并采用"耦耕"的耕作方法,有推车,善养马、猪,并能酿酒,已经具备较高的生产水平。"其国无牛,有车马,佃则

---

① 李延寿:《北史》卷九十四,中华书局 1974 年版。
② 李延寿:《北史》卷九十四,中华书局 1974 年版。
③ 李延寿:《北史》卷九十四,中华书局 1974 年版。
④ 李延寿:《北史》卷九十四,中华书局 1974 年版。

偶耕，车则步推。有粟及麦穄，菜则有葵。水气醎凝，盐生树上，亦有盐池。多猪无羊。嚼米酝酒，饮能至醉。妇人则布裙，男子猪犬皮裘。"①处在北部的勿吉部落仍然以狩猎、采集为主要生产生活方式，经济发展较为落后，但在中原的影响下已经使用铁器、陶器。《魏书·勿吉传》中载："善射猎，弓长三尺，箭长尺二寸，以石为镞……常七八月造毒药傅箭镞，射禽兽，中者便死，煮药毒气亦能杀人。"②勿吉人生性彪悍，生活习俗较为原始，居住在半地穴式的房屋中，"其地下湿，筑城穴居，屋形似冢，开口于上，以梯出入"③。勿吉人婚俗、葬俗等较为原始，性情豁达。"初婚之夕，男就女家执女乳而罢，便以为定，仍为夫妇。俗以人溺洗手面。头插虎豹尾……其父母春夏死，立埋之，冢上作屋，不令雨湿……国南有徒太山，魏言'大白'，有虎豹黑狼害人，人不得山上溲污，行径山者，皆以物盛。"④

四、靺鞨时期

隋唐时期，中原称东北地区族众为靺鞨，认为其是勿吉的后裔。《旧唐书》中载："靺鞨，盖肃慎之地，后魏谓之勿吉，在京师东北六千余里。东至于海，西接突厥，南界高丽，北邻室韦。"⑤靺鞨的分布范围比勿吉四域都有所扩大，大致为东至大海，西至黑龙江、松花江上游流域，南接高句丽，北至黑龙江入海口及库页岛的广大区域。

靺鞨有众多部落，其中较大的有七部。《隋书》载："靺鞨，在高丽之北，邑落俱有酋长，不相总一。凡有七种：其一号粟末部，与高丽相接，胜兵数千，多骁武，每寇高丽中。其二曰伯咄部，在粟末之北，胜兵七千。其三曰安车骨部，在伯咄东北。其四曰拂涅部，在伯咄东。其五曰号室部，在拂涅东。其六曰黑水部，在安车骨西北。其七曰白山部，在粟末东南。胜兵并不过三

① 魏收：《魏书》卷一百，中华书局 1974 年版。
② 魏收：《魏书》卷一百，中华书局 1974 年版。
③ 魏收：《魏书》卷一百，中华书局 1974 年版。
④ 魏收：《魏书》卷一百，中华书局 1974 年版。
⑤ 刘昫等：《旧唐书》卷一百九十九，中华书局 1975 年版。

千,而黑水部尤为劲健。"①《新唐书》对七部也有记载:"其著者曰粟末部,居最南,抵太白山,亦曰徒太山,与高丽接,依粟末水以居,水源于山西,北注它漏河;稍东北曰汨咄部;又次曰安居骨部;益东曰拂涅部;居骨之西北曰黑水部;粟末之东曰白山部。部间远者三四百里,近二百里。白山本臣高丽,王师取平壤,其众多入唐,汨咄、安居骨等皆奔散,浸微无闻焉,遗人迸入渤海。唯黑水完强,分十六落,以南北称,盖其居最北方者也。"②靺鞨七部乃其著者,实际部落众多,"其国凡为数十部,各有酋帅",各部或附于高句丽,或臣于突厥,或入贡于中原,不相统一。

由于地理位置不同,其与中原关系的远近不同,各部政治、经济发展水平也不平衡。隋末唐初,靺鞨内部重新分化组合,形成南北两大集团,由部落向部落联盟发展。

南部以粟末、白山为首的各部,原居辽东地区,社会政治、经济发展水平较高,与中原一直通好。隋时,粟末靺鞨等部首领多次来朝,后率部来降,被拜为右光禄大夫,迁到辽西地区的柳城郡(今辽宁省朝阳市)居住。《隋书·靺鞨传》中载:"开皇初,相率遣使贡献。高祖诏其使曰:'朕闻彼土人庶多能勇捷,今来相见,实副朕怀。朕视尔等如子,尔等宜敬朕如父。'对曰:'臣等僻处一方,道路悠远,闻内国有圣人,故来朝拜。既蒙劳赐,亲奉圣颜,下情不胜欢喜,愿得长为奴仆也。'……然其国与隋悬隔,唯粟末、白山为近。炀帝初,与高句丽战,频败其众,渠帅度地稽率其部来降。拜为右光禄大夫,居之柳城,与边人来往。悦中国风俗,请被冠带,帝嘉之,赐以锦绮而褒宠之。及辽东之役,度地稽率其徒以从,每有战功,赏赐优厚。"③唐征高句丽以后,有粟末、白山等部人来归,其部被迁至营州(今辽宁省朝阳市)等地区与汉族人杂居,分别设州管辖,营州成为南部靺鞨在唐朝直接管辖下的地区。移居营州的粟末靺鞨,后趁契丹、奚族反营州,率众东归,回到长白山以北地区,收拢南部及高句丽遗民,圣历元年(698)以粟末靺鞨为核心建立了著名的渤海国。唐朝对其实行羁縻府州管理,玄宗先天二年(713)遣使册封其首领大

① 魏征等:《隋书》卷八十一,中华书局1973年版。
② 欧阳修、宋祁:《新唐书》卷二百一十九,中华书局1975年版。
③ 魏征等:《隋书》卷八十一,中华书局1973年版。

祚荣,加授忽汗州都督,以其所统为忽汗州,又作渤海都督府。

渤海国是肃慎族系建立的第一个地方政权,立国二百二十余年,传十五世,有五京、十五府、六十二州,人口十余万。以粟末靺鞨、白山靺鞨为主体,吸纳了部分夫余人、高句丽人等多民族建立的渤海国,其经济、文化水平较前世高。此时的南部靺鞨人除了传承原有的生产、生活习俗外,多是向中原学习先进的文化,将其融入自己的文化雏形之中,"初,其王数遣诸生诣京师太学,习识古今制度,至是遂为海东盛国"①。渤海国的文化承自中原,向唐朝学习礼乐、官府、典章制度,其在农业、畜牧业、手工业等方面也得到了前所未有的发展,是肃慎族系民族文化发展史上的第一个高峰。农业上,渤海国人已经普遍使用铁制工具和牛耕,农作物品种不仅有粟、麦、稷和葵,还有水稻、大豆、荞麦、大蒜、水果、麻等。特别是渤海国人将水稻成功地引种到土地极寒的松花江流域,为东北农业的发展做出了重要贡献。在手工制造业方面,渤海国人除了纺织毛、麻等传统布匹外,还出现了以蚕丝为原料的织品,其中龙州的绸、沃州的绵、显州的布、南海的昆布最为著名。渤海国的冶炼业较为发达,并具备较大的生产规模。其中显德府的位城县、兴州的铁山县等是铁的主要产地。就目前考古所见,渤海国的铁制品有五十余种,多为生产生活工具及武器。冶铜业主要在铜州,其铜制品还远销中原。此外还有冶金、冶银和陶器、玉器制造业,都颇具规模,技术精湛。《新唐书·渤海传》记载:"俗所贵者,曰太白山之菟,南海之昆布,栅城之豉,扶余之鹿,郑颉之豕,率宾之马,显州之布,沃州之绵,龙州之绸,位城之铁,卢城之稻,湄沱湖之鲫。果有九都之李,乐游之梨。"②渤海国经济的发展促进了其市场贸易、民族关系的发展。渤海国的交通十分发达。通往中原除了有陆路营州道,还有水路登州道;通往西北契丹有契丹道;通往新罗有南海新罗道;通往日本有龙原日本道。各交通要道在朝贡、聘使及贸易交流方面发挥了重要作用。渤海国存在的二百余年中,向唐朝朝贡一百三十余次,每次入贡少则数十人,多则上百人。唐朝也以回赐的方式赠给其生活所需品,同时进行物品交流。除中原唐朝外,渤海国与契丹、新罗和日本也有密切的官方或私下

① 欧阳修、宋祁:《新唐书》卷二百一十九,中华书局1975年版。
② 欧阳修、宋祁:《新唐书》卷二百一十九,中华书局1975年版。

贸易往来,其中见于史料记载的,有与日本通商三十余次,获得日本丝织品、绸缎、黄金、水银等。在通商的同时,渤海国还与中原及周边国家进行文化方面的交流。例如,渤海国历代国王都十分注重学习中原文化,从第一代国王大祚荣开始就每年多次选派"留唐生"到中原,每批多则十余人,赴中原学习古今制度,或者抄写儒学经典、史书、诗文,带回渤海办学传授。所以渤海国人通晓汉语、汉字,有很多渤海国人的诗文、表章、书法作品被收录在《册府元龟》及日本古代文献中。渤海国人的建筑水平很高,其国都上京城就是仿照唐长安城建造的,从其宫殿的建筑艺术特点、城市的规划布局来看,可以称得上是缩小版的长安城。靺鞨人传统信奉萨满教,由于受中原影响,佛教逐渐传入并被广泛接受。渤海国五京各城均有佛寺,并有体态各异、栩栩如生的佛像,其工艺之精美,是周边其他民族所不能及的。渤海国是以粟末靺鞨为主建立的地方民族政权,但其与中原王朝为羁縻关系,对中原影响较小,还无法强大到与之抗衡。

北部的靺鞨形成了以黑水靺鞨为首的部落集团,主要分布在黑龙江中下游流域,包括库页岛等地区,与中原相距较远,经济、文化较为落后,仍然过着较为原始的狩猎、采集生活,"自拂涅以东,矢皆石镞"①。"黑水靺鞨最处北方,尤称劲健,每恃其勇,恒为邻境之患。俗皆编发,性凶悍,无忧戚,贵壮而贱老。无屋宇,并依山水掘地为穴,架木于上,以土覆之,状如中国之冢墓,相聚而居。夏则出随水草,冬则入处穴中。父子相承,世为君长。俗无文字。兵器有角弓及楛矢。其畜宜猪,富人至数百口,食其肉而衣其皮。死者穿地埋之,以身衬土,无棺敛之具,杀所乘马于尸前设祭。"②唐中宗年间,黑水靺鞨曾借道震国朝贡,表示臣服。唐朝为了加强对黑龙江流域的统治,开元十年(722),在黑水靺鞨首领倪属利稽来朝后,即拜其为勃利州刺史,治所在黑龙江与乌苏里江交汇处。开元十三年(725),又在黑水靺鞨内设黑水军,第二年以其最大部落建立黑水都督府,以其首领为都督,其他所属各部酋长设为刺史,并由朝廷派遣内地官员前往任长史监督。渤海国(渤海都督府)及黑水都督府先后隶属于唐朝幽州都督、平卢节度使羁縻管理,此后朝

① 魏征等:《隋书》卷八十一,中华书局 1973 年版。
② 刘昫等:《旧唐书》卷一百九十九,中华书局 1975 年版。

贡不绝,终唐不变。

日本学者鸟居龙藏在其《东北亚洲搜访记》中记述了他于 1919 年推定黑龙江流域墓葬出土的铁铠、刀、弓矢等,在亚珲河口出土的铁剑、铁矛等皆为靺鞨人的考古遗物的观点。[①] 1937—1943 年,俄国人 K. A. 热列兹涅柯夫在黑龙江省哈尔滨市东郊阿什河下游河湾地带的黄家崴子进行小规模挖掘考古,也发现了靺鞨人文化遗物,出土的泥质黑灰陶罐,罐身有复杂的纹饰,还有耳环、发簪、铜针、银环、铁镞等,同时出土的还有马、猪、狗和鼠类的骨骼。K. A. 热列兹涅柯夫认为,被论述的考察成果的总和以及关于遗址和墓葬的报道,预期可以同挹娄部族,更确切地说,同其后裔勿吉-靺鞨相联系,甚而它是这个部族的诸部之一,即安车骨部。他们分布在阿什河流域。“安车骨”是阿什河的古代名称。[②] 1957 年,黑龙江省博物馆赵善桐在黑龙江省宾县老山头遗址发掘出靺鞨式石镞、刮削器、陶罐等。[③] 1972 年,在黑龙江省东宁县绥芬河上游瑚布图河左岸的考古调查中,发现了靺鞨文化在黑龙江地区东南部的分布情况。[④] 1973 年中国科学院考古研究所和黑龙江省博物馆历史部(今文物考古研究所)在绥滨县同仁村北发掘了三座保存完整的房址和一批文物,这种文化遗存被考古学界命名为“同仁文化”。[⑤] 同仁文化类型与哈尔滨市松花江右岸黄家崴子墓葬和老山头遗址,以及绥芬河流域遗址属于同一文化类型,被认为是隋唐时期的靺鞨人遗址。[⑥] 1979 年,吉林省吉林市博物馆在永吉县乌拉街乡杨屯大海猛遗址中发现了靺鞨式的陶罐及刀、矛、镞、铠甲等铁器,以及软玉和青铜饰品。这是目前已知的黑龙江流域

① 鸟居龙藏:《东北亚洲搜访记》,商务印书馆 1930 年版。

② K. A. 热列兹涅柯夫:《阿什河下游河湾地带考古调查收获》,孙秀仁译,载《北方文物》1983 年第 2 期。

③ 赵善桐:《黑龙江宾县老山头遗址探掘简报》,载《考古》1962 年第 3 期。

④ 黑龙江省文物考古工作队:《绥芬河上游瑚布图河左岸考古调查》,载《黑龙江大学学报(哲学社会科学版)》1979 年第 4 期。

⑤ 黑龙江省文物考古研究所、中国社会科学院考古研究所:《黑龙江绥滨同仁遗址发掘报告》,载《考古学报》2006 年第 1 期。

⑥ 杨虎、谭英杰、张泰湘:《黑龙江古代文化初论》,载《中国考古学会第一次年会论文集》,文物出版社 1980 年版。

最南部的靺鞨人遗存。[1]

综上我们可以发现,靺鞨文化遗存广泛地分布在黑龙江流域、松花江流域等地区,其房屋、城址和墓葬等几乎都分布在江河沿岸,而城址的出现是东北民族历史重要的发展阶段,是靺鞨文化的重要特征。同时,不同地区的靺鞨遗存存在一定的差异,反映了不同地域的靺鞨各部不同的社会和经济生产发展水平。南部靺鞨建立了地方性政权,北部靺鞨也形成了部落联盟,大小不一的城址的出现正是这一社会发展阶段的产物。靺鞨时期的陶器极富特色,一般为泥质陶,也有夹砂陶,手制和轮制并存,多呈灰褐色、黑褐色、黄褐色和红褐色,上面绘有复杂的纹饰,被称为"靺鞨式陶器",它是靺鞨文化的重要特征。靺鞨人已经普遍使用铁器,铁制品被用于生产、生活中,石器仍被大量使用,同时也有大量的青铜制品、软玉、银制品等。靺鞨遗址和墓葬中出土的大量的马、猪及其他动物骨骼可以说明,马被用来运载和狩猎,猪是其衣食之源。隋唐时期的靺鞨人仍然以狩猎为主要的生产方式,农耕、畜牧为辅。其原始农业采用耦耕的方式,种植粟、麦、穄等;家庭养殖以养猪为主,猪为其日常肉食的主要来源,并以其皮制衣;无牛羊,有马,用于耦耕,车则步推;各部落发展不平衡,部落内部已出现贫富分化,大家养猪数百口,有家童(附户或奴隶);部落酋长为世袭制,正在向阶级社会发展。

五、女真时期

(一)辽金时期的女真人

西北地区的契丹人强大后,建立了辽国,并控制了整个东北地区。天显元年(926),辽灭渤海国。渤海国被推翻后,其民人、部族四分五裂,有的南迁融入汉族之中,有的进入朝鲜半岛,有的退回东北地区,与黑水靺鞨共同成为东北民族的主体,被称为女真,后因避讳称为女直。辽朝将东北地区的女真人按照对其的依附关系及发展水平分为两类:系辽女真和不系辽女真。

① 吉林市博物馆:《吉林永吉杨屯大海猛遗址》,《考古学集刊》第五集,中国社会科学出版社1987年版。

系辽女真包括熟女真和回纥女真。他们入辽朝户籍,直接向辽朝交纳赋税及服兵役,由东京道管辖,社会经济、文化发展水平较高。其中熟女真居住在辽东地区咸州(今辽宁省开原市)东北部至粟沫江(松花江上游)流域;回纥女真居住在松花江及辉发河附近。不系辽女真,也称生女真,他们不入辽朝户籍,辽朝对其实行羁縻管理,由当地各部首领进行统辖。生女真居住在松花江、乌苏里江以东至大海,北至黑龙江流域及入海口、库页岛的广袤地区。

辽朝中期,生女真中的完颜部迅速崛起,开始公开对抗辽朝。辽天庆四年(1114)九月,在其首领阿骨打的带领下,完颜部两千五百人聚集在涞流水(今黑龙江省拉林河),誓师伐辽。天庆五年(1115)正月,女真首领阿骨打正式称帝,建立金朝,年号收国。其疆域辽阔,北至外兴安岭,东到日本海,南临淮水,西至大散关。金朝是肃慎族系建立的第二个地方政权,此时的肃慎族系已经发展成为可以与中原政权相抗衡的强大北方民族。金承辽制,在全境设五京、十九路,下设府、州、县,并创制猛安谋克制度,成为集政治管理、军事行动、经济发展为一体的社会组织。金统治者在会宁府地区(辽东地区)设置府、州、县进行管理;在松花江下游、黑龙江中游地区以猛安谋克制度管理蒲与路、胡里改路等地女真人;在黑龙江下游地区,则以松散的朝贡制度来统辖吉里迷等部族。

辽金时期南部地区女真人因其多位于辽东平原地带,地理位置与中原接近,交通便利,与中原交往频繁,加上受汉族人的影响,多从事农业,因此其生活习俗与中原渐同。东北部地区女真因其地处偏远的群山密林中,自然环境恶劣,交通不便,与外界交往较少,社会发展较为落后,但较好地保留了本民族传统文化。生活在东北部森林地区的女真人仍然以狩猎、采集为主要生产方式,但也拥有农业、畜牧业。其农作物品种有麦、粟、稷、黍、菽、麻等,菜有葱、蒜、芥、韭、葵等。他们还种植西瓜,"形如扁蒲而圆,色极青翠,经岁则变黄,其瓞类甜瓜,味甘脆,中有汁尤冷。以牛粪棚种之";还种植桃、李,"皆成园。至八月则倒置地中,封土数尺,覆其枝干,季春出之。厚培其根。否则冻死"。[①] 女真人还会将地方特产拿到辽东或邻近其他民族的市

① 洪皓:《松漠纪闻》,黑龙江人民出版社1992年版。

场上进行交易,主要货品有东珠、人参、松实、白附子、蜜蜡、麻布等等。女真人在不断迁徙分化过程中,以家族、部落为纽带的血缘关系逐渐松弛,逐步向地缘关系过渡,处于原始社会末期向阶级社会过渡阶段,但女真内部君臣阶级观念及贫富差异并不十分强烈。《松漠纪闻》载:女真"君臣同川而浴,肩相摩于道,民虽杀鸡亦召其君同食"①。又《大金国志》载:"国主晟(金太宗)尝浴于河,牧于野,屋舍、车马、衣服、饮食之类与其下无异……或国主复来臣下之家,君臣宴乐,携手握臂,咬颈扭耳,至于同歌共舞,无复尊卑。"②

女真人的居室已由半地穴式发展为地上式木制建筑,"依山谷而居,联木为栅。屋高数尺,无瓦,覆以木板,或以桦皮或以草绸缪之。墙桓篱壁,率皆以木,门皆东向。环屋为土床,炽火其下,寝食起居其上谓之炕,以取其暖"③。因其地多树木,故盛行使用木器,偶有陶器用品。"食器无瓢陶,无匕箸,皆以木为盆,春夏之间,止用木盆贮鲜粥,随人多寡盛之,以长柄小木杓子数柄,回还共食……冬亦冷饮,却以木碟盛饭,木盆盛羹。""以糜酿酒,以豆为酱。""饮酒无算,只用一木杓子自上而下,循环酌之。"④所食之物也多取自于自然,其中鲜粥"炙股烹脯,以余肉和菜捣臼中,糜烂而进,率以为常"。"女真多白芍药花,皆野生,绝无红者。好事之家采其芽为菜,以面煎之。凡待宾斋素则用,其味脆美,可以久留。"⑤在衣着服饰方面,女真人服饰主要取自于自然,兽皮是其冬季御寒的最佳材料。《大金国志》记载:"化外不毛之地,非皮不可御寒,所以无贫富皆服之。富人……秋冬以貂鼠、青鼠、狐貉皮或羔皮为裘……贫者……秋冬亦衣牛、马、猪、羊、猫、犬、鱼、蛇之皮,或獐、鹿皮为衫。裤袜皆以皮。"⑥女子编发盘髻,以金、银、玉石制成的钗、簪、耳坠等装饰;男子则编发露顶。

婚俗方面以一夫一妻制为家庭基本构成方式,奉行同姓不婚的原则,但姑舅表亲结姻及收继婚盛行。寻偶方面较为自由,"女年及笄,行歌于途。

① 洪皓:《松漠纪闻》,黑龙江人民出版社 1992 年版。
② 宇文懋昭:《大金国志校证》卷之十,中华书局 1986 年版。
③ 徐梦莘:《三朝北盟汇编》卷三,上海古籍出版社 2019 年版。
④ 徐梦莘:《三朝北盟汇编》卷三,上海古籍出版社 2019 年版。
⑤ 洪皓:《松漠纪闻》,黑龙江人民出版社 1992 年版。
⑥ 宇文懋昭:《大金国志校证》卷之三十九,中华书局 1986 年版。

其歌也,乃自叙家世、妇工、容色,以伸求侣之意。听着有述娶欲纳之,则携而归"①。如有男子未婚欲娶,则骑马带酒具,"戏饮其地。妇女闻其至,多聚观之,间令侍坐,与之酒则饮。亦有起舞歌讴以侑觞者,邂逅相契,调谑往返,即载以归"②。仍然存有"抢婚""偷婚"的习俗,时有"室女随其家出游,或家在僻静处,为男子劫持去"。每当正月十六女真"纵偷"之日,"是日人皆严备,遇偷则笑遣之。既或所获虽畚镬微物亦携去"。"先与室女私约,至期而窃去者。"③定情后,"男下女礼",即在女方家举行婚礼,届时女方家属"无大小,皆坐炕上",新郎"罗拜其下","既成婚,留于妇家执仆隶役,虽行酒进食皆躬亲之三年",反映了当时仍为母权制社会,男子在女方家服劳役三年实际上是给予经济补偿。"生女直之俗,生子年长即异居。"④分居后的小家庭是女真社会的基础单位,有自己支配的财产和奴隶。

女真人没有成文的天文历法,仅能根据经验来辨识四季和自己的年龄,"其人不知纪年,问之,则曰我见草青几度,以草一青为一岁"⑤。生女真人信奉原始的萨满教,认为万物有灵,族中若有大事,必由萨满占卜、祭祀、求福、驱邪等;如遇疾病,很少用医药,祈求萨满和神灵帮其祛除病邪。"其疾病无医药,尚巫祝,病者杀猪狗以禳之,或用车载病者入深山大谷以避之。"⑥

辽朝时期女真人有自己的民族语言,并通晓契丹语,但没有本民族文字,通常以结绳、刻木记事,"刻木为契,谓之刻字。赋敛调度,皆刻箭为号,事急者三刻之"⑦。金朝时期女真文化方面最大的进步就是不但拥有本民族的语言,并且有自己民族的文字。女真人初无文字,受契丹政权节制初期亦鲜通契丹语文。大致从阿骨打祖辈颇剌淑(金肃宗)起始习契丹语;阿骨打本人已擅契丹语,在其破辽获俘后始识契丹文及汉文,遂令子弟主习契丹文。金朝建立后内外公文交往几乎全用契丹文,这与金人女真语毕竟颇有

---

① 宇文懋昭:《大金国志校证》卷之三十九,中华书局1986年版。
② 徐梦莘:《三朝北盟汇编》卷三,上海古籍出版社2019年版。
③ 洪皓:《松漠记闻》,黑龙江人民出版社1992年版。
④ 脱脱等:《金史》卷一,中华书局1975年版。
⑤ 徐梦莘:《三朝北盟汇编》卷三,上海古籍出版社2019年版。
⑥ 宇文懋昭:《大金国志》卷之三十九,中华书局1986年版。
⑦ 徐梦莘:《三朝北盟汇编》卷三,上海古籍出版社2019年版。

距离,阿骨打即令曾习契丹文和汉文的臣僚完颜希尹和叶鲁以契丹大字和汉字为基础试制女真文字,并于金天辅三年(1119)诏令颁行,此即后世所谓女真大字。金天眷元年(1138)熙宗完颜亶参照契丹文字创制颁布另一种女真文字,此即后世所称女真小字。女真小字仅用于明政府和女真语各部之间。时颁字诏称:"诏百官诰命,女直、契丹、汉人各用本字,渤海同汉人。"①这时女真大字开始用于官方文件,而小字还待修订,直至金皇统五年(1145)才初用。自此女真大小字同契丹文、汉文一道并行国内。海陵朝始有女真、契丹字书写测试。世宗朝颁行女真字经书,并多层级选拔贵族子弟汇集中都(今北京)集中教习,且于金大定十三年(1173)建立女真进士策、诗会试制度,兼设女真国子学及诸路府学。

(二)元明时期的女真人

元朝兴起后,虽然肃慎族系民族建立的金朝被元朝蒙古族铁骑推翻,但是其女真主体民族并没有消失,而是再次退回了部族酋长自治及部落联盟的社会组织。女真人与中原王朝的关系也进入了由羁縻管理向地方行政统治过渡的阶段。元朝建立后,在东北地区设置的辽东等处行中书省为地方最高统治机构,至元二十四年(1287)改称辽阳等处行中书省,简称辽阳行省。其下设辽阳路、广宁路、沈阳路、合兰府、大宁路等府路管理辽西、辽东地区的女真人。松花江、乌苏里江及黑龙江流域的诸民族,元初均属开元路管辖,大德年间又将松花江中下游、乌苏里江流域东至大海、黑龙江中下游及库页岛的地区由开元路划出,增设水达达路。路下统辖万户府、千户府和百户府,是一种"因俗而治"的机构,既是一种直接的统治管理,又具有一定的羁縻性质。由当地部族首领担任千户、百户官员,他们世守其土,世袭官职,也具有双重身份——既是本氏族部落酋长或族长,又是朝廷地方官员。开元路和水达达路管辖着黑龙江流域广大地区的女真人、水达达人、兀者野人、北山兀者、吉里迷人及库页人等。黑龙江流域"土地旷阔,人民散居","其居民皆水达达、女直之人,各仍旧俗,无市井城郭,逐水草为居,以射猎为业。故设官牧民,随俗而治","有俊禽曰海东青,由海外飞来,至奴儿干,土

---

① 脱脱等:《金史》卷四,中华书局1975年版。

人罗之,以为土贡"。①元朝将包括黑龙江流域的整个东北地区完整地纳入领土范围内,并在这一地区驻军、征收赋税,将其纳入监察与赤站交通体系之中,其统辖机制较之前的朝代更加直接和强化。

元末明初社会动乱,导致东北女真人再一次迁徙分化。明代女真人按其地理位置和社会发展程度,可分为建州女真、海西女真和东海女真(明称野人女真)。明太祖统一东北地区时,就开始招抚女真各部。明成祖时为了管理发展东北地区,在女真部落设置羁縻卫、所分而治之,以各部首领为百户、千户、都督、指挥使等。"因其地分设分所若干,以其酋长统率之,听其种牧,飞放畋猎,俾各安其生,咸属统内。"②建州女真分布在抚顺以东,以浑河流域、松花江中上游、牡丹江流域为中心,东达长白山东麓和北麓,南抵鸭绿江边,是由元代胡里改、斡朵怜、桃温三个万户府所辖女真人为核心,迁徙过程中广泛吸收汉族人、高丽人等形成的。明朝在建州女真地区先后建立建州三卫,并由其部族首领世袭管理,其政治、经济、文化发展水平较高。海西女真是指生活在开原边外、辉发河流域,北至松花江下游、乌苏里江流域,东至日本海,黑龙江中下游及鄂霍次克海以西地区的女真人。永乐年间,明朝在此设立了兀者、呕罕河、肥河、塔山、考郎兀、忽儿海、弗提等卫。"使因其俗,自相役属,不给官禄,听其近边驻牧保塞不为寇,而厚之宴赏。"明朝称居于东北偏远地区、不常朝贡的女真诸部为野人女真。因其主要分布于东海之滨,故也称其为东海女真。他们主要分布在外兴安岭、锡霍特山脉、鄂霍次克海沿岸及库页岛等地区,包括了不同语系、不同语支的若干部落、部族,处于散居状态。明朝也曾在东海女真中建立卫所,但其与中原的联系有时需通过海西或建州女真实现。明永乐七年(1409),明政府在东北地区设立奴儿干都指挥使司来管辖女真诸卫所,简称奴儿干都司,治所在元朝东征元帅府,黑龙江入海口处。其辖区包括西起斡难河,东濒日本海,北达外兴安岭、黑龙江流域至库页岛南的广大地区。明朝在此驻军,最多时达三千人,最少时亦百人,轮番戍守。明万历年间,奴儿干都司"置卫一百八十四(曰建州、曰必里、曰毛怜等名),所二十,为站为地面者各七。选其酋及族目授以

---

① 宋濂等:《元史》卷五十九,中华书局1976年版。
② 刘立强、刘海洋、韩钢:《辽东志》,科学出版社2016年版。

指挥、千百户、镇抚等职，给以印信，俾仍旧俗，各统其属，以时朝贡"①，加强了明朝对整个东北民族的统治。明朝东北地区的卫所是军政合一的地方机构，官员由部族首领世袭，明政府"给以印信，俾仍旧俗，各统其属，以时朝贡"，具有"抚绥属部""保境安民"等职责。但明朝没有能够继承元朝在东北地区的完全统辖，最明显的一点是没有像元代一样对女真人征税。

在社会经济长足发展的情况下，女真人从狩猎和游牧走向了定居，其经济生产方式也从过去的狩猎经济转为主要从事农业生产，辅之以狩猎和采集。从社会形态和阶级关系上看，明代女真人已经出现了奴隶主和奴隶阶级，清人福格在《听雨丛谈》中说，"满洲有稼穑，有城堡世居之民"，"数十姓世族，则各据城寨，小族亦自主屯堡，互相雄长，各臣其民，均有城郭。土著习射猎，知稼穑"。② 明王朝在广大的女真地区设立了三百八十多个羁縻卫、所，又在黑龙江与恒滚河汇合口对岸的特林地方，设立奴儿干都指挥使司，封女真各部首领以都督、都指挥、千户、百户、镇抚等职，给予敕书、印信、衣冠和钞币，并规定了朝贡与马市的时间与待遇，加强了对东北地区的直接统治。明初以降，明政府以奴儿干都指挥使司为中心，在东北地区建立了六条交通干线，设驿站四十多座，形成了四通八达的交通网，进一步促进了女真与汉族地区的经济文化交流。

这一时期，由于东北地区的女真人直接受中原管辖，往来密切，原有语言文字的使用范围也发生改变。女真小字仅用于女真诸部对明的外交书面语，明政府也在文书往来时使用女真文字做表文以示对少数民族的尊重。明廷曾设四夷馆及会同馆，命人专习女真小字以备翻译需要。现存明代两馆所编的《华夷译语》《女真译语》中收有女真馆杂字和女真馆来文。"杂字"收集天文、地理、时令、花木、鸟兽、宫室等不同门类的词汇，每个词以女真文字与汉文对照，并以汉字注写女真文字读音；"来文"收录女真人进贡的表文，以汉文对译。女真人内部仅留居东北故地的女真诸部中的上层人士精通女真文，与汉族邻居或杂居的女真百姓逐渐放弃女真文，广泛使用汉文。到15世纪中叶，辽东地区一些女真部落中已有"无识女真字者"，所以

① 严从简：《殊域周咨录》，中华书局1993年版。
② 福格：《听雨丛谈》，中华书局2007年版。

要求明廷"自后敕文之类,第用达达字"。《明英宗实录》中记载:英宗正统九年(1444)二月甲午,当时向明政府提出不能识读女真小字者,有四十卫之多。[1] 到明后期,女真小字已成一种死文字,包括建州女真在内,诸部借用蒙古文以为书记渐成风气。朝鲜人李民寏来到建州女真地区考察后言:"胡中只知蒙书,凡文簿皆以蒙字记之。若通书我国时,则先以蒙字起草,后华人译之以文字。"[2]

元、明两代是中原王朝对东北地区肃慎系民族实行有效的行政管辖的重要时期,开始由羁縻管理向地方行政统治过渡。同时这一时期通过与中原地区的政治、经济、文化往来,女真社会得以发展,民族经济、文化有所进步,为其后世民族再次崛起奠定基础。

第二节　锡伯族

锡伯族之名最早见于《满洲实录》所记载的哈达世系:"哈达国汗,姓纳喇,名万,本呼伦族也。后因住哈达处,故名哈达……其祖克锡纳都督被族人巴岱达尔汗所杀,万遂逃往锡伯部绥哈城,其叔旺住外兰逃至哈达部为部长。后哈达部叛,旺住外兰被杀,其子博尔坤杀父仇人,请兄万为部长。万于是远者招徕,近者攻取,其势俞盛,遂自称哈达汗。"[3]在其他汉文史料中也有席帛、失比、喜伯、席伯、席北、锡卜、锡百等不同写法,为少数民族语言转成汉语书写时译音不同所致。锡伯之名,概由鲜卑音而来。《黑龙江外记》中载:"鲜卑乃部种,非地名。今锡伯及俄之西伯利,皆鲜卑之转音也。"[4]

关于锡伯族的族源,目前较为公认的说法是其为东胡族系鲜卑民族后裔。《朔方备乘》中"锡伯利路疆域考叙"中有关于锡伯族属的记载:"臣秋涛谨案:锡伯利路,本鲜卑旧壤,故有锡伯之名。考《汉书·匈奴传》云,黄金

---

① 《明英宗实录》卷一一三,广陵书社 2017 年版。

② 李民寏:《建州闻见录》,载《清初史料丛刊第八、九种:栅中日录校释　建州闻见录校释》),辽宁大学历史系 1978 年版。

③ 《满洲实录》卷一,中华书局 2008 年版。

④ 西清:《黑龙江外记》卷一,黑龙江人民出版社 1984 年版。

犀毗,颜师古注曰:犀毗带钩也,亦曰鲜卑,语有轻重耳。据此知鲜卑音近锡伯。今在黑龙江境,有锡伯一种,亦作席伯,亦作席北,既非索伦,亦非蒙古,即鲜卑遗民也。"又说:"鲜卑音转为锡伯,亦作席北,今黑龙江南,吉林西北境,有锡伯部落,即鲜卑遗民。"①《元秘史注》中记载:"失必即鲜卑之对音也……即鲜卑遗民也。"②张伯英在《黑龙江志稿》中载:"锡伯,打牲部落,本鲜卑遗种。属科尔沁,献之,编入八旗,分驻齐齐哈尔、伯都讷两城。"③博明在《西斋偶得》中记载:"锡伯,或称史伯,其语言近满洲。康熙年间自吉林、蒙古地方迁入内地,编佐领,散居盛京各城,按此当为鲜卑遗民。"④

鲜卑人发源于鲜卑山(今大兴安岭),与乌桓一样是东胡族系的古老民族,但是其社会发展较乌桓落后,且居住较北,因此与中原联系晚于乌桓。"鲜卑"作为族称,始见于东汉初年的汉文史籍中。两汉时期,匈奴战败向西北草原地带远遁,原居住在大兴安岭地区的鲜卑人主体迁徙到匈奴故地,世代从事游牧生产。部分拓跋鲜卑没有离开大兴安岭故地,以狩猎为生,他们形成了锡伯族先民的主体。我国考古工作者在大兴安岭阿里河地区发现著名的鲜卑石室,即"嘎仙洞",也证实了这段历史。《魏书·礼志》记载:乌洛侯国世祖太平真君四年(443)来朝,"称其国西北有国家先帝旧墟,石室南北九十步,东西四十步,高七十尺"。北魏太武帝拓跋焘派中书侍郎李敞等人前去祭祀,并"刊祝文于室之壁而还"。⑤ 现存嘎仙洞中石壁上刻有《祝文》,可以证实这里就是拓跋鲜卑祖先的居住地。

> 维太平真君四年癸未岁七月廿五日,天子臣焘使谒者仆射库六官中书侍郎李敞、傅㒟用骏足,一元大武,柔毛之牲,敢昭告于皇天之神:
>> 启辟之初,佑我皇祖,于彼土田,历载亿年。聿来南迁,应受多福。

---

① 何秋涛:《朔方备乘》卷十七、卷三十一,台湾文海出版社1964年版。

② 李文田:《元秘史注》,转引自《锡伯族简史》编写组:《锡伯族简史》,民族出版社2008年版。

③ 张伯英:《黑龙江志稿》,黑龙江人民出版社1992年版。

④ 博明:《西斋杂著二种:西斋偶得 凤城琐录》卷中,嘉庆年刊本,全国图书馆文献缩微复制中心。

⑤ 魏收:《魏书》卷一百,中华书局1974年版。

光宅中原,惟祖惟父。拓定四边、庆流后胤。

延及冲人,阐扬玄风。增构崇堂、克翦凶丑,威暨四荒,幽人忘遐。稽首来王,始闻旧墟,爰在彼方。悠悠之怀,希仰余光。王业之兴,起自皇祖。绵绵瓜瓞,时惟多祜。归以谢施,推以配天,子子孙孙,福禄永延。

荐于:皇皇帝天、皇皇后土。以皇祖先可寒配,皇妣先可敦配。

尚飨!

东作帅使念凿。

当两汉之际拓跋鲜卑从其祖庙南迁之时,部分鲜卑人留下来守卫祖庙。后拓跋氏建立北魏,乌洛侯人将其祖庙之地告知,因此拓跋氏回到大兴安岭故乡祭祖,并刻文纪念,也证实了居住在大兴安岭的鲜卑族众与其同源。锡伯族保留有供奉"鲜卑兽"(瑞兽)的习俗,即将绘制的兽形图案挂在住室西或北的墙上,久而久之它就成了锡伯族的图腾。

无独有偶,沈阳市锡伯族家庙太平寺现存锡伯文石碑《万世永传碑记》,详细地记载了锡伯族族源及迁徙过程:"历史明载世传之锡伯部族,原居海拉尔东南扎赉托罗河一带。其后,移居齐齐哈尔、墨尔根、伯都讷等处,编为七十四牛录,凡四十余载。"[1]扎赉托罗河"源出处兴安岭,流至扎赉特旗地;流六百里,入嫩江"[2]。王锺翰先生在《沈阳锡伯家庙碑文浅释》中认为扎赉托罗河即今绰尔河。赵展先生在《锡伯族源考》中也认为其为绰尔河。赵志强、吴元丰先生在《锡伯族家庙碑文考》中,将碑文与清代档案综合考证,认为扎赉托罗河不是绰尔河,而是洮儿河中游,但两者相距不远。史籍及考古资料可以证实,锡伯族先民是拓跋鲜卑族的一部分,大概分布于大兴安岭北段,嫩江流域的绰尔河、洮儿河及松花江流域,依靠自然,以渔猎为主要生产方式。

隋唐时期生活在大兴安岭一带的族众被称为室韦,其中黄头室韦越过大兴安岭迁徙到嫩江中下游地带。辽朝时期,黄头室韦分为三部,即黄室

---

① 沈阳市太平寺《万世永传碑记》,沈阳故宫博物馆藏。
② 阿桂:《盛京通志》卷二八,辽海出版社1997年版。

韦、大黄头室韦、小黄头室韦。后又分为四部,即涅剌拏古部、突吕不室韦部、大黄头室韦、小黄头室韦,也被称为"女古皮室四部"。锡伯族先民被纳入辽朝的统治之下。《辽史》记载:"时小黄室韦不附,太祖以计降之。"①为了加强对其统治,辽兴宗耶律宗真在位时,建立泰州,将附辽的锡伯族先民迁徙于此进行管理。据孙秀仁先生论证,泰州后来也称为"绰尔城"和"塔子城",锡伯人曾居住在古城附近,因此又被称作锡伯绰尔城。②金朝建立后,"女古皮室四部"降金,也被称为黄头女真,主要居住在黑龙江依兰等地,其中一些部族也曾沿着松花江到达黑龙江、乌苏里江流域。

《黑龙江舆图说》记载:"呼兰有西伯河,以鲜卑部遗人所居得名。"③《盛京通志》记载:"锡伯河地面,锡伯,国语坐草也,旧讹施伯,今译改。按锡伯河在呼兰东北。"④锡伯河据学者考证,在今黑龙江省依兰县西南约七十里处,东入松花江,入江处有地名锡伯河口。1975 年,考古工作者在洮儿河上游谷中发现了六十余座辽金古城。其中塔子城遗址周长 4563 米,被认为是辽代泰州故址,是黑龙江西部地区规模最大的古城。金代锡伯族先民曾在洮儿河流域及淖尔河和乌裕河流域建城。金天辅六年(1122),金统治者对已经降服的锡伯先民各部并不放心,决定派出两员大将完颜昂、完颜稍喝率领四千金兵,押送锡伯四部及部分渤海遗民到金内地,以便监管。《金史》载:"天辅元年,杲以兵一万攻泰州,下金山县,女固、脾室⑤四部及渤海人皆来降,遂克泰州。城中积粟转致乌林野,赈先降诸部,因徙之内地。"⑥金朝统治者将一部分小黄头室韦部兵民安置在通河,小黄头室韦主部则迁徙到雅挞澜水(今双阳河)流域。女真部迁至辽阳之南以后,在东山上留下的木栅栏城一直闲置,无人问津。因此,当小黄头室韦主部迁徙至此后,便利用原有的房舍,在双阳东山建立了锡伯国。据史料记载,后来锡伯国都城被金军

① 脱脱等:《辽史》卷一,中华书局 1974 年版。
② 孙秀仁:《再论绰尔城(塔子城)历史地理诸问题》,载《求是学刊》1980 年第 4 期。
③ 屠寄:《黑龙江舆图说》,黑龙江教育出版社 2014 年版。
④ 阿桂:《盛京通志》卷二八,辽海出版社 1997 年版。
⑤ 即黄头室韦。
⑥ 脱脱等:《金史》卷七十六,中华书局 1975 年版。

围攻两年,金太宗即位时大赦天下,改天辅七年为天会元年,因此得到金朝的承认和册封,得以不断发展。锡伯国都城在锡都,也称喜都、苏完城、苏完颜城,在今吉林省长春市双阳区。元末没落,于明朝第二次称国号,最终于明末衰退。从金天辅六年(1122)至明万历十六年(1588),双阳锡伯国共存在466年。金代的锡伯国是由锡伯人、四部中的小黄头室韦部被金廷迁入双阳后创建而形成的。锡伯部强盛时,金永吉、磐石、桦甸、伊通以及长春、吉林两市的边缘地带,皆为其领地。所谓海西四部,即扈伦四部(叶赫、辉发、哈达、乌拉),就是锡伯国(扈伦国)。

元朝统一全国后,在东北地区设置辽阳行省,下设辽阳路、广宁路、开元路、水达达路等进行统辖。锡伯族先民部族仍主要在以松花江、嫩江、绰尔河、洮儿河等流域为中心的地区垦荒种田,嫩江流域的屯垦使所就设在泰宁,即塔子城。元朝在绰尔河地区设立了朵因温都儿兀良哈千户所,锡伯部族大部处在其管辖之下。明朝时期,锡伯族居住在以伯都讷为中心的嫩江下游、松花江中上游和洮儿河流域的广大地区,归兀良哈三卫即泰宁卫、朵颜卫和福余卫管辖。由于女真人社会的发展,他们不断南迁。源出于嫩江、松花江流域、依兰等地的小黄头室韦也随之南迁到原海西女真的居住地,并在吉林地区建立"锡伯部绥哈城"。

明嘉靖中期,蒙古科尔沁部南下到松花江中上游一带游牧,并收服了居住在该地区的锡伯族先民。[1] 明末清初时,为了遏制建州女真部势力的扩张,明万历二十一年(1593)九月,海西女真叶赫部首领纳林布禄联合扈伦四部,即叶赫、哈达、乌拉、辉发,蒙古科尔沁部及所属锡伯、卦尔察两部,长白两部,即朱舍里、讷殷,共九部,组成三万大军,分三路攻打努尔哈赤,结果努尔哈赤获胜,九部联军溃败。这就是清朝开国史上著名的"九部之战"。九部联军战败后,作为九部之一的锡伯部就有一些锡伯人归顺了努尔哈赤,但投诚后金者为数不多,绝大部分锡伯人仍以伯都讷为中心,居住在嫩江下游左右两岸和松花江流域,隶属于蒙古科尔沁部。

---

[1] 吴元丰:《清政府对锡伯族的统治政策》,载《锡伯族历史探究》,辽宁民族出版社2008年版。

第三节　赫哲族

赫哲族是东北地区世居民族。由于居住地域广阔,赫哲人的自称较多,如"那贝""那乃""那尼傲"等。居住在今富锦市大屯上游松花江沿岸的赫哲族自称"那贝";居住在今富锦市嘎尔当至同江市街津口村的赫哲族自称"那乃";居住在今同江市街津口村下游至乌苏里江沿岸的赫哲族自称"那尼傲"。这三种称呼中的"那"都是"本地""当地"之意,"乃""贝""尼傲"都是人之意。此外,原居住在下八岔下游地区和乌苏里江沿岸的赫哲族被称为"赫真"或"赫吉斯勒",意为"下游人"或"东方人"。原居住在勤得利上游混同江和松花江沿岸的赫哲族还自称"奇楞"。史籍中也有将赫哲人记载为"黑斤""黑津""黑金""黑哲""赫斤""赫金""赫真"等的情况,概为同音异写。赫哲之称,始见于《清圣祖仁皇帝实录》康熙二年(1663)三月壬辰条载:"命四姓库里哈等进贡貂皮,照赫哲等国例,在宁古塔收纳。"①1934 年凌纯声《松花江下游的赫哲族》②一书出版后,"赫哲"作为族称开始被广泛传播。

赫哲族世代繁衍生息在黑龙江、松花江、乌苏里江流域的三江平原和完达山余脉,渔猎是其传统的生产方式。古代汉文典籍认为,赫哲族先民是肃慎族系的组成部分,隶属于先秦时期的肃慎、两汉至两晋时期的挹娄、北魏至南北朝时期的勿吉,但对其专门的记载则较为少见。隋唐时期,东北地区各部族统称为靺鞨,居住于最东北方的黑水靺鞨是赫哲族先民的主要成员。"从赫哲现在所居的地域上考察,隋唐时的黑水靺鞨,当为赫哲的远祖。"③唐开元十年(722),唐玄宗封黑水靺鞨首领为勃利州刺史。唐开元十二年(724),唐于黑水靺鞨之地设黑水军。唐开元十四年(726),在黑水靺鞨设黑水都督,以本地首领为都督、刺史,唐派长史监领,共同管理其地,赫哲族先民归属其内。

---

① 《清圣祖仁皇帝实录》卷九,中华书局 2008 年版。

② 凌纯声:《松花江下游的赫哲族》,国立中央研究院历史语言研究所 1934 年版。

③ 凌纯声:《松花江下游的赫哲族》,国立中央研究院历史语言研究所 1934 年版。

契丹建立辽朝后,东北地区各民族转附于辽朝,被称为女真,后因避讳改称女直。原黑水靺鞨生活区域为五国部,即剖阿里国、盆奴里国、奥里迷国、越里笃国和越里吉国。重熙六年(1037),辽朝设五国部节度使,赫哲族先民归属其内。《契丹国志》中载:"女真东北与五国为邻,五国之东接大海。""屋惹国、阿里眉国、破骨鲁国等国。每国各一万余户。西南至生女真国界。衣装、耕种、屋宇、言语与女真人异。"①由此可知,赫哲族先民属于古代五国部。生女真部落的完颜氏崛起建立金朝之后,"金之壤地封疆,东极吉里迷兀的改诸野人之境"②,即为赫哲族先民生活区域。金收国元年(1115),在松花江下游设置胡里改路,赫哲族先民归属其内。元代则归属女真水达达万户府和女真水达达路等。明代赫哲人与费雅喀人、库页人等民众生活在黑龙江下游及包括库页岛在内的沿海地区。他们主要以打鱼、捕猎为生。三江流域的女真人、水达达人、兀者野人、北山兀者、吉里迷人、库页人等,都与赫哲族先民具有密切关系。

明末清初,赫哲人隶属于东海女真,其中居住在松花江流域的赫哲人隶属于东海虎尔哈部和使犬部,居住在乌苏里江流域的赫哲人隶属于东海窝集部,居住在黑龙江流域的赫哲人隶属于东海萨哈连部。

第四节　鄂伦春族、鄂温克族

明清时期,中原史籍中将居住在贝加尔湖以东、外兴安岭以南、黑龙江流域广大地区的族众统称为索伦部。"黑龙江……居人不尽索伦……世于黑龙江人,不问部族概称索伦,而黑龙江人居之不疑,亦雅喜以索伦自号,说者谓索伦骁勇闻天下,故借其名以自壮,兹记黑龙江诸部事迹,以索伦冠之,职是故也。"③由此可见,索伦部不是一个民族,而是生活在黑龙江流域长期共存、关系密切的诸多民族的自称或他称,大概包括鄂温克、鄂伦春和达斡

---

① 叶隆礼:《契丹国志》,中华书局 2014 年版。
② 脱脱等:《金史》卷二十四,中华书局 1975 年版。
③ 何秋涛:《朔方备乘》,黑龙江人民出版社 1992 年版。

尔等民族。索伦部中的"使鹿部"以鄂伦春族为主,也包括部分鄂温克人,主要以渔猎及驯养驯鹿为生。

"鄂伦春无马,多鹿,乘载与马无异,庐帐所在皆有之。用罢任去,招之即来。"①鄂温克人以养马、狩猎为主要的经济生产方式,也被称为"使马部"。而生活在黑龙江上游的达斡尔人,除了狩猎以外,也发展了一定规模的农业和畜牧业,经济发展水平较高。

一、鄂伦春族

关于鄂伦春族的族源问题众说纷纭。目前学界较为认同的观点是,鄂伦春先世隶属于东胡族系的室韦,但其语言不属于蒙古语族,而属于满–通古斯语族。《鄂伦春族简史》中讲道:"肃慎作为通古斯语的一支,虽然与鄂伦春族有着亲缘关系,但他还不是鄂伦春族直系的祖先。从我国古代史籍的记载中看,与鄂伦春族有比较直接关系的古老民族,大概是南北朝时期活动于黑龙江流域的'室韦'人,室韦人并不是单一的民族,在当时它是泛指勿吉以北的所有民族。"②据史籍记载及考古资料考察,鄂伦春族的先民最早生活在贝加尔湖沿岸地区③,后因自然气候条件变化,逐渐沿水系向东南迁徙,历经夫余、契丹、鲜卑等统治,融入了多民族成分。鄂伦春族先民在历史发展过程中不断繁衍和迁徙,南北朝时期,其生活区域及生产生活习惯均与室韦紧密相关,最终成为东胡族系成员。后由于经济发展、历史变迁,在辽金统治时期,室韦人再度分化迁徙。一部分西迁进入草原地区成为东胡族系游牧民族。一部分东迁成为金朝的部属,其语言、生产生活习俗与黑水靺鞨等肃慎族系民族逐渐融合,成为满–通古斯语族部分民族的先民。

在南北朝时期,中原泛称勿吉以北、以西地区的所有民族为"失韦""室韦"。冯君实在《鄂伦春族探源》中认为,元明清时鄂伦春的活动范围,即是在贝加尔湖以东的黑龙江南北。这个地区自古以来就是我国东北部少数民

---

① 方式济:《龙沙纪略》,载《龙江三纪》,黑龙江人民出版社 1985 年版。
② 《鄂伦春族简史》编写组:《鄂伦春族简史》,民族出版社 2008 年版。
③ 波塔波夫:《西伯利亚民族志》,苏联科学院,第 704 页。

族的居住地。黑龙江上游,两汉时为鲜卑地,下游自先秦即为肃慎地。南北朝时,上游为室韦诸部,下游为黑水靺鞨部。[①] 室韦的活动区域广阔,部落众多,族属不一,是包括不同语族的一种民族泛称。由于所处地理环境各异,各部族的语言文字、经济类型、风俗习惯也不尽相同。据《北史·室韦传》记载,当时围绕吐纥山(今黑龙江省小兴安岭)一带生活着居住土穴的北室韦人,由北室韦地区再北行一千里,到达胡布山,这里住着钵室韦。[②] "胡布山即今黑龙江以北的西林木迪河(今俄罗斯昔林札河)源的雅玛岭。而这个地理位置大体是鄂伦春族早年生活的场所。"[③]

隋唐时期,室韦主要分为五个大的部落集团。据谭其骧主编的《〈中国历史地图集〉释文汇编·东北卷》[④]考证:室韦部的北室韦,生活在今嫩江上游地区至今俄罗斯境内结雅河下游流域;钵室韦分布在今俄罗斯境内札格达山附近;深末怛室韦主要活动在今俄罗斯境内结雅河支流谢列母扎河流域;大室韦分布在今额尔古纳河口以东、外兴安岭以南、黑龙江以北地区。这些地区正是元、明、清时期鄂伦春族活动的区域。17世纪中叶以前,鄂伦春人分布于贝加尔湖以东、黑龙江以北,以精奇里江为中心的广大地区,历史上这里主要是钵室韦人和深末怛室韦人的活动区域。因此从地理位置上看,鄂伦春族先民的来源,可能主要是北室韦的一部分,以及钵室韦、深末怛室韦、大室韦。

从经济生产类型和民族风俗习惯上看,北部室韦诸部更接近鄂伦春族和鄂温克族。赵展在《对蒙古族起源于"蒙兀室韦"说的质疑》中认为:"嫩江流域的室韦,正如《新唐书》室韦传所说,为'契丹别种'。无论从生产或者从生活上看,他们都与'东胡系统'的民族迥然不同。"[⑤]《鄂伦春族简史》一书中指出:北部室韦或钵室韦,主要从事渔猎经济生产。[⑥]《隋书》记载,北室

① 冯君实:《鄂伦春族探源》,载《吉林师大学报》1979年第2期。
② 李延寿:《北史》卷九十四,中华书局1974年版。
③ 《鄂伦春族简史》编写组:《鄂伦春族简史》,民族出版社2008年版。
④ 谭其骧:《〈中国历史地图集〉释文汇编·东北卷》,中央民族学院出版社1988年版。
⑤ 赵展:《对蒙古族起源于"蒙兀室韦"说的质疑》,载《学习与探索》1982年第2期。
⑥ 《鄂伦春族简史》编写组:《鄂伦春族简史》,民族出版社2008年版。

韦以"射猎为务,食肉衣皮。凿冰,没水中而网射鱼鳖"①。鄂伦春族先民的活动区域和生产生活状况与北室韦各部密切相关,其主要分布在黑龙江中上游及大兴安岭地区,也以渔猎为主要的经济生产方式,而且一直延续到近代。室韦人的经济文化有两个主要特征:一是以"桦皮盖屋"。在《北史·室韦传》《隋书·室韦传》以及《旧唐书·室韦传》中均有记载:"以桦皮盖屋","或为小室以皮覆上"。②鄂伦春族居住的"斜仁柱"即是以桦树皮覆盖而成的房屋样式。二是"骑木而行",《隋书·室韦传》记:北室韦"地多积雪,惧陷坑井,骑木而行"③。生活在山林之中的鄂伦春人冬季常常将一种前端上翘的滑雪板缚于足下,用竿支撑,可以在雪地上滑行如飞,方便追赶野兽。因此从民族生产生活方式上可以推断,鄂伦春族的先民与室韦有同源关系。

唐朝时室韦诸部逐渐发展壮大,唐设室韦都督府加以管辖。辽朝时室韦诸部在今嫩江上游以北及外兴安岭以南,黑龙江中上游地区。辽设室韦国王府,圣宗时又设室韦节度使,隶西北路招讨司,对这一带的室韦人等进行管辖。金朝的火鲁火疃(沟城之意)谋克管辖着外兴安岭以南地区。元朝将包括鄂伦春族先民在内的黑龙江流域少数民族称为"林木中百姓"或"北山野人",其分布极为广阔,在辽阳行省的管辖之中。明朝时期,鄂伦春族先民被视为"北山野人""野人女真"中的一部分。《全辽志》中记载:"北山野人,乞列迷之别种,养鹿乘以出入……昔入贡,今不通焉。"④指的就是游猎于贝加尔湖以东、黑龙江以北的"使鹿部",也就是鄂伦春人。后金统一黑龙江流域后,以"索伦"统称生活在这一地区的诸多民族。清初文献曾把鄂伦春人称为"树中人"。清代何秋涛在《朔方备乘》中记载:黑龙江流域"其地居人不尽索伦……有达斡尔,有鄂伦春,有毕拉尔,则其同乡而为部落者,世于黑龙江人,不问部族概称索伦,而黑龙江人居之不疑,亦雅喜以索伦自号,说者谓索伦骁

① 魏征:《隋书》卷八十四,中华书局 1973 年版。

② 李延寿:《北史》卷九十四,中华书局 1974 年版;魏征:《隋书》卷八十四,中华书局 1973 年版;刘昫等:《旧唐书》卷一百九十九,中华书局 1975 年版。

③ 魏征:《隋书》卷八十四,中华书局 1973 年版。

④ 李辅:《全辽志》,辽海书社 1934 年版。

勇闻天下,故借以其名以自壮,兹记黑龙江诸部事迹,以索伦冠之"①。

"鄂伦春"这一名称在清初时期曾被记为"俄尔吞"。康熙年间,在皇帝的上谕、大臣的奏折及私人著述中开始出现"俄伦春""俄乐春""俄罗春"等相关同音异写名称。康熙二十二年(1683)《清圣祖仁皇帝实录》中载:"鄂罗斯国罗刹等无端犯我索伦边疆,扰害虞人,肆行抢掠……遣其部下人,于飞牙喀、奇勒尔等处,肆行焚杀。又诱索伦、打虎儿、俄罗春之打貂人额提儿克等二十人入室,尽行焚死。"②此后的文献中"鄂伦春"才作为统一的族称被固定下来。"鄂伦春"是民族自称,目前学界有两种解释,一种意为"住在山上的人",一种意为"使用驯鹿的人们",两者实际上有着密切关系。"鄂伦"的发音与驯鹿的发音(oron)相同,(cho)是表示人的附加成分,两者合起来为(oroncho),即"鄂伦春",汉语就是"打鹿人"之意。"今黑龙江所属东北部族,有俄伦春者,亦使鹿,盖俄伦即鹿名也。""俄罗斯伊聂柏兴,有一种人乘鹿者,呼鹿曰俄伦,此可见俄伦春命名即使鹿之故。"③在清代文献中,根据当地民族的居住环境、经济特点等,又分别称其为"萨哈连部""索伦部""虎尔哈那""萨哈尔察部""使犬部""使鹿部"等。"俄伦春,索伦之别部也。元时称为林木中百姓,清初称为树中人,又呼为使鹿部,俗呼之为麒麟。"④《黑龙江志稿》中记载:"元时称为'林木中百姓',清初谓之为'树中人'。其在鄂伦春之东部者,又呼为使鹿部。其在鄂伦春上游西部者,又呼为使马部。其在黑龙江下游之鄂伦春,又呼为使犬部。"⑤"使马部"是指居住在黑龙江中上游、以马为畜力的鄂伦春人;"使鹿部"是指居住在黑龙下游,包括库页岛在内的,役使驯鹿的鄂伦春人及鄂温克人。

二、鄂温克族

"鄂温克"是鄂温克族人的民族自称,亦称"鄂翁喀拉",意为"住在大山

① 何秋涛:《朔方备乘》,黑龙江人民出版社1992年版。
② 《清圣祖仁皇帝实录》,中华书局2008年版。
③ 何秋涛:《朔方备乘》卷四十三,黑龙江人民出版社1992年版。
④ 徐世昌:《东三省政略》,吉林文史出版社1989年版。
⑤ 张伯英:《黑龙江志稿》,黑龙江人民出版社1992年版。

林中的人们"。历史上,鄂温克人将大兴安岭一带的大山林称为"额格都乌日"或"额格登"(鄂温克语意"大山"),居住其中的人叫"鄂文基"。另外还有其他的一些说法,如"鄂温克"的意思是"下山的人们"或"住在南山坡的人们"之意。上述几种解释都说明,"鄂温克"这一称呼反映了鄂温克人与山林有着密切的联系,是大山林中的狩猎民族。而随着历史的发展,有一部分鄂温克人走出山林,迁居草原和河谷平原地带,有一部分依旧留在山林之中。

有关鄂温克族族源的资料较少,学术界说法不一,有室韦说及鞑靼安车骨部说等。其实中国古代民族均为不断析出、融合后产生的,将各民族只归结于单一族源的说法,都是不切实际的。鄂温克族应当同鄂伦春族一样,以室韦诸部为主体,同时吸收了部分鞑靼等民族成分发展而来。《鄂温克族简史》一书中指出,早在公元前 2000 年,鄂温克族的祖先就居住在外贝加尔湖和贝加尔湖沿岸地区。① 据考古发掘,在色楞格河左岸上班斯克村对面的佛凡诺夫山上发现一个人体骨骼,其衣服上带有数十个闪闪发光的贝壳制的圆环,圆环所在位置与鄂温克人胸前所戴串珠以及萨满巫师的法衣上缀饰的贝壳圆环的位置完全一样。此外,还发现死者的一些白玉制的大圆环,与17 至 18 世纪鄂温克人古代服装上的圆环毫无差别。鄂温克族民间认为:他们的故乡是勒拿河,勒拿河很宽,连啄木鸟也飞不过去。据说勒拿河一带的"拉穆湖"(即贝加尔湖),有八条大河流入湖中。湖的周围有很高的山,鄂温克人的祖先是从"拉穆湖"周围的高山上起源的。另有一个传说,说鄂温克人的故乡是在黑龙江上游石勒喀河一带。

北魏时期的室韦,特别是其中的北室韦、钵室韦以及唐朝的鞠部,与鄂温克族的族源有着密切的关系,同时也与中原王朝保持着往来关系。干志耿、孙秀仁在《黑龙江古代民族史纲》中提出:"从鄂温克族的居住区和生活状况看,又与唐代北部室韦中的北室韦和婆莴室韦有密切关系。"②据史书记载,北室韦、钵室韦夏天以桦树皮盖屋,以渔猎为生,吃兽、鱼肉,穿兽、鱼皮,人死之后将尸体挂在树上实行风葬,这些习俗正是鄂温克族早期生活的写

① 《鄂温克族简史》编写组:《鄂温克族简史》,民族出版社 2009 年版。
② 干志耿、孙秀仁:《黑龙江古代民族史纲》,黑龙江人民出版社 1987 年版。

照。唐朝在外贝加尔地区设立幽陵都督府管辖拔野古、鞠部。辽朝建立以后,其疆域北至外兴安岭,西北至贝加尔湖地区,曾设立室韦大王府和节度使节制这一广大区域内的民众,从而将鄂温克族先民纳入自己的统治之下。室韦人"春夏至室中,秋冬穿地为洞,深可数丈而居之……以鹰、鹘、鹿、细白布、鼠皮、银鼠皮、大马、胶鱼皮等与契丹交易"[①]。金朝的上京道蒲与路,辖境北达外兴安岭火鲁火疃谋克,其统治范围已延伸到鄂温克族祖先的世居之地。元代,中原史籍将居住在贝加尔湖以东、黑龙江流域的鄂温克、鄂伦春、蒙古等族都称作"林木中百姓"。他们以射猎为业,食兽肉,衣兽皮,饲养驯鹿,处于原始的渔猎经济时代。"其居屋以树皮编结之,用桦皮为顶","暑则野居,寒则室处","住平土屋,屋脊开孔,以梯出入",冬天使用滑雪板穿梭于山林之中,"木马形如弹弓,系足激行,可及奔马,二者止可冰雪上行"[②]。西辽天禧三十年(1207),成吉思汗派长子术赤征伐林木中的百姓。南宋端平二年(1235),窝阔台汗在黑龙江上游地区设开元路、河宁路,以统辖林木中的百姓。明朝政府在赤塔河流域的鄂温克地区设立乞塔河卫,管辖当地民众。明永乐五年(1407)在兀的河流域设兀的河卫来管辖当地鄂温克及鄂伦春部落。

由于历史上的不断迁徙及居住地域的不同,明清时期的鄂温克人主要可分为三部分。居住在石勒喀河及精奇里江流域的鄂温克人被称为"索伦部"。"索伦"这一称呼,早在天聪八年(1634)的《清太宗文皇帝实录》中就有记载,是对包括鄂温克族、达斡尔族和鄂伦春族在内的民族的统称。[③] 后期其他民族逐渐从"索伦"中分离出来,"索伦"便成为仅对鄂温克族的称呼。20世纪50年代初期,被称为"索伦"的鄂温克族,指居住在今鄂温克族自治旗、阿荣旗、扎兰屯市、莫力达瓦达斡尔族自治旗和讷河市等地的鄂温克人,他们占鄂温克族总人口的大多数。居住在贝加尔湖以东、赤塔河流域至额尔古纳河流域的鄂温克人被称为"通古斯"。有史籍记载:鄂温克"一作通古

---

① 叶隆礼:《契丹国志》,中华书局2014年版。
② 《元一统志》,中华书局1966年版。
③ 《清太宗文皇帝实录》,中华书局2008年版。

斯,亦曰喀木尼汉,即索伦别部也,其俗使鹿"①。"雅库特"是对游猎于额尔古纳河右支流、激流河流域及呼伦贝尔地区鄂温克人的称呼。这部分鄂温克人因曾在俄国境内贝加尔湖附近及勒拿河流域与讲突厥语的雅库特人相邻而居,而被误称为"雅库特"。鄂温克亦有"使马部"与"使鹿部"的区别。尽管历史上不同地区的鄂温克族有着不同称呼,但他们都自称为"鄂温克"。

第五节　蒙古族、达斡尔族

一、蒙古族

蒙古族是一个历史悠久的民族。据史料记载,蒙古族发源于望建河(今额尔古纳河)东岸一带。蒙古族的主体民族属于北方东胡族系。据《史记》记载:"东胡,乌丸之先,后为鲜卑。在匈奴东,故曰东胡。"②东胡的活动范围大致在科尔沁草原以南,西拉木伦河、老哈河、大凌河附近。公元前 209 年,匈奴冒顿自立为单于,后破东胡。东胡余部分两支逃至乌桓山及鲜卑山,被称为乌桓人和鲜卑人。公元前 4 世纪,鲜卑人分化为两支。居住在西拉木伦河、老哈河附近的称契丹,居住在大兴安岭地区的称室韦。室韦内部又分为若干支系,其中居住在黑龙江上游及大兴安岭地区的称"蒙兀室韦",即当今蒙古族的直系祖先。中国北方地区在千百年来的历史发展过程中,政权和统治者都在不断更替。秦汉时期的匈奴,后来的鲜卑、柔然、突厥、回鹘等不同的民族和部落均曾活跃于北方草原,但是他们聚散无常,没能在草原扎根,而是逐渐迁徙到其他地方,或分散并入其他民族或部落之中,直到蒙古族兴起,成为北方草原的主人。《旧唐书》中的"蒙兀室韦"是有关蒙古族的最早记载③,历代汉文史籍中也称其为"蒙兀""盲古子""萌古""蒙瓦""盟

---

① 何秋涛:《朔方备乘》,黑龙江人民出版社 1992 年版。
② 司马迁:《史记》卷一百一十,中华书局 1982 年版。
③ 刘昫等:《旧唐书》卷一百九十九,中华书局 1975 年版。

古""蒙古里"等等。"蒙古"最初只是蒙古族先民诸部落中的一个部落名称。8世纪以前,蒙古族先民主要生活在大兴安岭和额尔古纳河流域,后以孛儿帖赤那为首的一部分蒙古部落走出原始森林,西迁到草原地区,成为游牧民族,部落发展到30余个,主要分布在东起兴安岭,西到阿尔泰山,南达阴山,北至贝加尔湖、额尔齐斯河的广大地区。公元1206年,以铁木真为首的部落统一了大漠南北的蒙古各部,在斡难河畔召开"忽里勒台"(全部落联盟大会),称"成吉思汗",建立了蒙古汗国。从此蒙古汗国所属诸部逐渐形成了一个新的民族,"蒙古"也就由原来的部落名称变为民族名称。中统元年(1260)忽必烈即位,于次年改国号为"大元",后灭南宋,统一全国。

蒙古族的主体广泛分布在北部草原、沙漠地区,黑龙江西部的山林、草原地区也是蒙古族重要的生活区域。从辽金时期开始,就有众多蒙古部落从北部草原移居到黑龙江地区,构成了今天黑龙江蒙古族的主体。据《蒙古秘史》①记载,成吉思汗的十二世祖道布莫尔根之兄道蛙锁呼尔有四个儿子,道蛙锁呼尔去世后,其子孙离开斡难河东移,回到蒙古族的发源地呼伦贝尔,称朵儿边氏,即"杜尔伯特蒙古"。12世纪初,杜尔伯特部逐渐迁徙到嫩江、通肯河一带。1214年,成吉思汗开始分封土地,嫩江、松花江流域成为哈布图哈萨尔的世袭封地,其子孙称为"郭尔罗斯蒙古"。

明朝末年,分布在黑龙江地区的蒙古族部落主要有:居住在贝加尔湖东西和额尔古纳河流域的布里亚特蒙古;游牧于贝加尔湖以东至尼布楚一带的茂明安蒙古;分布于呼伦贝尔草原地区的新旧巴尔虎和新旧厄鲁特蒙古;生活在嫩江流域、松花江流域的杜尔伯特蒙古、郭尔罗斯蒙古、扎赉特蒙古、科尔沁蒙古。他们以游牧为主要的经济生产方式,同时饲养牛、羊、马和骆驼等。明朝在这些地区设立了兀良哈三卫、斡难河卫等诸多卫所,对蒙古诸部进行管辖。兀良哈三卫,即朵颜卫、泰宁卫及福余卫,管辖范围西起大兴安岭,东到嫩江流域,北至呼伦湖,岁岁朝贡中央王朝。

---

① 佚名:《蒙古秘史》,开明书店1951年版。

二、达斡尔族

达斡尔族是黑龙江地区的世居民族,清朝以前有关达斡尔族先民的历史资料有限,难以考究,学界说法不一。有些学者认为达斡尔族源于"索伦";有学者认为达斡尔族是蒙古族的分支;部分学者认为达斡尔族源于东胡-鲜卑-室韦系统。但是根据契丹历史发展、达斡尔族传说及两者民族语言、文化等方面的对比研究,史学家大多认为达斡尔族属辽代契丹的后裔。总的来说,从历史上契丹两次向东北迁徙的路线来看,达斡尔族应该是以契丹为主要源流,在不同时期吸收了室韦、蒙古等相邻的东北其他民族成分而形成的民族。《新唐书·契丹传》中载,隋唐之际,契丹之君号大贺氏。[①] 在《旧唐书》《契丹国志》等古籍中均记载,大贺氏为契丹族中一个强大的部落。大贺氏的全称为大贺尔氏,有专家考证,大兴安岭、洮儿河流域是大贺氏的发源地。洮儿河的古称为"挞古鲁河""挞兀尔河",大贺氏的族称可能来源于洮儿河的古称。"达斡"即"大贺"的音转。《清宣宗成皇帝实录》中记载:"中山姓郭贝勒氏,是黑龙江布特哈达斡尔人,先系是契丹大贺氏,世居黑龙江畔郭贝尔屯。"[②]日本学者白鸟库吉在《东胡民族考》中,也推证了达斡尔族的族称与洮儿河的古称有关。[③] 据史籍记载,达斡尔族先民的居住地最早为洮儿河流域,洮儿河畔的泰州曾经是契丹大贺氏的领地和牧场。达斡尔民间还流传过一首歌谣:"边壕古迹兮,吾汗所遗留;泰州原野兮,吾之养牧场。"[④]这首歌谣反映了达斡尔族与契丹族的渊源关系。

辽朝灭亡后,传说契丹以库列尔为首的部分贵族不肯降金,率领部众,带着牲畜,一直向北退避到大兴安岭、额尔古纳河及黑龙江流域。《黑龙江志稿》中载:"打虎儿契丹贵族,辽亡徙黑龙江北境,与索伦部杂居于精奇里

① 欧阳修、宋祁:《新唐书》卷二百一十九,中华书局 1975 年版。
② 《清宣宗成皇帝实录》,中华书局 2008 年版。
③ 白鸟库吉:《东胡民族考》,商务印书馆 1934 年版。
④ 孟定恭:《布特哈志略》,辽海书社 1931 年版。

江,江水黄合于黑,水流数百里不混。"①元代居住在黑龙江流域的达斡尔人属于"林中百姓",归属万户豁儿赤的统领。1260年,忽必烈推行行省制,达斡尔族先民辖于岭北行省和辽阳行省。元末明初,为避免战乱侵扰,散居在西拉木伦河、洮儿河等地的契丹遗民迁往黑龙江中上游、外兴安岭以南、精奇里江流域。各部以氏族单位"哈拉""莫昆"为基本社会组织进行生产和生活,随水草而居,过着游牧生活,以畜牧、渔猎为主要经济生产方式。而居住在精奇里江流域的达斡尔人社会发展水平较其他地区先进,已形成部落联盟,除渔猎外,也有简单的农业和牧业。明朝统一东北地区后,在黑龙江流域设置奴儿干都指挥使司,下辖乞塔河卫、古里河卫等诸多卫所对达斡尔、鄂温克、鄂伦春等部族进行管理,"因其部族,官其酋长为都督、都指挥、指挥、千户、百户、镇抚等职,给与印信,俾各仍旧俗,统其属"②,并在辽东开原、广宁等地开设贸易市场,促进各族人民经济、文化上的交流。

　　清代史籍中将生活在黑龙江流域的达斡尔人与鄂温克人、鄂伦春人统称为"索伦",后以贡物特点称达斡尔为"萨哈尔察部"(满语意为黑貂)或"萨哈连部"(满语意为黑龙江)。清朝中期又出现"打虎儿""达胡尔""达虎里""达呼尔"等称呼。"达斡尔昔居西拉木伦、哈拉木伦地方,有萨吉尔迪汗者,达斡尔之部长也,避兵阖族迁徙居黑龙江。萨吉尔迪汗领部众避兵迁至黑龙江上游,其一半部民粮尽力疲,留于该地。萨吉尔迪汗又领其一半部民西行,然而其去后阒寂无闻。此方留住者,内分数十姓,自鄂嫩河口以下沿江择地,分屯聚处,又设木城数座,以备外虞,建设房院,种田狩猎为生活计。"③后因沙俄不断侵扰东北地区,清政府为巩固黑龙江边疆,将达斡尔人大部分迁往嫩江流域驻防屯垦,少部分仍留在今外贝加尔一带,后清政府又征调达斡尔人驻防东北其他地区和新疆边境城镇。在阿穆尔河和结雅河沿岸以及小岛上的许多地方,都有达斡尔人的城镇和村落遗址。每座城堡的工事包括木墙、四五个射箭用的塔楼,整个城堡有一道沟和高高的土墙围着,塔楼下有掩蔽着的小门,是突围时的出口。另外还有通向河边的秘密通

---

①　张伯英:《黑龙江志稿》,黑龙江人民出版社1992年版。

②　傅朗云、杨旸:《东北民族史略》,吉林人民出版社1983年版。

③　钦同普:《达斡尔民族志稿》,民族出版社1998年版。

道,城堡里面有许多大的木头房子,窗户是用纸糊的,每个房子能住下五十到六十人。由此可见,当时包括达斡尔人在内的索伦人的社会发展水平较高,城堡建设较为先进。

第六节　汉　　族

汉族是秦汉时期由华夏民族发展演变形成的。华夏族是以夏、商、周三个王朝民众为主体构成的,也包括后来的齐、楚、燕、韩、赵、魏、秦等诸国人口。公元前206年,汉朝继秦朝后兴起,历经发展壮大,原称华夏人的中原居民被称作汉人,在历史发展过程中逐渐成为中原主体民族的族称,即"汉族"。据史籍记载,早在部落联盟时期,华夏族就与以太昊伏羲氏和炎帝神农氏为代表的东夷族系通婚。先秦时期,已有汉族进入东北地区,成为东北地区诸多世居民族之一,为开发、建设东北地区做出了巨大贡献。

世居东北地区的汉族,一般来自华北地区及山东地区,部分汉族人是为了躲避战乱而主动迁入。《三国志·魏书·管宁传》载:"天下大乱,闻公孙度令行于海外,遂与原及平原王烈等至于辽东……乃庐于山谷。时避难者多居郡南,而宁居北,示无迁志,后渐来从之。"[1]也有部分汉族人是由于政权更迭而被掳掠或被迫迁徙到东北地区的。如《三国志·魏书·武帝纪》记载:"三郡乌丸承天下乱,破幽州,略有汉民合十余万户。"[2]慕容氏政权兴起于东北后,便不断地从中原掳掠大批汉族迁徙到东北地区。如东晋咸康六年(340),一次就曾掠夺河北等地汉族人口三万余户。还有部分汉族人是由于统治者的政策而迁入或因犯罪而流放至此。如唐朝渤海国建立后,中原统治者为了扶植渤海国发展,将大批汉族留学生及手工艺人派往渤海国。清朝入主中原后,曾几度对东北地区实行封禁政策,后清朝统治者几度将大量中原汉族人迁往东北地区,实行移民屯垦。通过这些途径几次移民,汉族成为当时东北地区的主要民族之一。

---

① 陈寿:《三国志》卷十一,中华书局2011年版。
② 陈寿:《三国志》卷一,中华书局2011年版。

有考古资料显示,黑龙江地区早在旧石器时代就有从华北地区迁徙过来的人口,考古挖掘发现了大量中原器物遗存。在此后的新石器、青铜器、铁器时代,接连有北徙黑龙江地区的中原人口遗存被发现。据现有文献记载,黑龙江地区最早有姓名可考的中原汉族人是西汉时期的徐自为。他曾在汉武帝时期任掌领宿卫侍从之高级官吏光禄勋。太初三年(公元前102),汉武帝派遣徐自为在北部沿边地区"筑城障列亭"等防御工事,其中就包括黑龙江部分地区。

此后的北魏时期、隋唐时期均有大批中原官员、随从人员及中原汉族流民到达黑龙江地区。隋朝末年,大批中原汉族官兵随军进驻黑龙江地区。唐代东北地区的渤海国是一个汉化程度较高的由少数民族建立的地方政权。在渤海国的建设中就有唐朝中原的民间工匠、官方留学者来到东北地区。辽金两代是汉族人北迁黑龙江地区的第一次高潮。契丹族建立辽朝后,将战争中俘获的大批汉族人口向东北迁徙,在东北地区为安置或流放汉族人而建立的州县多达五十多个,其中在黑龙江泰来县塔子城发现辽大安七年(1091)的石刻上刻有汉族姓名四十七个。泰来县即当时的泰州,是辽朝东北路统军司驻地。这些汉族人参与了当地的建设。

12世纪初,东北地区的女真人逐渐强大起来,建立金朝。金在灭辽朝、宋朝的战争中,将中原地区大量汉族人迁徙到东北地区,特别是黑龙江地区,谓之"实内地"。在金天会五年(1127),金统治者将宋徽宗、宋钦宗二帝以及三千多中原汉族贵族掠夺迁徙到黑龙江地区。《金史》中记载:"太祖每收城邑,往往徙其民以实京师……及以燕京与宋而迁其人,独以空城与之,迁者道出平州,故觉因之以作乱。"[1]"既定山西诸州,以上京为内地,则移其民实之。又命耶律佛顶以兵护送诸降人于浑河路,以皇弟昂监之,命从便以居。"[2]金上京会宁府即在今天哈尔滨市阿城区,岭东指的是上京附近的青岭,即今黑龙江境内的张广才岭,浑河路指的是浑河流域。北迁的汉族人中有许多司天官、内侍、僧道、监吏、裁缝、木匠、铁匠、影戏、小唱等各色人,还有很多两宋时期的官员及其随从人员因政治或经济原因出使东北后留在这

---

① 脱脱等:《金史》卷一百三十三,中华书局1975年版。
② 脱脱等:《金史》卷四十六,中华书局1975年版。

里,其中很多是有学识与才华之人,促进了黑龙江地区经济与文化的发展。

　　元明两代,中原统治者也曾采取在东北地区屯田及流放犯人的政策,因此也迁入黑龙江地区一些汉族人。如《元史》中记载:"诸流远囚徒,惟女直、高丽二族流湖广,余并流奴儿干及取海青之地。"①元朝统治者将中原汉族人随军迁往水达达地面屯田镇守,"至黑龙江之东北极边而营屯"。黑龙江地区虽地处偏远,但地广人稀,土地肥沃,历代中原的汉族人源源不断进入这片地区,同时将先进的农业生产技术和汉族文化一并带入,加快了黑龙江地区政治、经济、文化的发展。

---

① 宋濂等:《元史》卷一百零三,中华书局1976年版。

第二章

清代前期黑龙江地区世居民族的发展与交往

黑龙江地区地域辽阔,自古以来就是多民族聚居区。明代时期,黑龙江地区分布着女真、蒙古、汉等民族。明末,东北地区肃慎族系的女真人再次崛起,并开始由部落联盟走向统一,统一后的女真再次建立起称霸东北的地方政权,并统称满族,此后又建立了清中央王朝。本章的清代前期,指的是后金建立至康熙二十三年(1684),清军入关后,先后消灭了南明各政权,镇压了各地反清起义,平定了三藩之乱,收复了台湾,最终统一全国。以满族贵族为统治主体的后金及清王朝,十分重视对东北地区的统治和管理,通过军事征伐和招抚并用的手段将黑龙江地区诸民族纳入到其统治之下。为了维护边疆稳定、民族团结,统治者在黑龙江地区制定了特殊民族管理政策。

第一节　满族的崛起

一、建立地方政权

　　明代,东北地区女真各部由于政治、经济发展不平衡,引起激烈的兼并战争。明中叶以后,"各部蜂起,皆称王争长,互相战杀,甚且骨肉相残,强凌弱,众暴寡"①,女真人民遭受了极大的痛苦。努尔哈赤是建州左卫猛哥帖木

---

① 《清太祖武皇帝实录》,中华书局 2008 年版。

儿的六世孙,具有卓越的政治和军事才能,他顺应历史发展的潮流,统一了女真各部。努尔哈赤先后被明朝封为指挥使、都指挥使、都督佥事和龙虎将军等职位,最终建立了后金地方政权。

努尔哈赤出生于奴隶主家庭,十岁丧母,十九岁时,他入山采集山货,往来于抚顺马市等处,熟悉汉族地区的情况,受汉族文化影响较深。明万历十一年(1583),因其祖、父在女真内部战争中被杀,努尔哈赤以十三副遗甲起兵,走上了统一东北女真各部的道路。而此时明王朝对于东北女真的管理已是鞭长莫及。努尔哈赤起兵时实力弱小,但他远交近攻、避强就弱,对朝鲜、蒙古进行拉拢,对明王朝表示恭顺,多次遣使入贡及至中原发展贸易。其采取"恩威并行,顺者以德服,逆者以兵临"的策略,先是兼并了哲陈部、完颜部等周围部落,又于明万历二十一年(1593)打败了海西女真九部联军,乘胜兼并了长白山等部,完成了对建州女真各部的统一,接着又对分布在外兴安岭、黑龙江流域的东海女真用兵。在此后的三十多年的时间中,努尔哈赤将东至海滨、西达开原、北抵嫩江流域、南至鸭绿江的广大地区分散的女真各部全部统一起来。明万历四十四年(1616),努尔哈赤称汗,建立大金国,史称后金,年号天命。他建立八旗制度、兴建城池、选人才、设议政,将东北各地区女真人统一在后金的统治之下,使后金成为可与明王朝抗衡的地方政权。

二、建立统一全国的中央王朝

努尔哈赤先后用了近四十年的时间,在后金天命四年(1619)灭海西叶赫部后,完成了东北女真各部的统一大业,开始对明朝用兵,其军队所向披靡,一直攻打到辽东、辽西地区。后金天命十一年(1626),在宁远战役中,由于明将袁崇焕使用红衣大炮防备,努尔哈赤久攻不下,大挫而归。由于身受重伤,不久就去世了。

努尔哈赤八子皇太极即位,年号天聪,对明改为议和策略,意图争取时间发展生产、储备力量,待时机成熟再进取中原。皇太极经过九年的不懈努力,加强和巩固了汗权,解除了统治阶级的内部矛盾;通过两次对朝鲜用兵、统一蒙古和黑龙江流域,消除了后顾之忧;大力改革政治、军事制度,发展经济,加强了后金的实力,为夺取明朝的中央政权做了准备。后金天聪十年(1636)五月,皇太极称帝,定国号大清,改年号崇德,将主要力量放在进攻明朝上,明清之间的关系进入到了一个新的阶段。皇太极昭告天下:废除女真、诸申等民族称号,统称满洲。自此,肃慎族系主体民族的后裔——满族登上了历史舞台,其贵族成为后金及清朝的统治者的主体,而满族由于其特殊的政治军事地位、较高的经济文化发展水平在东北地区占有举足轻重的地位。

努尔哈赤和皇太极为巩固和发展后金政权,进行了坚持不懈的努力,为清朝统一全国奠定了基础。清顺治元年(1644),清军入关,逐步消灭南明各政权、镇压反清势力,最终统一全国,从此开始了清朝对全国的统治。

三、对东北地区各民族的统治

包括黑龙江在内的东北地区是满族的发源地,是清朝的边疆重地,也是多民族聚居区,为了加强对东北地区的统治,清朝统治者对其制定了有异于中原地区的特殊管理体制。

(一)八旗驻防制

清政府继承明制,在中原地方设置省、道、府、县等行政机构,负责逐层管理地方的政治、经济、民事等事务。清朝统治者特别重视对东北边疆地区的统治,分别设立盛京将军、吉林将军、黑龙江将军,实行集政治统治、军事管理、经济发展、宗教文化管理等为一体的八旗驻防管理体制。

清太祖努尔哈赤在统一女真各部的过程中,以女真人的狩猎组织"牛录"为基础,根据金朝的"猛安谋克"制度,创立了八旗制度。"牛录"原为女真人氏族制时期的生产和军事组织,女真人行军或出猎时,各依所属族、寨行进,每十人为一个行进单位,设"牛录额真"为首领(牛录满语为 niru,汉译为"箭",额真满语为 ejen,汉译为"主")。努尔哈赤在此基础上进行改建,并规定:每三百人编为一牛录,设牛录额真(佐领)一人管理牛录中一切事务;每五牛录为一甲喇,设一甲喇额真(参领);每五甲喇设一固山额真,即旗主。

明万历二十九年（1601）初设黄、红、蓝、白四旗，四十三年（1615）又增设镶黄、镶红、镶蓝、镶白四旗，合为八旗。后金天聪八年（1634），皇太极把蒙古降众以及原编在八旗满洲下的部分蒙古人编成蒙古二旗，天聪九年（1635）又扩编成八旗蒙古，其建制和旗色与八旗满洲一样。从天聪七年（1633）到崇德七年（1642），后金又逐步增设八旗汉军。至此包括八旗满洲、八旗蒙古和八旗汉军在内的完整的八旗组织设置完成。有清一代，八旗所属牛录及人数时有变化，但旗制始终未变。

八旗制度作为一种军政合一、兵民合一的组织，可以有效地组织民众进行军事作战、发展经济及进行民事管理，对后金统一东北进而入主中原，发挥了重要作用。清朝入关后，建立八旗常备兵制，沿用以旗统兵的传统建制，八旗兵负责驻守全国重要地区。入关时的八旗主力，主要是八旗满洲，驻守京畿地区，负责保卫北京城及紫禁城的安全，称为"禁旅八旗"。其他驻守在全国重点地区的称为"驻防八旗"，兵力时有增减，主要有：在京师周围各地、热河行宫、陵寝、围场等地，驻有一万七千人左右八旗兵，称为"畿辅驻防"；留守关外盛京、吉林及黑龙江地区的八旗兵丁四万人左右，称为"东北驻防"；其他驻守内地各省的八旗，称为"直省驻防"，在绥远、张家口等重要城市驻防两万人左右，江宁、西安、荆州等重要城市驻防一万六千人左右，东南沿海驻防一万八千人左右，西北驻防一万八千人左右；此外在蒙古地区，以及以乌鲁木齐、伊犁等地为中心的新疆地区，长城一线、黄河一线、长江一线、运河一线均有八旗驻防。由此形成了以八旗驻防为基础，辅之以汉族为主体的绿营军，以北京、畿辅及满族发祥地东北为中心，在冲要之地重点驻防，从边疆到内地的全国军事控制体系。

顺治元年（1644），清朝定鼎京师，入主中原，将盛京城改为留都，设八旗驻防。顺治三年（1646）清统治者在盛京设置昂邦章京，康熙元年（1662）改称"镇守辽东等处将军"，康熙四年（1665）改称"镇守奉天等处将军"，乾隆十二年（1747）定为"镇守盛京等处将军"，即为"盛京将军"。"清代以盛京为故都，以八旗兵驻于盛京，统以协佐，又分驻各城，统以城守尉防御，而其上以将军总统之。"①盛京将军下设盛京副都统、锦州副都统、熊岳副都统、金

---

① 《奉天通志》，辽海出版社2003年版。

州副都统、兴京副都统,以及凤凰城、辽阳、宁远、岫岩、盖州、义州等地城守尉驻防。吉林地区被清朝统治者视为"根本重地",其战略地位极其重要,同样设有八旗驻防。"吉林将军,掌镇守吉林乌拉等处地方,缮固镇戍,绥和军民,秩祀山川,辑宁边境。"① 顺治十年(1653)设置宁古塔昂邦章京,初驻于宁古塔城(今黑龙江省宁安市),康熙元年(1662)改称为"镇守宁古塔等处将军",康熙十五年(1676)移驻吉林乌拉城(今吉林省永吉县),乾隆二十二年(1757)改称为"吉林将军"。吉林将军下辖三姓副都统、宁古塔副都统、伯都讷副都统、打牲乌拉副都统、拉林副都统,以及伊通、法特哈等处驻防。黑龙江地区是边疆重地,清政府为加强对该地区的管理,在原宁古塔将军辖区,于康熙二十二年(1683)增设"镇守黑龙江等处将军",初驻旧瑷珲城(今俄罗斯的维芙勒伊村),后移驻新瑷珲城(今黑龙江省黑河市),康熙三十八年(1699),复移驻齐齐哈尔城。"升宁古塔副都统萨布素为黑龙江将军,以礼部左侍郎管右侍郎事温代为黑龙江左翼副都统,升工科给事中雅齐纳为右翼副都统。"② 黑龙江将军下辖齐齐哈尔副都统、黑龙江副都统、墨尔根副都统、呼伦贝尔副都统、布特哈副都统、通肯城副都统及呼兰城守尉等。

(二) 府州县制

清政府在对东北地区管理的过程中,除了实行八旗驻防体制,也在部分地区实行同内地一致的府州县管理体制。东北地区州县制的设置与汉族移民、流人进入东北地区的流向有着直接关系,即最早主要在盛京地区实行府州县制,其次为吉林地区,后在黑龙江地区也逐渐设置民户州县,大体呈现由南向北的趋向。

清代初期,大批满族人随清朝统治者进入中原地区,与此同时,关外汉族民人迁入东北地区。清政府为了便于管理居住在东北地区的汉族民人,在明原有设治的基础上,又在辽东地区设一府六州县,在辽西地区设一府三州县,总计两府两州七县。黑龙江地区"向驻八旗,旗各有界。将军、副都统

---

① 《清朝通典》,浙江古籍出版社 1988 年版。
② 《清圣祖仁皇帝实录》,中华书局 2008 年版。

而下设佐领等官。虽有民户,固无民官",归各城副都统管理。咸丰初年,黑龙江地区弛禁,"客民人籍渐多",为加强管理,又设呼兰厅理事同知,为"建设郡县之始"。① 州县制辖下的汉族民众,被按居住的村屯编入户籍。各州官"将属民人逐一稽考数目,择其善良者,立为乡长、总甲、牌头,专司稽查。遇有踪迹可疑之人,报官究治"。州县官员除了负责管理当地的民事事务外,还主要负责赋税的征收。清政府规定:民人"以丈旦之年为始,照数纳粮,如有隐匿地亩,一不交钱粮者,将隐匿人与代隐人,一并治罪,地亩入官"②。东北地区各州县民人的赋税主要包括田赋与丁银,直到雍正时期才普通实行摊丁入亩制度。民户每亩土地征银3分,丁银1钱5分至2钱。雍正年间,以土地肥沃贫瘠划分赋税等级:上则地每亩征米6升余,银3分;中则地每亩征米4升余,银2分;下则地每亩征米2升余,银1分。乾隆四十六年(1781),清政府对民人私垦土地做出规定:"每亩岁征银八分,仍在旗仓纳米二升六合五勺五抄,以惩匿报之弊。"③

八旗驻防管理体制即将军、副都统下设城守尉、佐领等为一体的政治、军事组织,专辖旗户。府州县制即府尹、知州、知县等为一体的民治系统,专管民户。旗民分别辖于二署,因旗民不交产,旗田、民田各有区划,赋税不相混淆。旗民同住一村屯,时有通婚者,若产生旗民间讼狱之事,按规定由民署受理,旗署派官员会审,双方意见相同,即可裁定,若意见参差,则由两署各申诉于上司,以求裁决。

(三)边民姓长制

清代将居住在黑龙江、乌苏里江流域,以及滨海地区及库页岛等边疆地区的赫哲、费雅喀、奇勒尔、鄂伦春、恰克拉、库页等少数民族部族统称为"边民"。清政府将部分少数民族编入八旗,成为"新满洲",对于没有编入八旗的少数民族,实行"边民计以户","各设姓长、乡长,分户管辖",每户每年交

①　黄维翰:《呼兰府志》,成文出版社有限公司1915年版。
②　《清会典事例》,中华书局1991年版。
③　黄维翰:《呼兰府志》,成文出版社有限公司1915年版。

纳貂皮一张为赋税①,即为"边民姓长制"。康熙、雍正两朝,清廷多次派官兵赴黑龙江边疆地区,对边疆各族进行编户。据史料记载,黑龙江地区的贡貂人户,康熙十五年(1676)有1209户,康熙六十一年(1722)增至1910户,乾隆十五年(1750)又增至2250户。后清政府决定将乾隆十五年(1750)纳贡的赫哲费雅喀2250户及库页费雅喀148户,合计2398户,"永为定额,嗣后不准增加。如有减丁,其缺由彼之子弟替补,照纳贡貂"②。《大清会典》载:"三姓所属赫哲、费雅喀、奇勒尔、库叶、鄂伦春、恰克拉五十六姓,二千三百九十八户。"③据满文档案载,三姓所属五十六姓之名,其中奇勒尔、鄂伦春、费雅喀、恰克拉、库页均为族称,都是五十六姓中的大姓。清政府以血缘姓氏为纽带,结合其居住的地域村屯,分设姓长(满语为halada)、乡长(满语为gasada)对其进行管理,建立起一套因俗而治的地方基层组织。清政府在黑龙江地区先后设姓长22名,乡长188名,穿袍人108人,此外还有2081户白丁,分布于252个村屯之中。姓长、乡长多为少数民族氏族首领,为世袭制,其任命要经过所在将军衙门官员的考核,再呈报礼部,最后由皇帝任命。穿袍人一般为姓长、乡长的次子,协助姓长、乡长办理公务。姓长、乡长的职责主要是调解边民纠纷及管理贡貂事宜,每年带领所属人丁,到指定地点向清政府贡貂。

清代边疆少数民族每年以貂皮交纳贡赋,清政府同时给予一定的回赏,称为赏乌林。乌林,满语为wulin,汉意为钱财、财帛,指贡貂时清政府赏赐给贡貂者的衣物、布帛等财物。清初,边民需跋山涉水,远至北京进行贡貂。顺治十六年(1659),清廷考虑到黑龙江地区贡貂者所行路途遥远,遂下令:"此后费牙喀部落人民进贡,应送至宁古塔,照例宴赏遣回。"④康熙初年,清朝统治者又令赫哲等部也就近在宁古塔处贡纳貂皮。赫哲、恰克拉等族众"皆每年入贡",鄂伦春、费雅喀、奇勒尔等族众"皆三年入贡",时间为每年四

---

① 长顺:《吉林通志》,吉林文史出版社1986年版。

② 辽宁省档案馆、辽宁社会科学院历史研究所、沈阳故宫博物馆:《三姓副都统衙门满文档案译编》,辽沈书社1984年版。

③ 《大清五朝会典》,线装书局2006年版。

④ 《清世祖章皇帝实录》,中华书局2008年版。

月至六月,在宁古塔副都统处纳贡颁赏。① 雍正十年(1732),在设立三姓副都统衙门后,黑龙江下游及部分乌苏里江下游各族又改至三姓城贡貂。乾隆四十五年(1759),清政府在三姓地方建立专门收贮貂皮及赏乌林的库楼。至此,黑龙江下游及乌苏里江以东各族贡貂均移归三姓副都统衙门负责办理。各族边民距离三姓城较近者,直接至三姓城交纳,距离较远的则由三姓副都统定期派出官员设立行署,就近收取。所设行署,分为南北两路。南路行署,初在"乌苏里以内尼满地方集齐候赏",后因恰克拉等部"间隔崇山峻岭,进城维艰",于雍正六年(1728),改为"隔年一次至乌苏里莽牛河"②,由三姓所派官员收纳贡皮,颁给赏物。北路行署,负责黑龙江入海口及库页岛等边民500余户纳貂,每岁遣章京等员"赴宁古塔境外三千余里之普禄乡等地方"③纳贡颁赏。普禄,在今俄罗斯境内博戈茨科耶,后改在奇集,为今俄罗斯境内奇集湖附近之马林斯克。嘉庆初年,行署从奇集移往德楞,即今俄罗斯境内卡尔吉。据黑龙江将军衙门档案记载:"齐集(奇集)以上者,俱赴三姓城交纳贡皮,领取赏物。齐集以下者,俱在三姓城东北三千里德勒恩(即德楞)地方"④,由三姓派员,收纳贡皮。道光年间也曾在下江卡伦设置过临时行署。

黑龙江地区边民贡貂时,由官员当场验收,并按贡貂者的不同身份给予不同赏赐。清政府规定,三姓、宁古塔地区"凡岁贡者,除赐衣冠什器之外,宴一次"⑤。宴会上,官员"出户部颁赐进貂人袍帽、靴袜、鞓带、汗巾、扇子等物"⑥,即所谓赏乌林。乌林中包括布匹、包头、带子、针线等物品,还有褂、袍、袄、裙、裤等衣物。所赏乌林由盛京户部供给原料,工部制作,再发到黑龙江地区。雍正六年(1728),因盛京制作衣物"需费时日,且不合身",故将

---

① 杨宾:《柳边纪略》卷三,载《龙江三纪》,黑龙江人民出版社1985年版。
② 萨英额:《吉林外纪》,吉林文史出版社1986年版。
③ 《清文献通考》,商务印书馆1927年版。
④ 萨英额:《吉林外纪》,吉林文史出版社1986年版。
⑤ 杨宾:《柳边纪略》卷三,载《龙江三纪》,黑龙江人民出版社1985年版。
⑥ 吴桭臣:《宁古塔纪略》,吉林文史出版社1985年版。

"需用之蟒袍等依原赏数目改赏缎布衣料"①。

清政府为了加强对边疆地区各民族的统治,除实行贡貂赏乌林制度外,还实行联姻制度,即各族姓长、乡长可以进京娶妇,清政府配以宗室或大臣之女。这种联姻制度始于康熙朝。据《圣武记》载:"康熙中,以鱼皮(赫哲)等部俗荒陋,令其世娶宗室女以化导之,岁时纳聘。"②清廷对于娶亲者,多赐以官职,照例赏给各种衣物、饰品、针线、马牛及铁器等物。边民与内地联姻,是安边大事,要经过皇帝亲允,并在京师举行婚礼。纳妇之少数民族首领,携带聘礼,长途跋涉,冬季到京,后因此季节多为天花流行期,经乾隆特谕改在七八九月间进行,届时由礼部主持设宴,举行隆重的婚礼仪式。康熙年间,流放宁古塔地区的文人吴兆骞曾赋诗描写娶宗室女的情景:"娥娥红粉映边霜,细马丰貂满路光,朱幕漫传翁主号,黄眉争识内家妆。"③这些"宗女"嫁到边疆各族后,"其部落甚尊奉",称为"皇姑",满语称"sarganjui 萨尔罕锥",迎娶的女婿,满语称为"hojihun 霍吉珲",他们在边民中地位很高,姓长、族长在处理边民事务时,常常请霍吉珲参加处理。在清廷赏乌林等级中,霍吉珲与姓长相同,赏赐给萨尔罕锥的财物甚至多于姓长。

(四)盟旗制

清朝,辽东地区、吉林新边以西及黑龙江西北多为草原,生活着蒙古族部落。东北地区蒙古各部相继归附清朝后,清廷在此以八旗制为基础,又保留了蒙古族固有的氏族组织进行管理。盟旗制设置于清朝入关前,完善于康熙年间。清朝统治者将蒙古族原有的49旗,分为6盟,其中哲里木、卓索图、昭乌达盟毗连东北,被称为东部蒙古或东三盟。据《清圣祖仁皇帝实录》记载:"太祖、太宗时,招徕蒙古,随得随即分旗,分佐领,封为扎萨克,各有所

---

① 辽宁省档案馆、辽宁社会科学院历史研究所、沈阳故宫博物馆:《三姓副都统衙门满文档案译编》,辽沈书社1984年版。

② 魏源:《圣武记》卷一,上海古籍出版社1995年版。

③ 吴兆骞:《秋笳集》,上海古籍出版社2009年版。

统。"①天聪九年(1635)二月,清政府编审喀喇沁部,设左、右两翼旗,由色棱为左翼札萨克,固噜思奇布为右翼札萨克。左翼统蒙古族壮丁 1286 名,右翼统蒙古族壮丁 5286 名。同年九月,清廷又编审土默特部所属部落,设三札萨克。崇德二年(1637),土默特部分左、右两翼,分设两札萨克掌之。喀喇沁与土默特四札萨克组成会盟。② 会盟在土默特右翼境内,下属两部、五旗,计 292 佐领。崇德元年(1636),清政府在科尔沁部设五札萨克。同年十月,皇太极又派内弘文院大学士希福、蒙古衙门承政尼堪、塔布囊达雅齐、都察院承政阿什达尔汉等前往科尔沁诸部,"稽户口,编牛录,颁法律,禁奸宄",编为五札萨克,顺治七年(1650)又增设一个札萨克。崇德元年(1636),清廷在郭尔罗斯部设两札萨克,分郭尔罗斯为前后二旗。顺治五年(1648),清廷授杜尔伯特部色冷为札萨克,领一旗,同年授扎赉特部蒙衮之子色棱为札萨克,领一旗之众。③ 因郭尔罗斯、杜尔伯特、扎赉特与科尔沁诸部为同一祖先,所以其组成一盟,盟地在哲里木,称哲里木盟。哲里木盟位于辽东与吉林之间,会盟地位于科尔沁右翼中旗境内,下属 4 部,10 旗,234 佐领。崇德元年(1636),皇太极诏令敖汉部编所部佐领,设札萨克,以旺弟领其众,同年授奈曼部札萨克,以衮楚克领之。清廷又诏令翁牛特部编为佐领,设二札萨克。顺治元年(1644)将阿鲁科尔沁两旗合并为一旗,授札萨克。顺治五年(1648),顺治帝诏巴林部,编所部为佐领,设二札萨克。同年诏扎鲁特部,编所部佐领。顺治九年(1652),诏令克什克腾部,编所部佐领,设札萨克。康熙三年(1664),漠北喀尔喀蒙古西路台吉衮布伊斯登越沙漠来归,清廷赐其牧地于喜峰口外,授札萨克职,称喀尔喀左翼。以上各札萨克合组会盟,盟地昭乌达,称昭乌达盟,下属 8 部,11旗,计 298 佐领。上述卓索图盟、哲里木盟、昭乌达盟位于东北地区的西部,对蒙古地区而言居东,故称东三盟。东三盟共计 14 部,26 旗,824 佐领。每佐领以 200 丁计算,共有 164800 丁。他们"各守其地,朝岁时奉职

① 《清圣祖仁皇帝实录》,中华书局 2008 年版。

② 《清太宗文皇帝实录》,中华书局 2008 年版。

③ 《清世祖章皇帝实录》,中华书局 2008 年版。

贡焉"①。东三盟与北部蒙古各部一样,均隶属于理藩院,同时受东北三将军节制。清廷规定:"凡哲里木盟重大事件,科尔沁六旗以近奉天,故由盛京将军专奏;郭尔罗斯前旗一旗,以近吉林;郭尔罗斯后旗、扎赉特、杜尔伯特三旗以近黑龙江,故各由其省将军专奏。"②

(五)驿站的设置及管理

1. 驿站设置及分布特点

黑龙江地区地域辽阔,有众多的陆路、水路交通要道。为便于各驻防衙门之间的通信联络、官员往来、物资运输及土地开发,更主要的是边疆防务的需要,急需设立完善的驿站交通。三姓副都统衙门位于松花江、牡丹江、倭肯河围绕的"三江流域",是外界通往黑龙江流域的必经之路,有着重要的战略地位和丰富的物产资源。清代前期,在东北地区设立了诸多驿路,其中一条就是吉林至三姓驿路。在这条驿路上,共有 10 个驿站,其中佛斯亨等 5 个驿站位于三姓副都统境内。③ 清代后期,又开辟了宁古塔至三姓的驿路,设有 6 个驿站,其中太平庄等 4 个驿站位于三姓副都统境内(两条驿路上的驿站具体名称见表 2-1)。而且有的站旁标有"靖边营新添"字样,如"太平庄,靖边营新添首站""乌斯浑河口,靖边营新添二站"④等。靖边营是清政府为了抗击沙俄入侵,在光绪六年(1880)在巴彦通哈达及三姓地区设置的,可见宁古塔至三姓城的驿站由靖边营清军负责管理,是属于军事系统的通信驿站。清廷曾在东北地区设置大量的驿站,而三姓地区的这些驿站中,有些驿站的位置与明代驿站大致相同,只是名称不同而已,而有些驿站则是因位置重要、新道路的开发等新设置而成的。例如三姓地区的佛斯亨站,与明代的伯颜迷站位置大致相同,都位于松花江北的布雅密河(今名白杨木河)河口地区,即今黑龙江省木兰县五站乡。

---

① 《大清五朝会典》,线装书局 2006 年版。
② 赵尔巽:《清史稿》,中华书局 1977 年版。
③ 《依兰县地方志》(又名《三姓志》)卷二十八,"属站",黑龙江图书馆油印本 1960 年版。
④ 《依兰县地方志》(又名《三姓志》)卷四,"山川村落里数",黑龙江图书馆油印本 1960 年版。

表 2-1　三姓副都统疆域内驿站统计表①

站名	设站时间	里程	位置及现属县、乡、村	驿站官丁及马、牛配置				
				笔帖式	领催	站丁	马	牛
佛斯亨站	乾隆二十七年(1762)	三姓城西73里	松花江北岸,黑龙江省木兰县五站乡	1	1	25	25	25
富拉珲站	乾隆二十七年(1762)	三姓城西75里,佛斯亨站东北73里	松花江北岸,黑龙江省通河县浓浓河附近富乡四站村	1	1	25	25	25
崇古尔库站	乾隆二十七年(1762)	三姓城西72里,富拉珲站东70里	松花江北岸,黑龙江省通河县三站乡	1	1	25	25	25
鄂尔国木索站	乾隆二十七年(1762)	三姓城西68里,崇古尔库站东北72里	松花江北岸,黑龙江省通河县清河镇二站村	1	1	25	25	25
妙噶山站	乾隆二十七年(1762)	三姓城北5里,鄂尔国木索站东68里	松花江北岸,黑龙江省依兰县迎兰朝鲜族乡	1	1	25	25	25
太平庄站	光绪七年(1881)	三姓城南50里	牡丹江东岸,黑龙江省依兰县江湾镇			7		
乌斯浑站	光绪七年(1881)	太平庄站南70里	乌斯浑河河口东南部,黑龙江省林口县刁翎镇东岗子村	1		15		

　　① 长顺:《吉林通志》卷五十七,"武备志八 驿站",吉林文史出版社 1986 年版。

续表

站名	设站时间	里程	位置及现属县、乡、村	驿站官丁及马、牛配置				
				笔帖式	领催	站丁	马	牛
小巴彦苏站	光绪七年（1881）	乌斯浑站50里	牡丹江边,黑龙江省林口县三道通乡江东村			15		
莲花泡站	光绪七年（1881）	小巴彦苏站南80里	牡丹江边,黑龙江省林口县莲花乡莲花村			14		

　　黑龙江下游和库页岛地区,是我国费雅喀、赫哲、鄂伦春等少数民族世代居住的地方,也是三姓副都统衙门管辖下重要的边防区。明代曾在这里设置了大量的卫所,建立奴儿干都司,在辽东都司(今辽宁省辽阳市)至奴儿干都司之间的交通要道上,设立多处驿站。清代在这一地区取消了卫所制度,驿站也大都废弛。但有一部分卫所和驿站名称作为村落名称一直保留到沙俄侵略者强占这一地区的时候。而清代黑龙江流域赫哲族等少数民族村屯的逐渐增加,皆因其重要的交通位置、对此地开明的统治政策等因素,吸引了大量的少数民族聚集于此地,随着人口的增加,逐渐形成中央政府重要的底层政区,也说明了清政府对黑龙江中下游地区统治的不断加强。

　　至清光绪十七年(1891),三姓副都统境内仅有通往吉林和宁古塔的两条驿路,而"以上三姓城境各站均在松花江北岸,东至富克锦城无站"①。对于三姓副都统辖区内黑龙江下游及库页岛的广大地区,清政府在此行使主权的主要方式是"赏乌林"和设立卡伦,而卡伦的作用略同于三姓内陆的驿站功能。三姓副都统每年在固定时期,向黑龙江下游及乌苏里江流域等派出官员,到固定地点,收受当地少数民族向政府交纳的贡物,代表清政府给当地少数民族首领以赏赐,同时监督当地的民间贸易,处理民事、刑事案件

---

　　①　长顺:《吉林通志》卷五十七,"武备志八　驿站",吉林文史出版社1986年版。

等。1858年5月和1860年10月,沙俄政府强迫清政府签订了不平等的《中俄瑷珲条约》和《中俄北京条约》,黑龙江以北、乌苏里江以东100余万平方公里土地被强行划归沙俄版图,赫哲族生活的地域发生了重大变化。清政府为加强对松花江下游、黑龙江下游沿岸和乌苏里江流域的防御和管理,在嘎尔当增设富克锦协领衙门,隶属三姓副都统衙门,并于黑河口(今黑龙江省三江口)、乌苏里江口(今黑龙江省乌苏镇)、挠力河口(今黑龙江省东安镇下营)、尼满(今黑龙江省虎林市虎头镇)等地设置卡伦,征调赫哲族官兵驻守。清廷在从三姓通往黑龙江下游的水路上,在黑龙江口(松花江与黑龙江汇合处)、乌苏里江口与宛里和屯(今黑龙江省佳木斯市桦川县境)设有三处卡伦,在三姓通往乌苏里江以东地区的旱路上,在莫克尊、富奥哈河、殷达穆等地设八处卡伦。

而驻守卡伦的兵丁,多为从当地少数民族中挑选编入八旗的赫哲族等。据《富克锦舆地略》记载:"自音达木河起,松花江下游、黑龙江下游至伯力(今俄罗斯哈巴罗夫斯克)的二十余处卡伦或军屯均有赫哲兵驻守。光绪二十八年三姓地方有赫哲官兵一千八百五十一人,其中兵一千五百人;富克锦地方有官兵四百三十一人,其中兵四百名。"[1]光绪七年(1881)《吉林将军铭安为抄送在赫哲部落添兵设官章程折事咨三姓副都统衙门》的咨文中称:"统计赫哲各屯……拟自音达木(佳木斯音达木河口处)至喀勒库玛(今桦川县新城镇)四屯七十余家,挑选披甲一百名,设一佐领。自富替新(今黑龙江省富锦市)至图斯科(今黑龙江省同江市西)四屯七十家,挑选披甲一百名,设一佐领。自依勒布至得力奇(今黑龙江省同江市街津口下五公里处)六屯六十余家,挑选披甲一百名,设一佐领。自额图(今黑龙江省同江市街津口下)至通江(今黑龙江省抚远市小河子)八屯六十余家,挑选披甲一百名,设一佐领。"[2]同时强调"此次所挑披甲四百名,应令就地防守,各安生业,免其征调进城"[3],即在就地驻防的同时,从事农业生产和渔猎。富克锦协领衙门

①　祁寯藻:《富克锦舆地略》,《富锦县志》附录一,三环出版社1991年版。

②　辽宁省档案馆、辽宁社会科学院历史研究所、沈阳故宫博物馆:《三姓副都统衙门满文档案译编》,辽沈书社1984年版。

③　辽宁省档案馆、辽宁社会科学院历史研究所、沈阳故宫博物馆:《三姓副都统衙门满文档案译编》,辽沈书社1984年版。

署下,在挠力河口派驻赫哲团练五十名,其中二十名分驻尼噶(今黑龙江省虎林市虎头镇)。

2. 驿站的管理及其作用

东北地区的驿站设有驿站监督,负责具体站务。监督一职由八旗协领兼任,负责站务监督领导,驿站监督之下设两名总站官。据《吉林外纪》载:"吉林共三十八站,分两路监督统辖。"吉林至三姓驿站为东路总站官管辖,而宁古塔至三姓驿站则由军队管辖。管理驿站的总站官初为六品,后改为八品,有印信。各站设笔帖式(bithesi)一员,总管站上事务,俗称"老爷",此职皆由满族人担任。笔帖式以下设领催一员,满语称拔什库(bosoku),协助笔帖式经营站务,站人称为"千爷",俗称"千总"。每站在站丁中挑外郎一名,负责文书工作,挑马头一名,管理喂牛马。总站官年俸40两,笔帖式30两,领催24两。各站站房有统一标准,即公馆五间、档房五间、仓房五间、人役住房五间、马号五间、草棚二间、大门一间、周围土筑院墙二十八丈。

清代各驿站的站丁部分来源于平定中原过程中的战俘。清代初期,康熙皇帝平定"三藩之乱"以后,将"三藩"所部之人发配到东北各地驿路边台,充当"站丁""台丁",做苦差。站丁被分配到各驿站后便被编入八旗汉军,世世代代当站丁。而三姓地区的站丁多为当地编入八旗的赫哲族等少数民族。为了让站丁世代安心在驿站扎根当差,清廷允许他们婚配,并拨款资助这些站丁组成家庭。

为了妥善管理庞杂而又繁忙的驿运事务,清政府制定了驿律。对驿夫、驿马、驿车、驿航的供应,牌符的使用,驿程时限,财务开支等都有详细明确的规定。一般公文限日行一站,70余里,紧急公文则要日行400里、500里。各都统衙门公文送到京城的日期都有明确时限,如三姓副都统衙门限22日内到京。

清代设立的驿站交通,对加强边境地区的军政管理,促进边疆土地开发和经济发展起到了重要作用。清代设驿站的地方,大都成为现在的乡镇所在地。如三姓境内的佛斯亨站现为木兰县五站乡政府所在地,崇古尔库站为通河县三站乡政府所在地,妙噶山站为依兰县迎兰朝鲜族乡政府所在地。三姓境内通往宁古塔的太平庄站为依兰县江湾镇政府所在地。

清末宣统初年裁撤副都统衙门,在三姓改设东北路分巡兵备道。道台王瑚主持修建了依兰至方正,依兰至林口、穆棱,依兰至桦川、富锦、同江、绥远,以及依兰至勃利、密山、虎林等道路。其中依兰至密山虽也设了八大站和一些小站,但都不属于吉林将军衙门管理的驿站,而是属于依兰兵备道同所属十二县之间相互保持交通联系的站点。光绪三十二年(1906)开始,吉林和黑龙江逐步裁撤驿站,改设文报局。依兰府从清光绪三十三年(1907)八月开始设三姓报房,属东三省官报局管理。宣统元年(1909)设三姓邮船公司,承办水陆邮务,三姓驿站传递时代完全结束。

(六)设置官庄

清政府在黑龙江地区设置驻防旗地的同时,也设置了大量官庄,屯田积粮,保证军队供应,荒年赈济。乾隆初年,三姓副都统辖境内设有 10 处官庄、丁 100 名,乾隆四十五年(1780)又增设官庄 5 处、丁 50 名,共计官庄 15 处、丁 150 名。三姓官庄每壮丁地 12 垧,共地 1800 垧。每壮丁交仓石粮 30 石,共交粮 4500 石。"每一庄共十人,一人为庄头,九人为庄丁,非种田即随打围烧炭。"[1]每丁给田十二垧,每十丁给牛六头并种子、犁铧、房屋及两份倒毙牛银两。每年每丁纳粮三十石。庄丁被牢牢束缚在官庄土地上,负担定额实物地租,但不同于奴隶,他们有自己的经济收入和家庭。这些官庄旗地均由各旗署旗官负责管理。官庄与八旗兵丁交纳的粮谷,除每年的各项支用外,分别收储在永丰仓与八旗义仓中。乾隆年间,仓储总量达到四万二千多石。[2] 三姓副都统衙门统辖下的官庄,使黑龙江边疆地区成为不仅拥有强大的军事实力,而且拥有雄厚的经济实力的边疆基地,因此它是巩固边疆、加强对边疆各族管辖不可缺少的统治政策。

(七)设置卡伦

清政府在黑龙江地区各要隘处皆设置卡伦,稽查私入围场偷打牲畜、私

---

① 吴振臣:《宁古塔纪略》,吉林文史出版社 1985 年版。

② 辽宁省档案馆:《清代三姓副都统衙门满汉文档案选编》,"设治沿革"乾隆十九年卷、乾隆四十二年卷,辽宁古籍出版社 1995 年版。

占禁地的旗民。卡伦分常设、关设两种。常设,满语为恩特赫漠特布赫(entehemetebuhe),终年不撤,卡伦官兵每月更换。关设,满语为雅克什漠特布赫(yaksimetebuhe),春设冬撤,即每年三月初一刨夫入山以前派出,十月初一刨夫出山以后撤回,卡伦官兵两月更换一次。从三姓城通往黑龙江下游的水路上,在黑龙江口、乌苏里江口与宛里和屯设有三处卡伦。三姓城通往乌苏里江以东地区的旱路上,在莫克尊、富奥哈河、殷达穆等地设八处卡伦。① 清政府规定,官兵巡逻与设置卡伦的任务是:"监护参场、巡查边界、盘诘奸邪及缉拿逃人。"②三姓副都统每年派出"佐领二员、防御四员、领催四员、委领催四员、披甲七十二名",会同宁古塔、吉林副都统衙门派出的官兵,到达黑龙江流域等处卡伦,分别"巡察、哨探南海"、"和罗河"与"乌苏里、德克登吉等地",进一步加强边疆的治安与防务。③

四、满族的生存概况与民族文化

满族有自己的民族语言、文字。满语属阿尔泰语系、满-通古斯语族、满语支。满族先民一直拥有自己的语言,无本民族文字。金朝时期,东北地区满族先民——女真人曾先后创制过自己的民族文字,即女真大字和女真小字。女真文字是参考契丹文、汉字创制的音节文字,但后期逐渐失传。明末女真首领努尔哈赤统一东北各部后,建立后金地方政权。为了适应政权发展需要,明万历二十七年(1599),他下令命额尔德尼和噶盖两人,以蒙古文字母拼写满语,创制本民族文字,称为"老满文"。但是这种老满文并不完备,"国书十二字头,向无圈点,上下字雷同无别,幼学习之,遇书中寻常语言,视其文义,犹易通晓,若人名地名,必致错误"④。故天聪六年(1632),皇

---

① 辽宁省档案馆:《清代三姓副都统衙门满汉文档案选编》,"台站卡伦"道光二十三年卷,辽宁古籍出版社 1995 年版。

② 辽宁省档案馆:《清代三姓副都统衙门满汉文档案选编》,"台站卡伦"道光二十六年卷,辽宁古籍出版社 1995 年。

③ 辽宁省档案馆:《清代三姓副都统衙门满汉文档案选编》,"台站卡伦"乾隆二十三年卷、乾隆二十五年卷,辽宁古籍出版社 1995 年版。

④ 李桓:《国朝耆献类徵》卷一,《达海传》,广陵书社 2007 年版。

太极下令命达海等人,在老满文基础上增加圈点,用来区分语音,并创制十二字头和专记外字符号,被称为"有圈点满文"或"新满文"。满文作为有清一代通用的官方文字,在全国范围内广泛使用,留下了大量满文档案文献,成为中华文化中的一份瑰宝。清中期以后,满语文逐渐被汉语文代替,虽然清统治者曾多次强调"满语骑射"教育,但只有旗人内部和东北地区还保留使用满语。

满族姓氏极富民族文化特色。起初,一个哈拉(hala)就是一个氏族,拥有同一个姓氏,共同生产生活。随着人口繁衍、家族的迁徙,一个氏族又分化出数个家族分支,称为穆昆(mukun),就会在原氏族姓氏前面或后面添加字词,因此产生出更多的姓氏。历史记载,满族姓氏有600多个。与其他历史悠久的民族一样,满族姓氏的起源可追溯到远古的图腾崇拜,例如钮祜禄、尼玛察、尼莽古等。后期演变有以居住地为姓氏的,例如宁古塔氏、乌苏里氏、哈达氏。有以部落为姓氏的,例如叶赫那拉氏。满族八大姓氏有:佟佳氏、瓜尔佳氏、马佳氏、索绰罗氏、赫舍里氏、富察氏、那拉氏、钮祜禄氏。《养吉斋丛录》载:清代"凡公私文牒,称名不举姓,人则以其名之第一字称之,若姓然。其命名或用满语,或用汉文。用汉文,准用二字,不准用三字。以其与满语混也"①。清中后期,出现了满族各氏族冠用汉字姓与改用汉字姓的现象,例如瓜尔佳氏以音译改为关姓,钮祜禄氏以意译改称郎(狼),伊尔根觉罗改汉称为赵,也有将满姓汉语音译的第一个字作为姓氏的,如佟佳氏简称佟,马佳氏简称马。

满族的传统服饰,多与其生活环境及生产方式有关。男子多穿长袍,两侧开裾、圆领、捻襟、窄袖,腰间束腰带。这种衣着便于上下马,适应骑射民族的生活习俗。其中的"箭袖"是在窄袖口上接一个半圆形的袖头,形如马蹄,俗称"马蹄袖",平时挽起,冬季打猎或作战时放下,覆盖手背,既可御寒,又比手套利于射箭。后来逐渐演变成为清朝礼节中的一个规定动作,男子在与长辈或上级等见面时,先把袖子上的箭袖弹下来,再行打千礼。长袍外多加一件短褂或坎肩。满族男子的裤腿都要挽上,并用腿带绑起来,以防止寒风进入,或蚊虫叮咬。满族男子冬天的鞋多为兽皮缝制,耐寒经磨,内填

---

① 吴振棫:《养吉斋丛录》,中华书局2005年版。

细长柔软的乌拉草以保暖，称为乌拉鞋。男子自头顶后半部留发，束辫垂于脑后。女子穿宽大的直筒袍子，圆领，斜开襟，鞋子有花盆底和船形底等样式。女子发式在头顶盘髻，有架子头、两把头等样式，佩戴一耳三环。早期，满族衣料取于自然，多为狩猎所得兽皮等。后期随着农业的发展，与其他民族贸易的往来，棉麻布、绸缎等也成为满族服饰原料。而贵族服饰也通过颜色、样式、原料、配饰等来区分身份、地位。

满族饮食也极富民族及地域特色。满族饮食选料、制作和吃法上都保持着传统、朴实的特点，多为适应生活环境而产生。满族人喜吃各种狩猎所得的肉类，如猪肉、鹿肉、狍子肉等，节日更有吃肉大典。满族人多种植黏性作物，如黏苞米、黏高粱等，磨成粉后可做各种黏饽饽，黏食比较扛饿，耐储存，便于外出狩猎远行。妇女多采集山珍，如猴头菇、榛蘑、人参、松子等，以丰富日常菜肴品种。满族民间还有种类繁多的点心，如黄米饽饽、豆包、萨其玛等。由于东北地区冬季漫长，满族人在夏季经常把食物加工晒干或发酵，使其便于保存以备冬季食用，如干菜、酸菜、咸菜、盘酱、糖渍果干等。过去，满族无论男子还是女子都喜欢吸烟，常见到"大姑娘叼个大烟袋"，浓烈的烟草味道可起到驱逐蚊虫的作用。满族人一般用自己种植的烟草，用烟袋吸烟。满族人还喜饮酒，酒多为粮食酿制而成，有活血御寒的作用，亲朋团聚、将士出征、冬季狩猎，均以饮酒来庆祝助兴。

满族聚居的村落都特别整齐，排列有序，因此常被称为"营子"，这与八旗制度，平时共同生产、生活，战时共同作战的管理体制有关。满族的传统住房多为口袋房，院落四周围以矮墙，院内立有索罗杆子，一进门有影壁。口袋房多为中间开门，进门是厨房，安置锅灶，连接火炕，既能做饭，又可取暖。烟囱早期多用空心整木做成，与屋内火炕由烟道连接，立在房屋一侧，以防止从烟囱冒出火星发生火灾。满族以西为贵，故西间称西上屋，东间称东下屋。屋内有三面炕，家中长辈多住南炕，小辈可住北炕，西炕不能睡人或坐人，上面多摆放供桌，西墙上供有祖宗神位。窗户分为上下两扇，用高丽纸糊在外面，刷上酥油，用来挡雨御风。因此"窗户纸糊在外"被称为东北三大怪之一。

满族旧时盛行收继婚，即男子在父亲过世后，可娶父亲的小妾，兄长过世后,可娶嫂子。这是由于早期满族生产力低下,家族财产共有,收继婚可以防止财产、人口外流。清朝时期,满族受汉族影响,婚姻重视门第。贵族官宦人家,盛行指婚。清朝一度颁布"旗民不婚"政策,禁止汉族和满族旗人联姻。满族男女一般在十三四岁的年龄即可成婚。男方请媒人到女方家说亲,每次都携带一瓶酒,先后要去三次,纳帖、问庚、查属相等,俗话"成不成,三瓶酒"。如果成了,女方父母向男方要猪、酒、柜、衣服、首饰等作为彩礼。旧时满族婚礼过程较为烦琐,有议婚、小定、大定、过礼、送日子、开锁、送嫁妆、迎娶、坐帐、合卺、分大小、回门和住对月等。接亲时,新郎要骑马,并向花轿射箭,较好地保留了民族骑射传统。新娘要在洞房炕上坐帐一日,称为"坐福"。新房中新郎新娘手挽手,绕桌子三圈后饮合卺酒。炕上点燃一对蜡烛,通宵不熄,房外一人或数人唱喜歌,名曰"拉空家",或有人用黑豆往新房窗户上撒,热闹一两个小时后自散。三日后新郎新娘回门。

满族十分重视礼节,礼繁仪多。小辈对老辈每天需要早晚请安,三天请小安,五天请大安,违者视为不孝。行礼的形式也有很多,打千礼、抚鬓礼、拉手礼、抱腰礼、顶头礼、叩头礼等。打千的形式男女有别,男人哈腰,右手下伸左手扶膝,似抬物状,女人双手扶膝下蹲。路上遇见不相识的长辈,要鞠躬垂手问"赛音"(满语 saiyin,"好"的意思)。远方亲友相见,不分男女皆行抱腰接面礼。

满族的丧葬习俗受自然环境、社会发展水平等因素的影响,不同时期呈现不同形式。满族先民的丧葬习俗形式多样,以火葬为主,还有树葬、水葬、土葬等。后受到汉族文化的影响,盛行入棺土葬或火葬后再土葬。早期满族贵族还有人殉之俗,后改为剪发代殉或焚烧纸扎的奴仆。过去,满族家中有人去世,需在院子西边立一杆子,高一丈五尺左右,用红布和黑布做成布幡,幡长九尺,幡的头和尾缠上黑布,中间缠有四条红布条。因满族早期贵白贱红,故而丧事多用红色。逝者不能置于炕上,需在屋中间设案停置,在头部点上长明灯,由子孙日夜看守。由于门是供活人出入,因此死人入棺后不能走门,出殡时只能从窗户抬出。发表时,以红幡作为先导,出殡结束后,将红幡烧掉,同时将死者生前所穿衣物和祭奠供品烧掉,谓之"烧饭"。亲友们也会抢幡上的布,给自己孩子做衣服,认为可辟邪。

在漫长的社会历史发展过程中,满族形成了极富民族特色的岁时文化。如在满族先民时期,就受汉族文化影响,有春节、端午节等,但这些节日具有自己民族的特色,如女真人在端午节时有采艾蒿、用露水洗脸、系长命锁、射柳祭天等独具民族特色的习俗。清入关后,满族的岁时文化与汉族文化相互影响、交融。如满族人过春节不但吃饺子,还吃满族传统糕点——萨其玛,除了贴对联、窗花、福字,还要按旗属张贴红、黄、蓝、白色的挂笺。家家院内竖灯笼杆,高可达二丈,顶端挂红灯笼。除夕夜家家吃饺子时,还会在饺子中包一枚铜钱,谁吃到了就代表大吉大利。正月十六,满族妇女盛行"走百病"与"滚冰",以求用洁白的冰雪去除晦气。正月二十五"添仓节",祈求丰年。二月初二"龙抬头",祈求风调雨顺。

满族及其先民的传统信仰为萨满教。满族的萨满教崇尚万物有灵,包括自然崇拜、图腾崇拜和祖先崇拜等。祭祀的流程也不尽相同,有宫廷与民间之别,富者与贫者之别,以及地区之别、家族之别。民间萨满分两种,一种是跳神的萨满,为人治病、问卜、求神驱鬼,另一种是家族中负责占卜、祈福、祭祀的家萨满。满族大家族一般在重要的节日,如过年、中元节,或家中有重要活动,如生日、结婚时,都要举行祭祀仪式。规模上分家祭和族祭,内容上有祭天、祭祖、背灯祭、祭星、祭柳、朝祭和夕祭等。萨满在祭祀时,头戴神帽,上缀五色纸条或动物羽毛,下垂蔽面,身穿长布神衣,腰系铜铃,手持手鼓,随节奏跳舞,口中念神词,歌颂一年的丰收,或赞颂祖先的功德。满族每家院中都有"索伦杆",顶端插有一个草把或木头食盒,为了祭祀神鸦。祭祀时宰杀全身无杂毛的黑公猪,将肠和膀胱等物放入杆子的斗里,让乌鸦来吃,三天之内吃掉为吉利。另外,祭祀时人们还会将猪肉切碎,放入少许小米煮粥,请亲友、邻居甚至过路人都来吃肉粥,而且必须当天吃完。清入关后,满族受汉族影响,也崇信佛教、道教,但祭祀仪式仍袭用萨满祭祀。

满族是一个精骑善射又爱好歌舞的民族。其音乐舞蹈、娱乐游戏多由狩猎、战斗或日常劳作的活动演化而来。满族舞蹈种类繁多,有身体强壮的人穿豹皮唱满族歌,伴以箫鼓,称作"喜起舞"。舞者一半人扮成虎、豹等兽,一半人骑假马追射,称作"隆庆舞"。喜庆宴会时,主客男女轮番起舞,举一袖于额,反一袖于背,盘旋进退,称为"莽式舞",因一人唱歌,大家呼"空齐"

相和,也谓之"空齐舞"。将少女头像贴于笊篱上,大家边歌边舞,称为"笊篱姑姑舞"。

满族的传统体育项目大都与狩猎相关,有摔跤、跳马、跳骆驼及滑冰等。"跳马"要在马飞跑时,横跃马身;跳骆驼则是从后跃上驼背。跳马与跳骆驼,都是为和敌人短兵相接时,便于飞上敌骑的擒拿技术,一并成为运动项目。滑冰是八旗士兵必须操练的一项军事技术。乾隆时期,每年农历十月都要在北京北海冰面上检阅八旗子弟滑冰,作为训练部队的制度之一,参加这种检阅的人数达 1600 名。除了表演速度外,还有花样滑冰、冰上足球比赛、冰上杂技、滑冰射箭项目等。满族民间室内、室外娱乐项目丰富多彩,如儿童爱玩的抓嘎拉哈,嘎拉哈多取材于动物的后腿膝盖骨,可以锻炼孩子手疾眼快,提高动作灵敏性。满族上至达官贵人,下至兵丁百姓都喜欢在春天杨柳吐绿的时候进行逢春射柳。人们聚集于野外,将柳枝插于土中,上留寸长,再将手帕系于其上作为标志,然后骑马飞奔,张弓引箭,射中所系之柳为胜。射柳需要的是将高超的骑术和娴熟的射箭技巧相结合。

满族是一个十分重视教育的民族。清代,京城内设有隶属于国子监的八旗官学,有隶于宗人府的宗学和觉罗学,专管宗室、觉罗子弟的教育。京畿地区外,还在八旗驻防地方和发祥地东北地区广设官学。普通旗人也可以入八旗义学。义学隶属于各旗参领,八旗幼童十岁以上皆入学学习。教师一般在本旗佐领下推选,学习满语满文及骑射,学习成绩归档。清后期也有由当地汉族儒士充任教师的,学习内容也多转向汉族传统文化。此外,清朝建立后继承了明制,通过科举考试选拔人才,同时也开创了清朝独有的满文翻译考试。

清代举国家之力,编纂了一大批图书,如康熙时的《古今图书集成》、乾隆时的《四库全书》等,给中华文化留下了宝贵的财富。在科学技术与医疗卫生方面,满族也有相当数量的著作与成果。康熙皇帝主持编修的《数理精蕴》《历象考成》《皇舆全览图》等具有较高的科学价值。乾隆皇帝第五子永琪,在几何学上造诣颇深,其算法与今天的几何学算法大体相同。清代满文文献也十分丰富,如《满文老档》《清太祖高皇帝实录》和图理琛所著《异域录》等。学习满文应用之书有《清文启蒙》《初学必读》《清文虚字指南编》

《清文典要》等,皆是关于满语语法、读法、书法及造句的重要著作。清朝还将很多汉文名著译成满文,如《三国演义》《西厢记》《红楼梦》《金瓶梅》《聊斋志异》等。清代还涌现出了很多满族作家及名作。例如著名词家纳兰性德所著《饮水词》和《侧帽词》,清新自然,具有很高的艺术价值。正白旗包衣曹雪芹所著《红楼梦》,以封建贵族家庭生活为背景,广泛反映了当时中国的社会现实,被誉为中国封建社会的百科全书,将中国古典小说创作艺术发展到了空前的高峰,在世界文学史上占据重要地位。清朝贵族昭梿所著《啸亭杂录》,将其耳闻目睹的清前期的制度、仪礼、事件、人物等,杂记成书,对研究满蒙及清代历史具有参考价值。富察敦崇所著《燕京岁时记》,是对北京岁时风土的记录,现有多种外文译本。满族县令和邦额所著《夜谭随录》,反映了满族下层的不满情绪。清代满族还出现了不少女性作家,西林太清(顾太清)所著《天游阁集》具有很高的艺术价值,她也被誉为清代第一女词人。此外还有科德氏著《琴谱》、完颜悦姑著《花埭闲吟》、库里雅令文著《香吟馆小草》等。清中叶以后,旗人中出现了一种新的说唱文学,只有唱词,配合鼓板三弦演唱,名为"清音子弟书",在北京和沈阳等城市流传很广,为一般市民阶层所喜爱。鹤侣和韩小窗所著子弟书《借靴》《侍卫叹》等,流传最广。还有一种民间"八角鼓"唱腔和鼓词,直到清末还普遍流传。

第二节　不断迁徙的锡伯族

后金及清朝统治者为加强对锡伯族的统治,不断将其民众南迁,并将其部分族众加入八旗组织进行管理。黑龙江地区的锡伯族在不断迁徙过程中,在满族影响下,与其他民族杂居通婚,逐渐发展农业、手工业,民族政治、经济、文化得到快速发展。

一、编入蒙古旗

明末,兀良哈三卫蒙古大部南迁,科尔沁部扩张到兀良哈三卫地区,洮儿河、绰尔河等地区为其所控制,自此,锡伯人处在了科尔沁蒙古人的统治之下。建州女真崛起后,明万历二十一年(1593),科尔沁部联合锡伯、叶赫、哈达、乌拉、辉发、卦尔察、朱舍里、讷殷等部抗击努尔哈赤,结果九部联军败绩,史称"九部之战"。九部之战后科尔沁蒙古郭尔罗斯、杜尔伯特、扎赉特等部前来归附,其所属部分锡伯人也随之归附。《满文老档》记载,天命十一年(1626),努尔哈赤在上谕中道:"锡伯部巴达纳弃其祖先世居之地,率丁三十名来投有功,升为备御。巴达纳死后,以其弟霍洛惠袭为备御。自锡伯地方带来之人,著免正赋,子子孙孙,奕代恩养。""诺木图佐领下胡岱、巴珠、格卜库等三人,自锡伯地方携妻子来投有功,其子孙世代勿令当差,著免正赋。"①

崇德元年至顺治五年(1636—1648)清政府先后设立蒙古科尔沁十旗。当时的锡伯部既已隶属于蒙古科尔沁部,便将锡伯族人按照其姓氏编为七十四牛录,分归各旗,分别驻扎在齐齐哈尔、墨尔根、伯都讷三地"生息四十余载"。科尔沁十旗下设章京、参领、佐领、骁骑校等职管理旗务,而锡伯族人只能担任佐领、骁骑校等末职,锡伯人虽被编为"七十四牛录",但并不直接隶属于清政府,而是直接隶属于科尔沁王公。锡伯族人每年要向科尔沁王公台吉等纳税,还要承担各种杂役,如看护王公贵族的牧场牲畜、府邸庙宇等。同时,锡伯族人还要承担清政府的各种劳役,例如,清政府往黑龙江等地运输物品,驿站车马人力不够用时,"派科尔沁十旗锡伯车辆,协助运送"②。锡伯族人还会协助驿站站丁耕种田地等,"锦州鄂佛罗至墨尔根二十驿站,自康熙二十五年(1686)创设,每年派部衙门官员,以宁古塔、乌拉官兵,锡伯、蒙古人力牛只及官丁官牛监耕相助。所获之粮,每口发给两斛,其余归公"③。

① 中国第一历史档案馆,中国社科院历史研究所译注:《满文老档》卷六十七、卷七十,中华书局 1990 年版。

② 《黑龙江将军衙门档案》,康熙二十七年二月初八日,黑龙江省档案馆藏。

③ 《黑龙江将军衙门档案》,康熙三十年三月二十四日,黑龙江省档案馆藏。

二、编入八旗满洲

康熙三十一年(1692),科尔沁蒙古将锡伯、卦尔察、达斡尔等14458丁口"进献"给清政府。"科尔沁王公至台吉、平民,将其所属锡伯、卦尔察、达斡尔丁一万四千四百五十八名进献。其中,除老年之丁、年幼之童及家奴外,可披甲者共一万一千八百十二名。"①实则是清政府用大量"赏银"将锡伯各部从科尔沁蒙古中赎买抽出。17世纪中叶始,沙俄侵略者不断骚扰清边境黑龙江流域,窃据雅克萨城等地,清政府决定加强在齐齐哈尔等城的驻兵数量。一方面是为了加强东北的防务,一方面也是为将锡伯人等置于其直接控制之下。在八旗兵源不足的情况下,从锡伯、索伦、达斡尔等部族中挑选年轻力壮者为披甲,分设牛录,编入八旗满洲,被称为"伊彻满洲",也称"新满洲"(伊彻满语iche,汉译为"新"),驻防黑龙江边疆等地。《清圣祖仁皇帝实录》康熙三十一年(1692)六月乙未条记载:"理藩院题:科尔沁进献席北、卦尔察、打虎儿人丁,先经议政王大臣等议,每丁赏银八十两,如不愿领八十两者,每丁一年给银三两。今查可以披甲之丁,共一万一千八百五十余名,此内五千七百十九丁,情愿每年领银三两;其六千一百三十九丁,情愿领银八十两;其老、病、未及年岁者,按户各赏银八十两,从之。"②

清初,由于全国驻防需要,清朝政府不断将东北地区八旗兵丁迁驻内地,导致东北地区兵源不足,于是将编入八旗的锡伯族等"新满洲"派驻齐齐哈尔、伯都讷、吉林乌拉等地。《清圣祖仁皇帝实录》康熙三十一年(1692)四月乙巳条载:"议政王大臣等议复:宁古塔将军佟宝等疏言,图什屯四十里外有白都讷地方,系水陆通衢,可以开垦田土。应于此地,修造木城一座,席北、卦尔察等所住乡村,于此处甚近,俟城工完日,由水路搬移。查前议,科尔沁之王台吉等,将所属席北、卦尔察、打虎儿等一万四千四百五十八丁进献,内可以披甲当差者,一万一千八百五十余名,分于上三旗安置。今议:齐齐哈尔最为紧要形胜之地,应于席北、卦尔察、打虎儿内,拣选强壮者一千

---

① 《黑龙江将军衙门档案》,康熙三十一年四月二十九日,黑龙江省档案馆藏。
② 《清圣祖仁皇帝实录》,中华书局2008年版。

名,令其披甲,并附丁二千名,一同镇守齐齐哈尔地方,令副都统品级马补代管辖,两翼各设一防守尉,每旗各设防御一员,俱属将军萨布素统领管摄。白都讷地方,修造木城一座,将席北、卦尔察、打虎尔内,拣选强壮者二千名,令其披甲,即住所造新城,令副都统巴尔达,到彼教训管辖,两翼各设一防守尉,每旗各设防御一员,俱属将军佟宝统领管摄。再将席北、卦尔察内,与乌喇相近居住者,拣选三千名,移住乌喇地方,令一千名披甲,二千名为附丁,从之。"①清政府从邻近齐齐哈尔城的锡伯、达斡尔人内挑选壮丁 1200 名,作为披甲,又选丁 2400 名,作为披甲之附丁,移驻齐齐哈尔。"居于大路附近方便地者,仍准其居住原屯;居于远离大路拐弯之处及嫩江西岸者,皆迁至嫩江东岸,依次安置,并酌设头目,以便督察。"②这些移驻齐齐哈尔的锡伯、达斡尔人被编为 24 个牛录,分归满洲镶黄、正黄、正白上三旗管辖,其中锡伯人 19 个牛录,兵丁共计 2850 名,达斡尔 5 个牛录,兵丁共计 750 名,由黑龙江将军萨布素统辖。由于锡伯人在原科尔沁蒙古旗时多有担任官职,此 24 牛录的佐领均由原任官员的锡伯人担任,因此 24 个牛录统称为锡伯牛录。

在松花江、嫩江汇合处,经宁古塔将军佟宝上议:"图西吞地方四十里外有伯都讷地方,系水陆通衢且地势高,土地辽阔可以在此筑城。""锡伯、卦尔察等向来种田室居,相应本年令其修房迁住。"于是清政府从伯都讷附近的锡伯、卦尔察人中挑选壮丁 2000 名为披甲驻守新城;又将散居在科尔沁所属地方、西拉木伦河及辽河流域的锡伯人等 4000 人移驻伯都讷城,作为附丁。移驻伯都讷城等地的兵丁合编为 40 个牛录,其中锡伯人 30 个牛录,卦尔察人 10 个牛录。

当时,卦尔察人主要居住在松花江、呼伦河流域,达斡尔人主要居住在嫩江流域,唯有锡伯所居之所距离吉林乌拉等地较近,故宁古塔将军佟宝上疏:"臣等伏乞于此项进献锡伯、卦尔察内选丁三千名,就近移驻乌拉,其中一千名为披甲,二千名为附丁。"③于是清政府将一部分锡伯人就近移驻吉林乌拉城,编为 20 牛录。

---

① 《清圣祖仁皇帝实录》,中华书局 2008 年版。

② 《黑龙江将军衙门档案》,康熙三十一年八月十四日,黑龙江省档案馆藏。

③ 辽宁省档案馆:《清代三姓副都统衙门满汉文档案选编》,辽宁古籍出版社 1995 年版。

从康熙三十一年(1692)起,清政府移驻到齐齐哈尔、伯都讷、吉林乌拉城的锡伯人共达 74 个牛录,附丁达 7400 多名。这 74 个锡伯牛录主要负责黑龙江等地区城池驻防,巡边守卡,抵御外敌;其附丁及家属则负责开荒种田,供养披甲,交纳官粮。从此,锡伯族全部归附满洲,在八旗制度的束缚之下,移驻各地驻防效力长达二百余年。

三、锡伯族的生存概况与民族文化

锡伯族有自己的语言,属阿尔泰语系,满-通古斯语族,满语支。与同语支的满语相比,其很多词语都借用自满语。据史料记载,清代以前,锡伯族使用着一种"非清非蒙"的语言,很多人认为,此语言叫"吉甫西语",音调与达斡尔语相近。锡伯族被清政府统治、编入八旗满洲之后,才逐渐改用满语。乾隆二十九年(1764),部分锡伯族军民迁到新疆伊犁,在相对聚居封闭的环境,锡伯语口语得到保留并得以发展,一直延续使用到现在。锡伯语在语音方面,有元音 26 个,分为 8 个单元音和 18 个复合元音,有辅音 29 个。锡伯语有自己的特点,即元音不分长短,复合元音较多,有元音和谐现象,但不严整,体词有数、格的范畴,名词有第三人称的反身领属附加成分,动词有态、体、式的范畴,虚词比较丰富。清朝时期,锡伯族人一直使用满文进行记录。1947 年,锡伯族中的有识之士成立了"锡伯索伦文化协会",创制了锡伯文。锡伯文是一种拼音文字,也可称为音素文字,在满文基础上略加改动而成,但锡伯语并不等同于满语。锡伯文共有 40 个字母,包括 6 个元音字母、24 个辅音字母、10 个拼写外来词的字母。锡伯文字母的基本笔画有字头、字牙、字圈、字点、字尾,以及各种方向不同的撇和连接字母的竖线。书写顺序为从上到下,行款为从左至右,使用一般文字通用的标点符号。

锡伯族主要信仰萨满教。由于古代人们的生产力水平低下,对自然界中的很多现象都无法解释,因此信仰万物有灵:有对天、地、日、月、星等的自然崇拜;有对鲜卑兽、狐狸、蛇、虫、古树、人参等动植物的图腾崇拜;有对谷神、牲畜神"海尔坎"、山神"阿林乌然"、土地神"巴纳厄真"、门神"杜卡伊恩杜里"、灶神"肫依妈妈"、娘娘神、河神"罗刹汉"、瘟神、引路神"卓尤恩杜里"、柳树神"佛多霍玛法"、马神"海尔堪玛法"、猎神"班达玛法"和渔神"尼穆哈恩杜里"等神灵的崇拜;有对祖先的崇拜。锡伯族还信仰藏传佛教,主要是受蒙古族影响。清政府十分鼓励锡伯族信仰藏传佛教,体现了其对宗教信仰开明、包容的政策。

锡伯族是以血缘为纽带的民族,哈拉莫昆是其基本的社会组织和经济生产单位。"哈拉"为姓,同为一个祖先的后代,同一哈拉内禁止通婚。锡伯族较大的姓氏有瓜尔佳、觉罗、郭尔佳、赫叶尔、富察拉、孔古尔、哈斯胡里、乌扎拉、伊拉里、胡斯哈里、图克色里等。据调查,黑龙江地区锡伯族的姓氏有 65 个,新疆地区锡伯族的姓氏有 30 多个。这些姓氏后逐渐简化为单姓,如:赫叶尔改成赫或何,瓜尔佳改成关,图木尔齐改成佟或涂,乌扎拉改成吴,图克色里改成佟,胡斯哈里改成胡,等等。"哈拉"传至五、六代便分出若干"莫昆",有的哈拉有一个莫昆,有的有两个或三个,即氏族。每一个哈拉、莫昆均有成文的家规和共同的坟地。每个"哈拉"和"莫昆"均有一位由家族成员民主选出的辈分高、德高望重、办事公正的人来担任哈拉达(姓长)和莫昆达(氏族长),负责协调、处理族内诉讼、祭祖、财产、婚丧等事宜。对于族中违背家规的行为,每个哈拉、莫昆有相应的惩罚措施,例如登门认罚、舆论谴责、劳动惩罚、肉体惩罚等。

锡伯族人多选择在山地、河流附近聚集居住。辽代,锡伯族曾修建过一些城池,如锡伯图尔城、沙力根锡伯城、锡伯绰尔城等。明代,锡伯族人在嫩江、松花江流域也建立过很多村屯,如伯都讷村、法衣法里村、绰尔门村等。清代,锡伯族村屯仍以氏族为单位,由于不断迁徙,形成了小聚居大分散的分布形式。锡伯族房屋多坐北朝南,以三间为主,人口多的则盖成五间。中间为厨房,左右两侧锅台连着火炕,西屋为大间,多住老人,东屋为小辈子女居住。屋内南、北、西三面有炕,长辈多住南炕,小辈住北炕。西炕上多放置木箱,用来供奉神牌或佛龛。

锡伯族的饮食习惯很有特点。因其居住地区不同而有一些差异。锡伯族男子一般都有吸烟和饮酒的嗜好。据传,从前家家户户都做黄酒,家家户户都养猪、鸡、鸭、牛、马、羊,肉食能够自给自足。同时,锡伯族也喜食野味,每逢冬雪融化都外出打猎捕鱼。

锡伯族的饮食习惯多有先民狩猎生产方式的遗风,喜欢吃肉类。肉食来源主要是家庭饲养的猪、牛、羊、鸡、鸭等,此外还喜欢吃野味,尤其是飞禽。锡伯族吃肉的方法很简单,将肉煮熟后大块放入盘中,每个人自行用刀子切割,然后蘸佐料食用。锡伯族人爱吃白肉血肠,逢年过节都要杀猪请亲朋好友吃白肉血肠。将猪肉切成片和猪血灌的肠一起清炖,再配以蒜泥,味道香而不腻。闲时锡伯族人还常进行狩猎,野兔、野猪、野鸭、黄羊等均是餐桌上常见的野味。锡伯族还习惯采食野菜,制作各种腌菜。每年秋末,家家都用韭菜、青椒、圆白菜、芹菜、胡萝卜等切成细丝腌制咸菜,当地称之为"哈特混素吉"。锡伯人爱饮白酒、米酒,还有饮浓茶的习惯。

锡伯人主食以高粱米、面、玉米为主。面食以发面饼为主,也吃馍馍面条等。新疆地区的锡伯族受维吾尔族影响喜欢喝面茶和奶茶。东北的锡伯族多食稻米、高粱米和小米等,新疆的锡伯族则多食面食,其中发面饼是新疆锡伯族几乎一日三餐之必备食品,称"发拉哈额分",又称"锡伯大饼"。这种饼用面粉、碱面和水制成,在锅中烙出来,一般直径在三四十厘米,厚度约一厘米,带有烙制花纹的叫作"天",另一面则是"地"。这种饼的吃法很讲究,食用时必须"天"朝上、"地"朝下,掰成四块,体现了锡伯族敬仰天地的观念。

锡伯族的早期服饰多以狩猎所得的鹿、猪等兽皮为主要材料,比较注重防寒、保暖的功能。传统的锡伯族服饰与满族的长袍样式基本相同,左右开衩,方便骑马狩猎及劳作。下身穿长裤,外加"套裤",只有两条裤腿,没有裤裆,春秋穿的是"夹套裤",冬季则穿"棉套裤"。后期吸收过蒙、汉等民族服饰的特点。

锡伯族男子喜欢着蓝、青、灰、棕色长袍,外面套上马褂,腰系青布带,腰带上挂着烟袋、荷包等,脚蹬厚底鞋或长靴,头戴圆顶帽。锡伯族女子的服饰式样较多,喜欢穿各色花布大襟长袍,多绲边或贴花边等。长袍外面套坎肩,坎肩有对襟的,有大襟的,也贴花边,长裤扎黑色腿带,脚穿绣花鞋。少女与未婚姑娘,一般梳一条长辫,不剪头发帘,头上、辫梢爱戴些花,耳戴金(银)耳环,穿着淡雅漂亮的旗袍。右侧腰部的衣兜口内,掖一条彩色手帕,一半露在兜外。已婚妇女梳的是"盘龙髻",额前有"刘海",脑后有"燕尾",头顶上乌发蓬起,盘成髻形,日常生活中将辫梳成双辫或两"抓髻",合起成为一个大"疙瘩髻"。头发抹头油,没有头油的,用榆树皮泡的水也能使头发黏稠光亮。面部可以涂粉，口可以涂口红，可以染指甲等。头部髻上插着金簪，腕上佩戴金(银、玉)手镯。锡伯族老人的服饰又有不同，一般老年男子内穿对襟小白褂，外穿长袍(冬天为棉的)，个别人还套马褂，脚穿白袜、布鞋(春、夏、秋穿圆口黑布鞋，冬天穿毡棉黑布鞋，其鞋勒以春夏的稍高一些，锡伯语称"扎布萨布")，扎裤脚，头戴礼帽。妇女的装束随着年龄的增长而有所变化。老年妇女多穿青、蓝黑色旗袍，长及脚面，扎裤脚，穿白袜，春、夏、秋穿绣花黑布鞋(冬季为棉高勒)，冬天穿棉袍，戴棉帽，与汉族坤秋帽相似。上年纪的妇女出门时，手里还要拿个烟袋，串门时互相装烟进礼。锡伯族人不戴狗皮帽子、手套，不穿狗皮衣服、裤子，不吃狗肉。

锡伯族的婚姻有抢婚、明媒正娶、姻亲、入赘等形式。抢婚源于古代锡伯族人口稀少，常常多个男子同时求爱于一个女子，或者男子一直找不到配偶，所以便请族中亲属帮自己抢婚。姑娘被抢到男方家后，再到女方家讨价还价，将聘礼送到女方家中，举行婚礼，达成婚姻。锡伯族一直奉行同姓禁止通婚的原则，但是可以连成姻亲，如舅舅家的女儿可以与姑姑家的儿子结婚。有些人家没有儿子，也可以招女婿入赘成为继承人，为老人养老送终。明媒正娶一般有说亲、定亲、认亲、娶亲、省亲等流程。

锡伯族的丧葬形式一般为土葬，保留了鲜卑人的葬俗特点。根据锡伯族习俗，人死后要停放三天，冬天可以停放七天，待亲朋好友到齐后再入殓出殡。死者的子女们要穿百日孝服，妻子要守孝三年，在此期间不得改嫁。服丧期间，家人不得参加娱乐活动，不得穿颜色鲜艳的衣服，不许大吃大喝。

锡伯族民间有许多传统节日，大都与满族、汉族相同，如春节、清明节、端午节等。每年农历除夕前，家家都要杀猪宰羊，赶做各种年菜、年饼、油炸果子。除夕夜，全家一起动手包饺子，五更饺子下锅；初二要吃长寿面。做长寿面时先做好肉汤，然后将面另锅煮熟，捞出过水，食用时加肉汤，象征着送旧迎新。某些节日时间虽然与汉族相同，但过法却有自己的独特之处，在形式上与汉族有一定差别。例如，春节多走亲串门、祭祖及展开各种娱乐活动。农历三月间有以鱼为祭祀供品的"鱼清明"，农历七月间有以瓜果为祭祀供品的"瓜清明"，也有"孙扎拜义车孙扎"(端午节)和中秋节。度过这些节日的方式，均以本民族的习俗方式进行祭奠、饮食或娱乐。每年农历四月十八是锡伯族的西迁节,锡伯语叫"杜因拜扎昆节",是为了纪念乾隆二十九年(1764)清政府征调部分锡伯人从盛京等地西迁到新疆伊犁地区屯垦戍边的节日。这一年的农历四月十八,西迁新疆的锡伯人和留居东北的锡伯族男女老少,聚集在盛京的锡伯族家庙——太平寺,祭奠祖先,聚餐话别。次日清晨,锡伯族官兵及其家属,告别了家乡的父老乡亲,踏上了西迁的漫漫征程。经过一年零五个月的艰苦跋涉,才到达新疆伊犁地区的察布查尔锡伯自治县。西迁节这一天,锡伯族的男女老少都要穿上盛装,欢聚在一起,弹响"东布尔",吹起"墨克调",尽情地跳起舞姿刚健、节拍明快的"贝勒恩"。姑娘们的"抖肩"优美,小伙子们的"鸭步"惟妙惟肖,以表达对故乡的思念和对未来美好生活的憧憬。这种节庆活动集中展示了锡伯族灿烂悠久的文化传统、民族情感。农历的正月十六,是锡伯族的抹黑节,始于锡伯族广泛从事农业生产之时,与萨满教有关。这一天,人们清早就起来,把昨晚准备好的抹黑布或毡片带上,上街去相互往脸上抹黑,在这一天里,无论男女老少都可以相互往脸上抹黑。但见了老人一定要先请安,然后才能往其脸上抹黑,只能少抹一点,以示尊重。锡伯族的抹黑节,有相当长的历史。相传,过去因为有一个年轻的媳妇,把烙煳了的发面饼喂了狗,而得罪了巡天神。因此,巡天神要惩罚一下不珍惜粮食的人。第二年,巡天神就施展法术,把锡伯族种的庄稼都变黑了。结果到了秋天收的全是黑籽。这下人们都慌了,不知道如何是好。最后,全村人一起向巡天神请罪,并发誓宁愿将自己的脸抹黑,也不叫麦子生病,庄稼结黑籽。巡天神为人们的诚心所感动,收回了法术。所以后来人们就在每年的正月十六,把自己的脸抹黑,来代替庄稼受惩罚。正因为如此,人们在抹黑节这一天,都不怕别人把脸抹黑,因为他们认为都是在为自己的庄稼受惩罚。

锡伯族的礼仪禁忌有很多。锡伯族尊老爱幼,老年人的社会地位高,说话有权威,而且在各种场合都受到尊敬和优待。与老人同行时,老人要走在前面,青年人跟在后面。进屋后,老人不坐下,年轻人不能坐下。坐好后,年轻人要为老年人点烟。未成婚的年轻人不能和长辈共坐饮酒,每上一道菜,长者不动筷,他人不能先吃。吃晚饭时,必须等长者放下筷子离桌,其他人才能散去。锡伯族人不吃狗肉,不穿戴狗皮衣物,这点跟满族人相同。夜晚睡觉,不能把裤子、鞋袜放到高处,不得从衣帽、枕头等物上跨过,如无意间为之,则须立即在灯火或火盆上将该物摇晃几下,才算还其清洁。正月初一到初五,人们不能将脏水等倒到家外,十五之前妇女不能动针线。男女不能在均是偶数年龄时成婚,必须有一方为奇数年龄才能成婚。

锡伯族的文学艺术丰富多彩。民间文学富有本民族特色,有民歌、民间故事、谚语、谜语、格言等。民歌又分叙事歌、苦歌、萨满歌、颂歌、劝导歌、习俗歌、田野歌、打猎歌、情歌、婚礼歌、新民歌等。民间故事有传说、童话、动物寓言、神话、谜语故事等。谚语多为教人谦虚谨慎、诚实讲信、团结友爱、勤劳节俭等内容。谜语主要为提高儿童智力、启迪其心智的内容,是老年人和妇女教育儿童的工具。作家文学始于清代。最早在 19 世纪初,有个从齐齐哈尔城来到伊犁的锡伯人叫顿吉纳,为了抒发思乡之情,创作了很多诗歌。卡伦侍卫何叶尔·文克津的散文体书信《辉番卡伦来信》也被视为锡伯文学的代表。清末不断涌现出的文学新人,用锡伯文、汉文创作了长篇小说、叙事长诗、散文、诗歌、纪事作品、人物传记等。锡伯族的乐器有"东布尔""苇笛""墨克纳"等等。锡伯族的民族音乐分戏剧音乐和说唱音乐两类。戏剧音乐称秧嘎尔牧丹,分平调和越调。说唱音乐具有浓厚的民族特点。锡伯族常见的舞蹈有"贝伦舞""蝴蝶舞"等。民间体育有射箭、赛马、摔跤、角力、滑冰以及娱乐化的狩猎活动,其中射箭和赛马具有悠久的历史,系本民族"善骑善射"历史传统的延续。

第三节　三江流域的赫哲族

一、赫哲族的发展

永乐七年(1409),明朝统治者在东北地区设奴儿干都指挥使司,下辖诸卫所对东北各族众进行管辖,赫哲族先民隶属其管辖。明代女真族众再度崛起,因分布地域、经济发展程度、与中原关系的不同分为三大部分,即建州女真、海西女真和东海女真(野人女真)。建州女真、海西女真后来发展为满族的主体,而东海女真中的一部分则发展为赫哲族。赫哲族先民的发展状况在明朝时期逐渐清晰起来,各种文献对其描述得也更为详细。至明末清初,赫哲先民从女真人中逐步分离出来,成为有异于满族、具有独特文化特征的民族。

明初,以胡里改部、斡朵里部、桃温部三个万户府为核心的女真人从松花江中上游南下,经过分离、聚合,最后于明景泰初年会聚于浑河上游苏子河至婆猪江(今浑江)之间,形成建州女真。海西女真原来居于松花江下游一带,明初也不断南迁,于16世纪30至70年代先后定居于辽河至松花江上游流域,有哈达、乌拉、叶赫、辉发四部。由于上述女真两大部的不断南迁,特别是清朝建立后,满族统治者将政治、经济、文化中心由东北地区移至关内,大批满族人迁入中原地区,为东海女真留下了发展空间。因此,经过明朝近200年的分化、融合,清初赫哲族众进入了民族成熟期。明末清初,生活在黑龙江流域的东海女真主要分为虎尔哈部、瓦尔喀部、窝集部、库尔喀部等。居住在黑龙江以南地区的部分氏族和部落,被后金努尔哈赤及皇太极征服后,南迁到浑河流域,成为满族的一部分。分布在乌苏里江流域和黑龙江以北等地的诸部落,形成了赫哲族、鄂温克族、鄂伦春族、达斡尔族,以及俄罗斯境内的部分民族。清朝时期,赫哲族在黑龙江流域分布较为广泛,史料记载:"自宁古塔东北行千五百里,住松花江、黑龙江两岸者,曰剃发黑金……住乌苏里、松花、黑龙三江汇流左右者,曰不剃发黑金,喀喇十数,披发,鼻端贯金环,衣鱼、兽皮,陆行乘舟(或行冰上),驾以狗,御者持木篙立舟上,若水行拦头者然,所谓使犬国也。"[1]"黑津名目不一:珲春东南滨洒临南海一带者,谓之恰喀尔;三姓城东北三千余里,松花江下游齐集以上,至乌苏里江东西两岸者,谓之赫哲;齐集以下至东北海岛者,谓之费雅喀。又东南谓之库叶。"[2]

从后金建立至清朝入关前,后金及清朝统治者多次对赫哲族居住地区用兵,将黑龙江流域纳入统辖范围。清朝统治者认为赫哲族"尔之先世,本

---

① 杨宾:《柳边纪略》卷三,载《龙江三纪》,黑龙江人民出版社1985年版。
② 萨英额:《吉林外纪》卷八,吉林文史出版社1986年版。

皆我一国之人,载籍甚明,尔等向未之知,是以甘于自外"①,"慢不朝贡"②,"其性暴戾,当善为防之"③。说明此时两者间已有明显的民族区分意识。努尔哈赤及皇太极对赫哲族地区发动的征服战争多达 17 次。清朝统治者为了加强对赫哲族的统治,对其采取了削弱、同化等政策,大量赫哲族人被编入八旗,后逐渐融入满族之中,成为满族入主中原的重要军事力量。入关前,清朝对赫哲族最后一次用兵共携回男丁 720 人、妇幼 1820 人,全部编入八旗,成为"伊彻满洲"。为了加强对松花江、乌苏里江、黑龙江流域少数民族的管理,康熙五十三年(1714),清政府建立三姓城,设三姓协领衙门;雍正五年(1727),增设三姓副都统;雍正七年(1729),增设依兰副都统;雍正十年(1732),改设三姓副都统,隶宁古塔将军;光绪八年(1882),于嘎尔当设置协领衙门。清末,裁撤东北地区八旗驻防,改为同中原相同的地方管理体制,先后在桦川、富锦、同江、抚远、饶河等地建立州县制,赫哲族分辖于所在地的各县。清朝政府征服赫哲族以后,用"编户""编旗"等方式对其进行管理,加速了其从血缘关系向以地域关系为纽带的社会组织的形成,推动了赫哲族的发展。

17 世纪中叶,沙俄侵入贝加尔湖以东地区和清朝黑龙江流域,赫哲族面对外敌入侵,进行了顽强的抗争。顺治八年(1651)10 月,沙俄哥萨克头目哈巴罗夫率军入侵乌扎拉村,当地奇勒尔、赫哲族、满族等居民约千人,向入侵者的住地发起猛攻。赫哲人手持长矛和弓箭,与沙俄入侵者进行白刃战,但终因入侵者火力过强,伤亡 117 人,被迫撤退。顺治九年(1652)4 月 4 日黎明,宁古塔章京海色率两千余骑兵,在赫哲族等居民的配合下,向沙俄侵略者的冬营地"阿枪斯克"发起进攻。清军打死哈巴罗夫所率侵略者 10 人,打伤 76 人,其中包括哈巴罗夫本人。顺治六年至顺治十二年间(1649—1655),在哈巴罗夫不断侵扰黑龙江流域的六年中,共有 233 名入侵者被清朝军民击毙,占入侵者的半数以上,给侵略者以沉重的打击。顺治十四年(1657),沙俄侵略者入侵松花江流域三姓附近的尚坚乌黑(白石之意),抢劫

---

① 《清太宗文皇帝实录》,中华书局 2008 年版。
② 《清太宗文皇帝实录》,中华书局 2008 年版。
③ 《清圣祖仁皇帝实录》,中华书局 2008 年版。

赫哲族等居民的粮食、貂皮等财物,赫哲族人民配合清军进行顽强抵抗。顺治十五年(1658)7 月 11 日,斯捷潘诺夫带领 500 名哥萨克入侵松花江流域赫哲族等居住地,宁古塔章京沙尔瑚达统率 45 艘战船、1400 名清军与入侵者激战,侵略军头目斯捷潘诺夫毙命,余兵只有 47 人逃走。顺治十七年(1660),沙俄军队入侵黑龙江下游和松花江交汇处,大肆抢劫赫哲族居民。清军在赫哲人的配合下,在伯力以北古法坛村附近伏击敌军,击毙入侵者 60 多人,沙俄入侵者最终被赶出黑龙江流域。清康熙二十八年(1689)9 月 7 日,中俄双方签订《尼布楚条约》,赫哲人从此跨境居住,被人为地分割成两部分。1858 年和 1860 年,沙俄强迫清政府签订不平等的《瑷珲条约》和《北京条约》,分别强占黑龙江以北、外兴安岭以南 60 多万平方公里和黑龙江以北、乌苏里江以东 100 多万平方公里的中国土地,赫哲人世代居住的黑龙江流域的广阔土地被沙俄霸占。

二、清政府对赫哲族的管理及影响

在清政府管辖下的黑龙江等东北辽阔的边疆地区,自古以来就是赫哲族等民族的聚居区,他们是中华民族的组成部分,为开发建设东北地区做出了巨大的贡献。清政府对三姓等地区各民族的管辖,经历了一个漫长的发展过程。清朝三姓副都统对赫哲等少数民族通过"编旗、编户"和"族(姓)长、乡长、袍官"等怀柔与羁縻相结合的政策,实行了严密有效的管理。不仅达到了对赫哲等少数民族的有效治理、巩固东北边疆及维护国家统一的目的,而且在客观上促进了赫哲等少数民族社会历史的发展。

(一)对赫哲等少数民族的管理

1. 编旗

明万历二十七年至崇祯十七年(1599—1644),清朝统治者对赫哲人居住的地区先后用兵 17 次,共携回男丁 720 人,妇幼 1820 人,全部分隶八旗,主要原因是其"慢不朝贡","尔之先世,本皆我一国之人,载籍甚明,尔等向未之知,是以甘于自外"。清朝入关后,大量的赫哲人被编入八旗,称为"新满洲"，又称"伊彻满洲"。赫哲族被编入旗，主要从驻防黑龙江地区开始。顺治二年（1645），清政府"将征山东之赫哲兵未出天花者全行撤回"三姓地方（今黑龙江省依兰县），将他们编入八旗满洲，驻防于松花江、牡丹江汇流处。康熙十三年（1674），清政府将"虎尔哈部"赫哲人迁来宁古塔地区（今黑龙江省宁安市），编为 40 个"新满洲"（额兵 2000 人）。当康熙五十三年（1714）设立三姓协领衙门时，三姓地方已有四姓赫哲壮丁共 1530 余名，被编为 4 个"新满洲"。同年，除吉林乌拉拨来满洲披甲 80 名驻于其地外，"由三姓打牲人等挑放披甲二百名，编为四旗"①，即镶黄、正黄、正白、正红四旗。葛依克勒、努耶勒、胡什喀哩、舒穆禄四姓族长编为世管佐领，驻防在四姓赫哲原居住处，其余未被编为披甲的"闲散丁等按各姓归四佐领下管辖"②。雍正十年（1732），扩大三姓建制，设三姓副都统衙门，新添官兵一千八百名，其中在四姓赫哲中挑选八百名披甲，添设公中佐领六员，防御四员，又在乌苏里、德克登吉等处所居之八姓赫哲打牲人等挑选甲兵一千人，编为十佐领，移驻三姓之地。③ 至此，三姓副都统属下有 20 佐领，2000 多名兵丁。④ 清入关后，仅康熙、雍正年间迁编旗的赫哲人就有近 60 个佐领，其中 31 个佐领、万余人迁往盛京，余者留住吉林，两者相加共 2 万余人。将赫哲族人编入八旗加速了以地域关系为纽带的社会组织的形成，推动了赫哲族的发展。

三姓副都统衙门的主要职责，首先是管理所属旗人户籍、土地。雍正十年（1732）三姓副都统设置后，委任二等侍卫觉罗七十五为副都统，管理旗务，实行军政统一管理。三姓地区各旗署旗人皆有旗籍，三姓副都统定期进行编审。清廷规定："各旗人丁令各佐领稽查已成丁者增入丁册，其老幼丁不应入册，有隐匿者罪。"清政府在三姓地区派遣旗人驻防的同时，也划拨土地给旗人耕种，康熙末年，三姓副都统驻防有旗地 12926 垧。三姓副都统通

---

① 《依兰县地方志》（又名《三姓志》）卷八，"建置沿革"，黑龙江图书馆油印本 1960 年版。

② 长顺：《吉林通志》卷五十一，"武备志二"，吉林文史出版社 1986 年版。

③ 《依兰县地方志》（又名《三姓志》）卷八，"建置沿革"，黑龙江图书馆油印本 1960 年版。

④ 乾隆二十一年，三姓五佐领移驻拉林、阿勒楚喀，留驻十五佐领，分左右两翼，而兵丁数一直为两千左右。

过旗籍编审及分配旗地制度,将三姓各族旗丁控制在所属旗署佐领内。

2. 编户

清朝对三姓辖区少数民族的管理,在不断加强设治编旗等军事措施的同时,还采用部落村屯"编户"制度,将赫哲族等不入八旗的人丁,以姓氏(满文作哈拉 hala)和村屯(满文作噶珊 gasan)为单位编入户籍。居民编入户籍后由姓长、乡长分户管理。统辖三姓所属边疆各族居民的姓长、乡长,是等级不同的三级地方官员。姓长、乡长由原族长子弟担任,即谓设官。清政府给姓长、乡长顶戴及印信文书,按等级赏给不同的官服,组成一套以血缘与地域相结合的基层地方行政机构。一般比较大的姓氏,设有一个或几个姓长管辖,满语称为"哈赍达 halada"。姓长管辖几个村、屯,每个村屯分别设乡长管辖,满语称为"噶珊达 gasanda"。一般比较小的姓氏不设姓长,只设乡长。也有个别大的姓氏不设姓长,而分设几个乡长。他们负责管理户籍、催纳贡赋、支应官差、处理姓氏或噶珊内部的行政与司法日常事务。但涉及姓氏或者噶珊之间的重大纠纷,则由三姓副都统或吉林将军直接审理。姓长、乡长之下有袍官(即姓长、乡长的子弟)和白人(即普通老百姓)。袍官,满语称为"西集坚 sijigiyan"。他们是姓长、乡长的直系亲属,故又称为姓长、乡长的"子弟"。他们主要是协助姓长、乡长办理贡貂事务,也是姓长、乡长的当然继承人。《钦定大清会典事例》中记载:"三姓所属赫哲、费雅喀、奇勒尔、库页、鄂伦春、恰克拉五十六姓,二千三百九十八户","设姓长、乡长、子弟以统之"。[①] 据乾隆五十六年(1791)的贡貂清册记载,该地未入旗居民分布在二百五十五个噶珊中,设有姓长(哈拉达)二十名,乡长(噶珊达)一百八十五名,袍官一百零七名,下辖白人(即代表一户的男丁)二千零七十名。[②](三姓副都统管辖下几个年代的编户情况见表2-2)

清政府在三姓辖区实行这种对赫哲族等少数民族居民编户管理,通过姓长、乡长实行因俗而治的统治方法,实质是在不改变少数民族原有社会组织——氏族组织的基础上,再赋以其基层行政单位的内容,这是针对三姓赫

---

① 《钦定大清会典事例》卷十七,"吏部·官制",中华书局 1991 年版。

② 辽宁省档案馆:《清代三姓副都统衙门满汉文档案选编》,"设治沿革"乾隆五十六年卷,辽宁古籍出版社 1995 年版。

哲等少数民族实际情况,将血缘和地域结合起来的一种特殊管理办法。

表 2-2　三姓副都统管辖下几个年代的编户情况①

年代	姓氏/个	噶珊数/个	姓长/人	乡长/人	袍官/人	白人/人	总计/人
乾隆五十六年(1791)	56	255	20	180	107	2030	2337
嘉庆七年(1802)	56	255	17	159	97	1815	2088
道光二十一年(1841)	56	255	22	188	107	2081	2398

3. 贡貂皮与赏乌林

我国历史上,少数民族贡纳土特产作为赋税的制度由来已久。"贡貂皮与赏乌林"制度是清政府对三姓辖区内松花江、黑龙江等广大东北地区行使主权,对东北边疆赫哲等少数民族实行有效管辖的又一项重要措施。三姓所属边疆各族人民,虽然习俗有别,但都擅长捕貂,貂皮是他们的主要特产之一,其中以紫貂最为名贵。清政府规定,凡是被编户的赫哲族居民,每户每年都必须向清政府贡纳一张优质貂皮,这就是"贡貂"。为了笼络前来纳贡的赫哲人,清政府对纳贡者给以回赐,称"赏乌林",亦称"赏乌绫",即赏赐财帛之意。赏赐之物除了锦缎衣物外,还有靴、帽、袜、带之类。这些物品对于当时的赫哲人来说,既是荣耀之物,也是一些平素很难得到的日用品。因此贡貂皮与赏乌林,不仅是三姓边疆少数民族作为清朝臣民的义务和权利,也是他们生活中的一件大事。而设置在边疆重镇的三姓副都统,向各族居民收貂颁赏,也是他们的一项主要任务。"边民计以户","每户纳貂皮一张"②是清初形成的制度。顺治时期,东北边疆各族居民,直接到北京交纳貂皮贡赋,长途跋涉十分辛苦。三姓副都统设立后,包括库页岛六姓在内,整个五十六姓、二千三百九十八户边疆各族居民,由三姓副都统实行统一管理,收貂皮、赏乌林,成为其一项重要任务。

三姓副都统除了在三姓城内收贡貂颁赏外,为了照顾那些距离三姓路

---

①　辽宁省档案馆:《清代三姓副都统衙门满汉文档案选编》,"设治沿革"乾隆五十六年卷、嘉庆七年卷、道光二十一年卷,辽宁古籍出版社1995年版。
②　长顺:《吉林通志》卷二十八,"食货志·户口",吉林文史出版社1986年版。

途遥远的各族居民,每年还定期派出官兵,分别设立木城①,进行贡貂赏乌林。嘉庆十三年(1808)七月,日本人间宫林藏潜入我国领土,在库页岛上进行活动之后,在他所写的《东鞑纪行》一书中,记述了清朝政府官员行使主权,进行赏乌林的情况。他曾跟随库页岛上的少数民族来到台伦(今俄罗斯联卡尔吉),也曾到过普禄②,亲眼看到有五六百人向清朝官员贡貂领赏。嘉庆二十四年(1819)佐领柯依布额率官兵由三姓乘船"去奇集③赏乌林"。④可见这些地区就是当时分立的木城。三姓副都统对边疆各民族设置临时行署进行管理,在乾隆年间设有两个木城,嘉庆年间增设了一个,到道光年间增加到四个,不但方便了各族居民贡貂,也是对他们进一步加强管辖的重要措施。

贡貂与赏乌林是同时进行的两项活动,是清政府管辖三姓各族居民的一项政治制度,也是加强中央与地方、内地与边疆之间联系的一条经济纽带。三姓副都统所属各族居民,每户每年贡貂皮一张,而赏给的乌林,则根据他们不同的身份和地位,分为五等配套赏赐。每套乌林由衣服和日常生活用品两部分组成,表现出严格的封建等级制度。一等赏给"萨尔罕锥"(sarganjui),"女朝服一套",其衣料贵重,日用品种类数量很多,在整个赏乌林等级中居首位,充分显示了其特殊的尊贵地位。二等赏赐给姓长,"无披肩披领"一套。三等赏赐给乡长,"披肩"一套。四等赏赐给袍官,"缎袍"一套。五等是赏赐给白人的,"毛青布袍"一套。所赏赐的官服和民服所用的衣料、日用品的种类及数量等都有明显的差别。

赏乌林,是清政府对三姓所属边疆各族的一种特殊恩赏制度,也是一笔很大的开销,需要从各方面筹集。每年赏赐乌林在两千四百套左右。这些

---

① 木城,为清政府纳貂赏乌林时的临时行署,约有十四五间,大之方形地方,以圆木围成双重栅栏,其中左、右、后三处为交易所。中央又设一重栅栏,行署设于此处。此为接受贡物与授予赏赐品之处。每栅只设一门,别无其他出入口。

② [日]间宫林藏:《东鞑纪行》中卷,商务印书馆 1974 年版。书中记载:普禄位于喀达下游 10 日本里左右。喀达在今俄罗斯境内喀第湖附近,则普禄应在今俄罗斯境内伊尔库特斯科耶稍南。

③ 奇集,位于奇集湖入江口右岸,今俄罗斯境内马林斯克。

④ 辽宁省档案馆:《清代三姓副都统衙门满汉文档案选编》,"台站卡伦"嘉庆二十四年卷,辽宁古籍出版社 1995 年版。

绸缎布匹和日用品,除了每年从盛京三旗织造库领取外,其余大部分都是由户部从全国各地筹集的。三姓所属边疆各族居民每年交贡领赏时,清政府还供给他们往返途中和居住期间的全部口粮,并设宴招待。根据三姓仓官在乾隆五十六年(1791)呈报的粮食开销档案册记载:该年五十六姓居民有二千三百九十二人纳贡领赏,来往途中、居住期间以及酒筵招待,共计用粮二千零八石,占该年三姓各项粮食支出总量的一半左右。①

清政府在三姓地区实施这种贡貂皮赏乌林的制度,显然主要是出于政治上的考虑,是为了巩固边疆的需要。边疆各族人民每户每年贡一张貂皮,是对国家尽其义务,是对国家表示忠诚,也显示了清朝政府是各族人民的最高统治者,强调赫哲人必须臣服于清朝,即强调其对清朝的臣属关系。清政府在收贡貂的同时赏乌林,每年派出官兵,沿河巡行,分别建立临时行署。对来贡的边疆各族军民的回赏之厚,款待之盛,使他们深切感觉到,贡貂不是一种负担,而是一种需要,使其从内心归顺清政府,甘做清廷的顺民。赫哲人在完成规定的贡貂任务之后,除能得到赏乌林外,还可以获得由官方提供的进行毛皮交易的机会,因而还具有一定的经济意义。通过世代相传,连年不断的贡赏活动虽然是一种清朝统治者强化封建统治,统治赫哲等东北少数民族的统治方法,但在客观上密切了三姓地区赫哲族人与清政府的联系,使其对国家的感情日益加深,这对巩固边疆无疑有着十分重要的意义。

清朝前期三姓副都统对边疆各族的管辖,通过编旗、编户,设置姓长、乡长和袍官,并结合授官、联姻等制度,建立起了完整严密的地方基层政权体系。连年不断的贡貂和赏乌林活动,在客观上促进了三姓赫哲族经济和社会的发展,使边疆各民族与中央政权及内地建立了不可分割的联系。

(二)赫哲等少数民族承担的义务及其所受的影响

赫哲三姓氏族臣服清朝,被编为八旗成员,属伊彻(新)满洲,与佛(旧)满洲享有同等的政治待遇和义务。"生子即报本旗,注于册档。成丁后遇有

---

① 辽宁省档案馆:《清代三姓副都统衙门满汉文档案选编》,"设治沿革"乾隆五十六年卷,辽宁古籍出版社 1995 年版。

征伐之事，即须入伍从戎……洎承平之世，除服职旗署外，余皆耕读为业。"①
三姓各族宗谱记载，多人曾以骁骑校、先锋、披甲等职为清廷征战、立国、平叛而捐躯。顺治九年(1652)"清帝念有虎尔哈部落，分别赏以骑都尉、半佐领、世管佐领……居三姓地方，封葛氏为总长，卢、胡二姓副之"②。康熙三十一年(1692)，兵部复准三姓地方，率卢氏壮丁四百九十三名，舒氏壮丁二十五名，葛氏壮丁七百九十三名，胡氏壮丁一百八十一名，编为四佐领。③ 三姓副都统衙门下各地均设有旗署，被编入八旗的赫哲等少数民族要听从副都统及旗署的统一管理，按地区编为兵丁，驻守驿站、卡伦，平时耕种旗田，战时从征。

清朝赫哲族有很多人服职于清政府，受官职协助三姓副都统统治边防。清朝雍正十年(1732)设三姓副都统，佐领由四旗增至八旗，十六佐领。佐领级官员受委赴黑龙江下游施政，最为世人所熟悉的，首推舒氏托精阿。托精阿系舒氏八世嗣裔，承袭其父世管佐领职，花翎协领衔。他死后，其子尔锦，其孙索昌等均承袭世管佐领。托精阿在嘉庆十三年(1808)赴黑龙江下游德楞(德勒恩)设三姓副都统衙行署理政时，曾会见日本"踏勘"使者间宫林藏。当时的情景被记载于间宫林藏的《东鞑纪行》一书中，已成为清代中国领有黑龙江下游地区主权的历史见证。另外还有部分赫哲族首领在京任职，卢、葛、胡"此三喀喇役属久……有服官于京师者"④。卢氏六世松桑阿于康熙、雍正年间任三等侍卫，七世库楚于乾隆年间任二等侍卫，八世那勒孙任三等侍卫，十二世凌贵任僧王(僧格林沁)麾下武巡捕。葛氏阿玛奇格(阿穆奇卡)因招服有功赏穿黄马褂，留京充一等侍卫，九世色栋厄任一等侍卫。

清朝对赫哲族的管理制度，除了进行贡貂赏乌林外，还有一种特殊形式，即允许当地人按定例备好一定数额的聘礼，到京城进贡娶妻。清朝将其作为统治赫哲族的政治手段之一，以加强他们与中央政权的政治联系。"康熙中，以鱼皮(赫哲)等部俗荒陋，令其世娶宗室女以化导之，岁时纳聘，吉林

① 张嘉宾:《卢氏宗谱》谱序,《赫哲族研究》,哈尔滨出版社 2003 年版。
② 杨步墀:《依兰县志》,《中国方志丛书》,成文出版社有限公司 1974 年版。
③ 长顺:《吉林通志》卷五十一,"武备志二",吉林文史出版社 1986 年版。
④ 何秋涛:《朔方备乘》,《黑水丛书》,黑龙江人民出版社 1992 年版。

将军预购民女代宗女,乘以彩舆嫁之云。"①这些以"宗女"身份下嫁的女子,在部落中受到尊奉,在档案中被称为"萨尔罕锥"(sarganjui),娶"萨尔罕锥"的女婿,称为"霍集珲"(hojihon)。赫哲族进京纳妇,要经过皇帝批准,结婚仪式要在北京举行,由礼部主办,可见此事的隆重。根据档案记载,至道光末年止,先后曾有十一位"宗女"下嫁三姓地方各族。② 光绪初年,伯力东几个赫哲村落中尚有人保存当年公主陪嫁之物——铜坛,其被视为至宝珍藏,为皇帝恩赐之至高无上荣誉物证。三姓城的葛氏三世索索库于崇德五年(1640)娶公主为妻;舒氏五世名为布口者,康熙年间为清室驸马。③ 这些"萨尔罕锥"和"霍集珲"每年也照例贡纳貂皮一张。清政府对他们的赏赐厚于姓长。"萨尔罕锥"以皇族宗女的身份,长期生活在边疆各族人民之中。该制度是我国历代对边疆少数民族实行"和亲"制度的继承和发展,对于密切中央与地方、内地与边疆的政治、经济和文化上的联系,起着重要的作用。

由于三姓氏族均受朝廷封官加爵,有与宗室联姻等政治优宠地位,在三姓地方自然成为强宗豪族、钟鸣鼎食之家、车服龙章之府。经常接触京师的先进文化,使其原始渔猎习俗发生改变。本族弟子进入满汉学府接受熏陶,学习文典诗礼,除袭承佐领等职务外,还任职于各级军政机构,充教习、教官、笔帖式,传播内地文化。在受清朝统治的影响下,编入八旗的赫哲族变化最为明显。而处于社会最底层的民人,承担着交纳赋税等义务,并承担铺路、送粮等各种差役任务,虽因接受统治而接触到很多中原文化,但因影响程度的不同,保留了很多固有传统。

三、赫哲族的生存概况与民族文化

赫哲族是中国东北地区一个历史悠久的少数民族,民族语言为赫哲语,

---

① 魏源:《圣武记》卷一,上海古籍出版社 1995 年版。

② 辽宁省档案馆:《清代三姓副都统衙门满汉文档案选编》,"沙俄侵略"乾隆五十六年卷、嘉庆七年卷、道光二十一年卷,辽宁古籍出版社 1995 年版。

③ 张嘉宾:《三姓正红旗满洲舒穆鲁氏族谱》,《黑龙江赫哲族》,哈尔滨出版社 2003 年版。

属阿尔泰语系满-通古斯语族满语支(也有观点认为应归入那乃次语支),没有本民族的文字,使用西里尔字母来记录语言,因长期与汉族交错杂居,通用汉语。赫哲语与同语族的满语、锡伯语在语音、词汇、语法方面有很多相似之处,相互间有很多借词。赫哲语有7个单元音,16个复合元音,28个辅音。赫哲语中有词重音,就是多音节词中有重读的音节,存在元音和谐现象。赫哲语有多种方言,如奇楞方言、松花江方言、赫真方言、阿穆尔方言等。由于赫哲族长期从事渔猎生产,赫哲语中关于鱼类、野兽、飞禽、野生植物的词汇十分丰富,充分体现了其民族文化特点。由于赫哲族与满族、蒙古族等民族间经济、文化的交流,赫哲语中存在大量满语、蒙古语、汉语借词。由于没有本民族文字,赫哲人在日常生活中多使用削木、裂革、绳结、堆石头等方法记录事件或数量,后学习使用满文、汉文等。

赫哲人普遍有自然崇拜、图腾崇拜、灵物崇拜、鬼神崇拜和祖先崇拜等原始崇拜及萨满教信仰。"万物有灵"构成了赫哲人原始宗教信仰的基础。赫哲人认为,自然界的万物都有神灵,如树神、山神、水神、火神、虎神、熊神、狼神、鹰神、闪电神等等。"图腾"意为"他的亲族",即将某一动物、植物等视为自己氏族的保护者和崇拜物,如对熊图腾和虎图腾的崇拜。赫哲族在猎杀和食用熊、虎肉后,都有谢罪等仪式或举动。对奇山、怪石、神树、护身符的崇拜属于灵物崇拜。在婴儿摇篮边悬挂熊、虎、狼等兽牙的习俗,是认为其可驱凶避邪,是保护婴儿的神物。赫哲人相信灵魂不死,因此也相信祖先的灵魂永远存在,敬仰祖先可以庇护子孙平安、富庶。他们称祖宗三代为"别欧本玛法",过年时要把祖先供在屋内西墙上,以猪头等为供品,焚香悼念。

赫哲人信仰萨满教。萨满教是北方地区阿尔泰语系诸民族普遍信仰的一种原始宗教,其社会功能是调节人与自然的关系。萨满的职能主要有跳神看病、跳鹿神、求子、祭天神、祭吉星神庙、家祭、占卜、丧葬(送魂)等。

渔猎生活需要随季节转移住处和狩猎处,因此赫哲人的住房较原始、简陋,分为临时性和固定性两种。临时住处有尖圆顶的撮罗子(尖顶棚子)、地窨子(半地穴)、温特合安口(尖顶上有两尺宽的通风口的棚子)、阔恩布如安口(圆顶草窝棚)等。这些临时性住房多建造在打鱼、狩猎场所,搭造简单,取材方便,多用十几根树干支撑架子,其上覆盖桦树皮、草毡子或兽皮。历史上的赫哲族还曾住过树屋,是巢居的表现。固定的住处有马架子、草苫顶的正房,多建在临江的高地上,形成村落。正房是坐北朝南的两间或三间居室。中间是厨房,东西两间是卧室,形制与满族人的房屋类似。赫哲人正房的东侧或西侧一般还搭建有"鱼楼子",赫哲语称"塔克吐",用来存放鱼干、兽肉干、粮食或其他物品。"鱼楼子"用若干粗木做基柱,然后用木板搭成房子形状,离地一米多高,起到通风、防潮、防野兽、防老鼠等作用。

赫哲人过去会在冬季使用狗拉雪橇(拖日科衣)、滑雪板、马爬犁等,夏季使用桦皮船(乌莫日沉)、舢板船、独木舟(乌同格衣)、"快马子"(威呼)等。"其快马以桦皮为之,长丈余,宽约二尺,两头渐窄,才容一人,其快如风。"狗拉雪橇少则套三四只狗,多则套几十只狗,在茫茫雪原上疾行如飞,日行百余公里,蔚为壮观。桦皮船大则需十余人划桨,轻便的如"桦皮快马"船,一人即可扛起,划行灵巧,是叉鱼和传递信息的得力助手。马是赫哲人狩猎骑乘和驮运物品不可缺少的朋友。

赫哲族世代聚居于三江地区,依山傍水,渔猎是其主要的生产方式,"夏捕鱼作粮,冬捕貂易货以为生计"①。赫哲族擅长捕鱼,对各种鱼类的习性特点及捕获方法非常熟悉。狩猎也是赫哲族的经济来源之一,以猎取鹿茸、貂鼠、狍子等细毛兽为主,以猎取熊、虎等大型野兽为辅。赫哲族以鱼肉、兽肉和野菜为主食,小米是副食,平时喜欢吃各种做法的鱼,视其为待客之佳肴。赫哲族吃肉的方式较多,如把鱼肉做成鱼坯子(腌鱼)、鱼干、鱼毛、"稍鲁"(烤鱼)、"塔拉卡"(刹生鱼)、"拉布塔哈"(鱼片)、"衣斯额母斯额"(油炸黄花鱼)、"苏拉卡"(刨花)等。赫哲人的饮食分生、熟两种。生食的有鲜鱼和鱼、兽肉干;熟食的则有鱼松、炖鱼、煎鱼、炸鱼、烤鱼、兽肉干、炖肉、炒肉、鱼肉粥等。鱼松是每餐必上的一道菜。生吃的鱼类有鲟鱼、鳇鱼、鲤鱼、白鱼、草根鱼、鲢鱼等。赫哲族常食拌菜生鱼,鱼被放血后,将剔下的鱼肉切成细丝,拌上野生的"江葱"和野辣椒,加适量的醋和盐。在春、夏、秋季,把新鲜的鱼肉剔下,切成薄片,蘸醋、盐食用就叫"拉布特喀"。把新鲜的鱼肉剔下,切成连在鱼皮上的薄片,用削尖的鲜柳条串上,放于旺火之上燎烧成三四分

---

① 曹廷杰:《西伯利东偏纪要》,辽海书社 1885 年版。

熟,蘸醋、盐食用,就叫"达勒格切"。将去皮的冻鱼削成很薄的冻鱼片(类似于刨花),蘸醋、盐水和辣椒油食用,就叫"苏日阿克",这是下酒之佳肴。受生产生活的限制,赫哲族视鹿尾、鹿筋、熊掌、猴头、大米等为珍贵食材。由于东北地区冬季寒冷、夏季蚊虫多,赫哲人也喜爱抽烟喝酒,凡祭祀、宴会、迎宾、送行都以酒庆祝。

早期赫哲族的服饰及被褥等多用鱼皮、兽皮制作,兽皮衣用狍筋线、鹿筋线缝制,鱼皮衣则用鱼皮线缝制。居住在混同江沿岸、同江勤得利以上至松花江下游的赫哲人,主要用狍皮、鹿皮做衣料,只有乌拉、套裤用鱼皮。勤得利以下至混同江下游、乌苏里江一带的赫哲人多以鱼皮做衣服。布匹虽然很早就传入赫哲人聚居地区,但直到清末才真正流行起来。赫哲族服饰样式多样,如:"卡日其卡"为男狍皮大衣,"那斯黑刻"为男狍皮长裤,"敖约刻"为男鱼皮套裤,"嘎荣"为女鱼皮套裤,"乌提口"为女鱼皮上衣,"阔日布恩出"为狍头帽子,"那斯胡尔萨"为狍皮筒被子等。[1]《皇清职贡图》载:"赫哲所居与七姓地方之乌扎拉洪科相接。性强悍,信鬼怪。男以桦皮为帽,冬则貂帽狐裘,妇女帽如兜鍪,衣服多用鱼皮,而缘以色布,边缀铜铃,亦与铠甲相似。以捕鱼射猎为生。夏航大舟,冬月冰坚,则乘冰床,用犬挽之。其土语谓之赫哲话,岁进貂皮。"[2]冬季穿的衣裤用"成皮"缝制,绒毛多,皮板厚,暖和而耐用。春、夏、秋三季则穿初冬皮、大秋皮和夏季皮(红杠子皮)做成的衣裤,毛短,较凉爽。

赫哲人的传统衣裤、鞋帽、被褥等绣有各种图案。衣领、衣襟、袖口、下摆、围裙、裤腿、帽耳、鞋面、烟荷包上绣有云纹、几何纹和各种花朵、蝴蝶等。还会把鱼皮、兽皮剪成各种图样,再用颜料或天然植物颜料染成各种颜色缝上。尤其是妇女穿的衣服,托领、襟边、袖头、围裙上多绣或镶嵌各种云纹、花朵。过去还用鲜花颜色染于鱼兽皮衣服之上,十分美观。会把各种小布块剪成三角形、方形、菱形,拼成各种几何图案,做成被、褥。也用鱼皮、兽皮制作衣边,有的还挂以贝壳、铜铃、铜钱等饰件。

赫哲族受满族、汉族等影响,"长幼有序、男尊女卑"是其传统礼仪的中

---

[1]　《赫哲族简史》,民族出版社 2009 年版。

[2]　傅恒等:《皇清职贡图》,辽沈书社 1991 年版。

心,长者具有一定的权威。过去,儿媳不能与公婆同桌用餐,并且要侍立门旁等候盛饭,等长辈吃完后,儿媳才能到外面屋子吃饭。儿媳不能随便进公婆的屋子,平时要给公婆装烟、倒水。弟媳不能与兄长当面讲话,有事时须找人转达。"子弟远行,或自外归来,皆右手执壶左捧杯,请父母兄嫂坐,依次跪进一巡。再酌,则父母兄嫂仅各一沾唇,令子弟自饮。以嘴亲子弟两脸为欢,亲戚往来以抱见为礼。"①晚辈见到长者,要行跪拜礼,长者吻晚辈之颊和额头。对客人以礼相待,必留吃饭、饮酒,须奉上鱼头,以示敬意。

在社会生活和活动中,赫哲人用习惯法和禁忌约束人们的行为。赫哲族的族规、家规森严,任何人不得违背。如:在同一渔场许多渔民同时捕鱼时,要遵守已经相互商定好的轮流作业制度;猎场为公共所有,谁先到猎场,谁就获得了临时狩猎权;在狩猎前划分猎场,狩猎时不得越界乱捕;等等。赫哲人的禁忌主要表现在捕鱼和狩猎活动中:在捕鱼、狩猎的时候不准说怪话、谎话,认为这会触犯神灵,捕不到鱼、兽;狩猎的人相遇,一定要请到自己的住处吃一顿饭;等等。妇女和孕妇被作为禁忌的重点:孕妇和月经期妇女不准到渔场和渔船上,否则捕不到鱼;妇女不能坐跨猎枪、子弹及其他各种捕鱼、狩猎的工具;不许妇女坐和跨男人的衣物;孕妇不能劈鱼头,否则会使婴儿畸形;妇女不能用脚踢船头,否则会失去福气;等等。

赫哲族人纳入清朝统治范围后,其节日基本与满族、汉族相同。赫哲人也过元宵节、端午节、中秋节、"二月二"、清明节、"腊月二十三"祭灶神等。春节是赫哲人最重要的节日,最为隆重。农历腊月二十三要祭火神、灶神,之后便全力筹备过春节。一些人家做"吐伙宴"面饼、稠李子饼和稠粥分送给邻居们。在除夕夜,子时过后晚辈要向长辈拜年,还要进行一系列的祭祀活动,在西屋外墙下摆好供奉祖先的桌子,摆放供品,给祖先"烧黄钱纸和包袱"。午夜时人们还要迎神,把祖先的灵魂和诸位神灵请回来共度春节,五更时要吃五更饺子。聚居区的赫哲族还会在农历五月十五过"乌日贡"节,即赫哲族的"文艺体育大会",以载歌载舞、体育比赛等各种文体活动形式庆祝丰收。

清代赫哲族实行氏族外婚,多为父母包办婚姻,实行一夫一妻制,富户

---

① 曹廷杰:《西伯利东偏纪要》,辽海书社 1885 年版。

或官宦人家也有一夫多妻的。一般男女到十七八岁就可以谈婚论嫁。婚姻仪式比较简单，"聘娶，男携酒壶入女家，先饮，后议银两数目，上者以绸缎羔皮代，次以布。女与父母俱允，即同宿一夕，再约期送女，不亲迎。时有同妆妇女三四俱乘船至门前，步行入户，女即执酒敬客，客以布为礼，亦敬翁姑兄嫂。陪嫁用桦皮为筐筥木杓"①。后来受满、汉族影响较大，婚姻仪式趋于烦琐。改嫁不受限制，与初婚相似，但喜车无彩篷。

赫哲族的葬礼根据死者情况而有所不同。狩猎时死于山中者以桦树皮或树叶裹尸架于树上，死在家中者停灵三日后埋葬，非正常死亡者隔日埋葬，死于传染病者当日火葬。历史上，赫哲人的丧葬仪式有"二次葬"遗风，死者用桦树皮或树枝裹尸，架于树上，也称为"树葬"，两三年后再行土葬。无棺，挖一个长方形的土坑，四周砌原木，上边搭棚盖，培土成冢。尸体屈膝仰卧于墓中，死者生前用过的一切器具做陪葬品。后来受满、汉族的影响，开始使用棺木。过去，赫哲人还进行"档子"和"撂档子"仪式。男人死后第七天、女人死后第九天，将被褥放于死者生前睡觉的地方，旁边放供桌，每日供食、斟酒，以示死者灵魂仍在。送死者灵魂去阴间就称"撂档子"，一般在死后百日举行，后改为一、二、三周年时举行。"撂档子"仪式庄严、隆重。用苇席或白布搭一个棚子，做一个木偶（木古法），穿戴起来代表死者，放入棚中。再请送魂萨满坐在木偶旁击鼓祷告三日。第三天晚上，将木偶放在雪橇上，送往西北方向扔掉。这时，送魂萨满站在高处向西北方向连射三箭，指示死者灵魂顺着箭的方向去往阴间。仪式结束后，长辈以外的家人在墓前将死者的被、褥等烧掉，并脱掉孝服。

在历史发展进程中，赫哲族以口耳相传的形式，传承着民族的历史与文化。赫哲族民间文学丰富多彩，有"伊玛堪"（说唱体历史传说）、"特伦固"（历史故事、历史传说）、"说胡力"（民间故事）、谜语、谚语等。赫哲族"伊玛堪"是一种古老的民间说唱文学，故事情节和词句用赫哲语演唱且比较固定，不能随意添枝加叶，说唱结合，规律性较强，说唱内容为祖先英雄事迹、男女爱情、家乡美好、宗族兴旺、萨满祈福等。凌纯声先生通过广泛的田野调查在《松花江下游的赫哲族》一书中整理了19篇赫哲族民间故事。

① 曹廷杰:《西伯利东偏纪要》，辽海书社1885年版。

第四节 黑龙江流域的鄂伦春族、鄂温克族

一、鄂伦春族

(一)鄂伦春族的发展

17世纪中叶,清朝基本完成了对黑龙江流域的统一。崇德七年(1642),清太宗皇太极下诏书曰:"予缵承皇考太祖皇帝之业,嗣位以来,蒙天眷佑。自东北海滨(鄂霍次克海),迄西北海滨(贝加尔湖),其间使犬、使鹿之邦,及产黑狐、黑貂之地,不事耕种、渔猎为生之俗,厄鲁特部落,以至斡难河源,远迩诸国,在在臣服。"①清朝统治者为了加强对黑龙江流域各族的管理,将包括鄂伦春族、鄂温克族、达斡尔族等在内的索伦诸部编入布特哈八旗,称"伊彻满洲",先后隶属于宁古塔将军和黑龙江将军。崇德五年(1640)五月,清太宗把索伦部来归之众337户、男子481人编入八旗,分为八个牛录,分别驻扎在吴库马尔、格伦额勒苏、昂阿插喀等地。其中有能约束众人、堪为首领者,即授为牛录章京。崇德六年(1641)五月,索伦部1471人来降,清太宗以都勒古尔、达大密、绰库尼、阿济布为牛录章京,管理索伦部落新降人户,其中包括精奇里氏、博和里氏、郭贝勒氏、噶尔达苏氏、额苏哩氏、鄂卓氏等黑龙江流域各民族著姓。②康熙年间,布特哈总管衙门建立后,下辖鄂伦春族八旗11佐,鄂温克族五旗47佐,达斡尔族三旗39佐。这些被编入八旗的黑龙江流域各族人民,具有日常生产和战时从军的双重义务,在守卫边疆安全和黑龙江流域各民族团结中起到了积极作用。

清朝统治者对没编入八旗的各族人民,利用"噶珊"进行管理。清朝统治者将黑龙江流域及库页岛上的各族居民编入户籍,以村屯或氏族为单位,

---

① 《清太宗文皇帝实录》,中华书局2008年版。
② 《清太宗文皇帝实录》,中华书局2008年版。

设乡长、姓长分户管辖,即为噶珊组织。乡长、姓长是噶珊组织的行政长官,称为"谙达",一般由当地各氏族首领充任,经由清政府的承认和任命后,负责管理地方民事、刑事事务,督促各族居民按时交纳贡赋等,"有不法不平诸事,则投姓长、乡长,集干证,公议处置"①。氏族首领同时也享有一定的特权,如,可进京娶亲,多得赏赐。崇德二年(1637),索伦部首领博穆博果尔朝贡时,清太宗就加赐以蟒衣、鞍马、甲胄、弓矢和银两等。

康熙二十二年(1683),从原来统辖吉林、黑龙江的宁古塔将军析出黑龙江将军。黑龙江将军之下设八城,分设副都统、总管等官员管辖。清朝统治者根据鄂伦春族与清朝的隶属关系,将其分为"摩凌阿鄂伦春"和"雅发罕鄂伦春"两种。《圣武记》中载:"其隶布特哈八旗为官兵者,谓之摩凌阿俄伦春,其散处山野,仅以纳貂为役者,谓之雅发罕俄伦春。"②何秋涛在《朔方备乘》中解释道:"摩凌阿、雅发罕者,满洲语犹云马上步下也。实际只意味着服兵役与不服兵役。"③"摩凌阿鄂伦春",意为"骑马的鄂伦春",即编入八旗的鄂伦春人。布特哈总管衙门将其分为八旗11佐,其中马军6佐、步军3佐、毕喇尔2佐,每年春、秋两季集中于总管衙门,由清政府统一发给枪支和弹药,定期举行军事训练。黑龙江将军还会派协领"往会布特哈总管,阅视枪操,犒银千两"。摩凌阿鄂伦春人平时皆散归山野,各营谋食之路,战时则出兵打仗,是清朝东北边疆重要的军事力量之一。"雅发罕鄂伦春",意为"步行的鄂伦春",即为没有编入八旗的鄂伦春人。清朝统治者根据其地理分布将其编入村屯,通过贡赋及委派地方氏族首领等进行松散统治。

17世纪中叶,沙俄侵犯中国黑龙江流域。康熙四年(1665),沙俄侵占了黑龙江上游北岸的雅克萨城,烧杀抢掠当地居民。康熙二十四年(1685),在清军第二次收复雅克萨城的战役中,有565名鄂伦春族士兵参战,对雅克萨之战的胜利做出了贡献。雍正十年(1732),清政府抽调鄂伦春族兵259名,连同达斡尔等族兵共3000人编为八旗,在呼伦贝尔的济拉嘛泰河口设城驻防,巡逻边境,保卫边疆。光绪二十六年(1900),沙俄入侵,将我江东六十四

---

① 曹廷杰:《西伯利东偏纪要》,辽海书社1885年版。

② 魏源:《圣武记》,上海古籍出版社1995年版。

③ 何秋涛:《朔方备乘》,《黑水丛书》,黑龙江人民出版社1992年版。

屯各族人民赶至江边射杀。库玛尔路协领寿廉带领鄂伦春族马队官兵500人痛击了入侵者。

(二)清代满族对鄂伦春族社会经济的影响

1. 清初鄂伦春族的传统渔猎经济

有清一代,鄂伦春族的活动范围主要在外兴安岭以南,松花江以北,西起石勒喀河,东到库页岛,包括整个黑龙江流域、乌苏里江流域及大兴安岭的广阔地区。"俄伦春者,索伦、达呼尔类也。黑龙江以北、精奇里江源皆其射猎之地。其众夹精奇里江以居,亦有姓都喇尔者,似与索伦为近。"[1]清朝初年,鄂伦春族等黑龙江流域的少数民族因与中原相距较远、交通闭塞、环境恶劣,社会发展比较落后,经济形态较为原始,均依赖于自然环境所产。鄂伦春族的传统经济生产方式主要为狩猎、捕鱼、采集等。"鄂伦春实亦索伦之别部,其族皆散处内兴安岭山中,以捕猎为业,元时称为林木中百姓。"[2]《黑龙江外记》有载:"俄伦春俗重鲜食,射生为业,然得一兽即还家使妇取之,不贪多,亦不以负戴自苦。"[3]

此时传统的狩猎经济不但给鄂伦春人提供了日常所必需的食物——肉类,还为其提供了一些生活资料,如,用于制作衣服、被褥的兽皮,用于制作生活工具、装饰品的兽骨等。弓箭和扎枪是早期鄂伦春人从事渔猎生产的主要工具,均取自于大自然。鄂伦春人的弓箭,弓身和箭杆是用木棍削成细条所做的,弓弦是用动物皮揉成的,箭尾饰有动物的翎羽,箭头为石或骨。早期鄂伦春人的扎枪多为木制品,人们将木棍的一头削尖,或者将木杆的一头装上石或骨刺杀野兽。除此之外,鄂伦春人还驯养猎犬、马匹和驯鹿。猎犬可以帮助鄂伦春人发现野兽踪迹以及追赶猎物。驯鹿是一种草食动物,雌雄皆有角,脚蹄瓣大,掌面宽,毛皮厚,极为耐寒,能负重,善于长途迁徙,特别适合在森林和沼泽地带生活,被称为"森林之舟"。驯养的马匹和驯鹿为鄂伦春人扩大狩猎范围、驮运猎物以及搬家带来极大的方便。这一时期,

---

① 何秋涛:《朔方备乘》,《黑水丛书》,黑龙江人民出版社1992年版。
② 徐世昌:《东三省政略》,吉林文史出版社1989年版。
③ 西清:《黑龙江外记》,黑龙江人民出版社1984年版。

由于自然环境恶劣、居住分散、人口稀少等条件所限,鄂伦春人以氏族为社会组织,主要依靠成年男子集体的力量从事狩猎生产,所得猎物也按人口进行平均分配。

与此同时,捕鱼和采集也是鄂伦春人主要的生活来源。鄂伦春人传统的捕鱼工具和方法都比较简单。每到捕鱼季节,鄂伦春氏族成员就会分工协作,用"下簖子"的方法捕鱼。妇女和老人用柳条编成网状篱笆和鱼篓子,青壮年男子砍伐木材运到河里打桩子,然后将篱笆绑到桩子上横挡在河中,中间留几个小口放上鱼篓子,等待鱼顺流游到鱼篓子中。除了"下簖子"以外,鄂伦春人还会制作桦树皮船,用兽骨和木棍做成鱼叉到河中叉鱼。鄂伦春人采集的工具和方法更为简单。采集活动多由妇女和儿童进行,主要到森林中采集野菜、野果、药材等,所得之物一般随即食用或晾成干进行储存。

2. 铁器和火器的传入对鄂伦春族狩猎业的影响

鄂伦春族生活的区域被纳入清朝全国统治范围以后,原来较为闭塞的生活环境被打破,鄂伦春族与满族、汉族等各族人民的交往日益频繁。东北地区是满族的发源地,清朝中期满族发展农业、手工业后,其先进的生产工具及生活用品,如铁器、火器等也传入到了邻近的鄂伦春族生活地区。清朝方式济的《龙沙纪略》中就有关于东北诸部与满族在互市上用貂皮交换铁釜的记载。由于铁器传入,鄂伦春人狩猎时所用的弓箭和扎枪,得以被装置上铁制箭头和铁制枪头,比起石制箭头、骨制箭头和骨制枪头,其在狩猎中更具杀伤力。利用铁器制作的猎刀、铁质鱼叉鱼钩比旧有工具也锋利得多,大大提高了鄂伦春人的狩猎产量。同样地,铁锅、铁勺、铁斧和铁制熟皮工具等也给鄂伦春人的生产生活带来极大便利。

铁器传入后不久,鄂伦春族即接触到了火器。有种火绳枪,使用时从枪口装入火药和铁砂,点燃火绳引,即可凭借火药的威力把铁砂发射出去射杀猎物。还有一种叫老洋炮,它已经安装上了扳机,可以用火镰自动点火,比火绳枪有了一些改进。火枪的射程可达十米,命中率高,杀伤力大,这是弓箭和扎枪所不能比拟的。铁器的使用,特别是火枪的传入,是鄂伦春族渔猎经济发展上的一次革命性变化。但是在有清一代,弓箭在鄂伦春人的狩猎活动中并没有被淘汰,一方面,由于枪支和弹药的缺乏,火枪狩猎不能普及,另一方面,由于清朝统治者害怕枪械过多流入鄂伦春人手里,不利于清政府的统治,所以鄂伦春人所拥有的火枪数量有限。正是由于这些原因,鄂伦春族使用火枪和弓箭并用的狩猎方式持续了二百余年之久。

此外,满族是善于骑马、养马的民族,清中期满族地区的马匹也大量出现在鄂伦春人的生产生活中。一方面,鄂伦春人被编入八旗后,清政府会定期配给其枪支弹药及马匹;另一方面,鄂伦春族也会在战争中及蒙古人那里获得马匹。鄂伦春人虽然擅长驯养驯鹿,但是马匹载重量大,奔跑速度更快,不仅可以用于驮运货物迁徙,更可作为交通工具用于骑射,比驯鹿更加实用。

满族等其他民族传入的铁器、火器及马匹等,极大地提高了鄂伦春族的渔猎经济效率,使得鄂伦春人不再需要进行大规模的狩猎、捕鱼行动,出现了少数人或单人进行游猎的形式。随着社会经济的发展,生产力的提高,人们不再需要聚集而居,共同劳动,共同分享生产资料、分配猎物,少数人的渔猎生产所得即足以满足家庭成员生活所需,并且出现了剩余产品。以家庭为最小生产单位的社会组织逐渐发展,成为社会的主体,从而加速了鄂伦春族以血缘关系为纽带的氏族制度的瓦解,以地缘关系为纽带的旗佐、村屯成为社会组织主体。

3. 满族对鄂伦春族其他经济形式的影响

清政府要求黑龙江流域的鄂伦春族等百姓交纳貂皮等地方特产作为贡赋,并规定布特哈地区无论官、兵、散户,身足五尺者,岁纳貂皮一张。摩凌阿鄂伦春与雅发罕鄂伦春的贡貂方式不同。摩凌阿鄂伦春人每年到将军衙门所在地进行纳贡,由黑龙江将军、副都统等亲自验收。雅发罕鄂伦春人的贡貂则由谙达至其境征收。清朝统治者对来京纳贡的鄂伦春等各族人民,都要亲自召见、宴请,不惜重财赏赐,以抚其心,"各授官有差,其众俱给奴仆、牛马,田庐、衣服、器具,无室者并给以妻"[①]。清朝统治者将皇族宗室女下嫁给当地氏族首领,也会带去满族先进的生产工具及书籍、药品等生活用品。这些宗室女下嫁时,除了生产生活用品等陪嫁品之外,还会带去满族、汉族等木匠、铁匠、女工等手工艺人,将房屋建造、刺绣裁剪等先进的手工技

---

① 《清太祖高皇帝实录》,中华书局 2008 年版。

术带到鄂伦春族所在地区。同时,清政府还会对"额附"委以重任,多加奖赏金银及生产生活用品。

随着狩猎水平的提高,鄂伦春族所得猎物在满足自身生活基本所需的同时,出现了剩余猎物和产品,开始与满族等其他民族进行交换活动,并形成了初具规模的皮毛交易市场。谙达每年到鄂伦春族地区征貂时,也会带一些物品同鄂伦春族交换。谙达带去的物品包括布匹、粮食、盐等生活用品以及铁器、枪支等生产资料。摩凌阿鄂伦春人每年到齐齐哈尔贡貂时,也会将其特产带到集市上同各族人民进行交易。这一时期鄂伦春人的主要特产有貂、狍子、驯鹿、狐狸、猞猁等动物的皮毛,以及鹿茸、熊胆等,主要换取满族等其他民族的粮食、衣物、药品、刀斧、枪支弹药等生产生活用品,大大促进了鄂伦春族商品经济的发展。随着同满族等其他民族商品交换的发展,鄂伦春族逐步产生了价值观念,"商贾初通时,以貂易釜,实釜令满,一釜常数十貂。后渐以貂蒙釜口易之",最后则发展为"一貂值数釜矣"。① 后期鄂伦春族以物易物的传统交换方式逐渐减少,人们先用狩猎产品换回通用的货币,然后再用货币购买自己所需的商品。

虽然清代东北地区满族等少数民族由传统狩猎业逐渐向畜牧业、农业发展,但鄂伦春族由于世代依赖自然环境,生活在山林河流沿岸地区,农业发展缓慢,始终以渔猎经济为主要的生产方式。雍正九年(1731),布特哈总管杜喇都曾说:"鄂伦春十二牛录之人,全然不知种地诸事。先前招抚此辈之际,俱兼辖于索伦、达呼尔之六个扎兰,使其互为安达。每年送伊(鄂伦春人)等食米,以其猎获物相易。"清朝中后期,鄂伦春族开始与满族等频繁地接触,尽管出现了弃猎归农的雏形,路佐治制度和满族农业对他们的社会经济产生了巨大的影响,但鄂伦春族长期形成的渔猎生产方式并没有发生很大改变。清朝末期,一些鄂伦春人开始从森林迁徙到山下平原地区,从游猎走向定居,与满族、汉族等其他民族通婚杂居,开始圈养猪、牛、羊等牲畜,学习其农业技术,获取农业产品,畜牧业、农业生产得到了初步的发展。受到鄂伦春族传统狩猎文化的影响,这种农耕定居生计方式并没有得到持续性的发展。

---

① 方式济:《龙沙纪略》,载《龙江三纪》,黑龙江人民出版社1985年版。

从表面上看,清朝的特殊统治制度、与满族等其他民族的交流,给鄂伦春族带来的是狩猎工具的改变、狩猎技术的进步、剩余产品的交换,实际上还大大提高了鄂伦春人的生产生活水平,发展了其狩猎业、商业、畜牧业、农业,促进了其社会经济的极大发展。与之相适应的还有政治制度、宗教信仰、婚姻习俗、思想文化等方面的进步,更促进了鄂伦春人新的社会组织的发展,民族教育、卫生等社会事业也越来越受其重视,在整体上带动了鄂伦春族整个社会组织、经济形式、意识形态的变迁。

(三)鄂伦春族的生存概况与民族文化

鄂伦春人使用的鄂伦春语,属阿尔泰语系,满-通古斯语族,通古斯语支,但鄂伦春人没有本民族文字,一般通用汉语,也有部分鄂伦春人用蒙古文、满文。由于鄂伦春族一直居住在山林之中,过着半封闭状态的生活,后迁居山下,定居后仍保持着聚居状态,受外界环境影响较小,因此鄂伦春语得以较好地保留下来。鄂伦春语有9个短元音,10个长元音,19个辅音。鄂伦春语的词汇由音节构成,而音节是由元音为核心构成的,在词语里有几个元音,就可划分出几个音节。鄂伦春语词汇按结构构成可分为单纯词和非单纯词两种。单纯词是由单一词素构成的,非单纯词是由两个或几个词素构成的,又可分为派生词和复合词两种。鄂伦春语与同属于一个族系的满语、鄂温克语、赫哲语等有着密切的渊源关系,因此在语音、语法、语义等方面有很多相近的地方。根据居住环境、受外界影响程度的不同,鄂伦春语可按地域分为三种方言,分别是内蒙古地区鄂伦春自治旗方言、黑龙江大兴安岭地区方言、黑龙江小兴安岭地区方言。

狩猎是鄂伦春人主要的生产方式和经济来源,一年四季他们都游猎在茫茫的林海中,过着随猎物而游动的生活。猎马和猎狗是鄂伦春族猎民不可缺少的帮手,被称为“猎人的伙伴”。鄂伦春人的猎马和猎狗都很通人性,出于这一特殊的原因,鄂伦春人一般不杀马和狗,也不吃马肉和狗肉。鄂伦春人传统的交通工具主要有驯鹿、马、桦皮船、兽皮船、木筏、滑雪板和雪橇等。驯鹿是在南迁以前被普遍使用的,南迁以后驯鹿逐步被马所代替。鄂伦春人使用过以马皮、犴皮或鹿皮为底的船。

受自然环境及生产方式的影响,鄂伦春族的服饰充分显示出狩猎民族的特色,他们主要穿由兽皮缝制的服装。鄂伦春人用兽皮缝制的衣服,取材均为狩猎所得,衣服耐磨、结实、柔软、轻便,同时能够抵御东北地区漫长且寒冷的冬季,方便进行穿越山林的游猎生活。鄂伦春人的兽皮衣主要是用狍皮、鹿皮和犴皮制作的,其中狍皮最多。狍皮衣,鄂伦春语叫"苏恩",多半保持狍皮的本色,用狍筋搓成细线缝制,形式多半为右偏襟长袍,身上装饰以"弓箭形""鹿角形""云卷形"等图案,既美观又结实。男式皮袍有两种,一种是过膝长袍,一种是到膝盖以上的短袍。皮袍的大襟边、袖口均镶有黑色薄皮的边,冬季多镶有猞猁皮边,既耐磨又美观。女子皮袍多为长袍,较男式皮袍更为精美,在前襟、衣袖、双肩等处绣有各种花纹。皮袍的纽扣多用兽骨或硬木制成。穿皮袍时还要扎上腰带,男子多为皮制宽腰带,女子多为素色布腰带。皮裤,鄂伦春语叫"额热克依",也多用狍皮制成,外面多套套裤。鄂伦春人的狍头帽,鄂伦春语叫"灭塔哈",使用完整的狍子头皮缝制而成,完整地保留了狍子的眼睛、鼻子、耳朵和角,在狩猎时起到伪装、诱导猎物的作用,非常精巧别致,而且很保暖。夏季衣物多用皮薄、毛短的红杠子皮制作,鄂伦春语叫"古拉米"。

鄂伦春人特别重视社交及家庭礼仪。其主要礼节有屈膝请安和磕头两种。尊敬长辈是鄂伦春人的传统美德。晚辈见到长辈要用请安礼,平辈人见面也要互致请安礼问候。磕头礼在祈神祭祖、婚丧、节庆等庄重场合施行。晚辈在长辈面前要毕恭毕敬,长幼有序,行为得体。出远门前和回来后都要向长辈请安。出门或狩猎中遇到长辈,要在相距很远的地方下马,步行迎上去请安,待长辈过去后才能骑马行路。鄂伦春人热情好客,以诚待人,招待必尽诚意,天晚则留客人住宿。鄂伦春族男女有别,男客人不能坐儿媳妇和姑娘的铺位,女客人也不能坐男人的铺位。鄂伦春人各个家庭间有互相拜访的礼节。无论是本民族还是其他民族的客人,也无论与客人相识与否,只要是来到鄂伦春族村落的客人,都会被热情接待,端茶、递烟,以好菜款待,有的还会慷慨解囊。

鄂伦春族的禁忌主要有生产禁忌、妇女禁忌、生活禁忌、自然禁忌、动物禁忌等等。比如:狩猎前不能说能打到多少猎物,否则就什么都打不到;女人不许坐在"玛路"上;妇女不许铺熊皮;对熊不能称熊,要称"太贴";不能用刀或铁器捣火,否则冲犯火神;年轻人不能叫长辈的名字;等等。

鄂伦春人传统的婚姻由父母包办,实行一夫一妻的氏族外婚制,还实行间接的交错从表婚,经过求婚、认亲、过彩礼和结婚等过程,彩礼以马匹为主。严禁氏族内婚或性行为。男女婚姻多由男方托媒人求婚,一般求三次才成,第三次尤为关键。求成后,双方商定认亲、过彩礼的日期。在认亲的日子,男方要留在女方家,时间20天至1个月不等。女方要给未来的新郎换上用黑皮子镶边的新衣服和红布坎肩(背面和肩头绣有云纹),未来的新娘要把头发梳成两条辫子缠在头上,这是订婚的标志。在结婚那天,新郎和伙伴们以赛马的形式进入女方住地,经过一系列的仪式后,新郎当晚住在新娘家。第二天新娘被接到新郎住地。新郎的帽子上带貂尾和4个绣花飘带,新娘头上戴着饰品,男女都佩带猎刀,新娘在拜天地时头上蒙着花布。鄂伦春族现在的婚姻形式与汉族基本相同。

在漫长的发展过程中,鄂伦春族形成了独特的传统节日,主要有春节、篝火节、抹黑节、莫昆大会和奥米纳仁。鄂伦春族受其他民族的影响,也过中秋节、端午节、春节等节日。春节对于鄂伦春人来说是庆祝狩猎丰收、辞旧迎新的喜庆日子,因此鄂伦春人对春节十分重视。每年的6月18日是鄂伦春族传统的节日——篝火节,鄂伦春语称"古伦木沓节",意为祭祀火神。这一天,鄂伦春人每户都要拢起篝火,焚香跪拜,饭前要向火塘洒酒、抛肉以示尊敬。晚上,人们还会聚在一起,围着篝火欢歌舞蹈,欢庆自己民族的节日。

鄂伦春人的饮食以兽肉为主,鱼、野菜为辅,后来传入了米面。鄂伦春人喜欢食用狍子肉、鹿肉、犴肉、野猪肉、熊肉等,同时也食用小动物和飞禽肉。食用方法很多,主要有武罗任(煮手把肉)、西拉日恩(烤肉)、达而嘎兰(烧肉)、西乐(炖肉汤)、库呼热(晒肉干)、乌日嘎塔(晒肉条)、阿苏纳(杂花菜)、波油色(灌血清)、炼油、炼骨髓油、生吃狍肝和腰子等。鄂伦春人吃鱼的方法比较简单,主要有清炖鱼、晒鱼坯子、烤鱼、熏鱼、拌生鱼、拌大马哈鱼子等等。米面食主要有拉坦(面片)、图胡烈(油面片)、卡拉气哈(烧面)、烙面饼、布日都(面汤)、阿日(油炒面)、西楼哈(肉粥)、老考贴(黏饭)、稠李子粥等。油面片是将擀好的面一片片揪进滚开的白水里,捞出后拌熟肉片、食盐、野韭菜花等佐料,倒入加热的野猪油或熊油,拌匀后食用。稠李子粥是鄂伦春族一种特殊的吃法,即将稠李子放入粥中煮,爆开呈粉红色后食用,色艳味美。鄂伦春人喜喝烧酒、五味子汤和苏胡色(桦树汁)。每年春季的五六月份,鄂伦春人会在桦树根部砍一个小口,桦树汁便会从小口涌出,清澈透明,甘甜可口。鄂伦春人还喝一种被称作"弟尔古色"的桦树浆,即将桦树的外皮剥掉,用猎刀在树干上轻轻刮下乳白色的黏稠状树液,其味甘甜清爽。鄂伦春人经常食用野菜,主要有昆毕(柳蒿芽)、罗沙奴阿(山芹)、底劳处(黄花菜)、苏的(旱葱)、木耳和猴头菇等。

鄂伦春人的葬式主要有树葬、水葬、土葬和火葬,也实行过先树葬后土葬的二次葬。患急病的青年人和孕妇使用火葬。人死后,穿好衣服头北脚南置于原来居住的"斜仁柱"内,用纸(过去还曾用桦树皮、兽皮等)蒙脸,其意是灵魂贴着纸尽快到阎罗王处。在举行一系列的吊丧仪式后才能出殡。出殡前选一个有山有水的山坡下为墓地。出殡时由亲属和好友抬着棺材护送。如果死者的子女较多,出殡时一般会请萨满送魂,以阻止死者灵魂危及子女。由死者家人扎一个草人,在草人上系很多线,子女各牵一条线,由萨满祈祷,最后萨满用神棒把线打断,将草人扔出,就认为是死者的灵魂远去了。鄂伦春人有用死者坐骑殉葬的习俗,也可以将死者的衣物、马具驮于马上,绕葬地几圈以示殉马。鄂伦春人还要举行隆重的周年祭。

鄂伦春族相信万物有灵,信奉萨满教,表现为自然崇拜、图腾崇拜、偶像崇拜和祖先崇拜,"萨满"(巫师)是沟通神人之间的使者。萨满教信奉的神灵相当多。自然神有太阳神、月亮神、北斗星神、火神、天神、地神、风神、雨神、雷神、水神、青草神、山神等等。鄂伦春先民的图腾崇拜对象有"牛牛库(熊)""老玛斯(虎)"。鄂伦春人忌讳直呼熊、虎名,而是称其为"宝日坎(神)""诺彦(官)""乌塔其(老爷)"。鄂伦春人根据神话传说,用木头刻出神态各异的偶像,鄂伦春语叫"毛木铁",或者做成画像,鄂伦春语叫"阿尼罕"。除此之外,鄂伦春人还崇拜玛罗博日坎(保安神)、昭路博日坎(牲畜繁殖神)、居拉西刻博日坎(灶神)等。随着与其他民族的交往,鄂伦春人还崇拜一些其他民族的神灵,如吉雅其博日坎(财神爷)、衙门博日坎(官差神)、额格得娘娘(管天花神)。

由于鄂伦春族没有本民族文字,因此鄂伦春是一个口头文学十分发达的民族,人们创作了大量的口头文学作品,并通过讲、唱等方式代代流传。鄂伦春族的民间文学形式包括神话、传说、故事、歌谣、谚语、谜语、笑话、歇后语等。长篇讲唱文学"摩苏昆"是鄂伦春族民间文学的代表。"摩苏昆"以说唱结合的形式,讲唱"莫日根"的英雄故事和苦难的身世,可以讲唱数天或数十天。"摩苏昆"的语言流畅、押韵、精练、朴实,曲调起伏变化不大,非常悦耳动听,带有浓郁的民族传统韵味。

二、鄂温克族

(一)清朝统治者对鄂温克族的统治

明朝建立后,在外贝加尔湖地区以及黑龙江流域先后设置卜鲁丹河卫、乞塔河卫等卫所,管辖当地民众。在明代的文献中,鄂温克人被称为"北山野人"或"野人女真"。明末清初的鄂温克族共分为三大部分:其一是居住于由石勒喀河至精奇里江一带的索伦部,这是鄂温克人当中人数最多的一部分。有杜拉尔、敖拉、墨尔迪勒、卜喇穆、涂克冬、纳哈他等几个大氏族。他们与达斡尔人杂居,在黑龙江中游北岸建立了不少木城和村屯,其酋长是博穆博果尔。其二是索伦别部,是贝加尔湖以东赤塔河一带的"使马部",又称"喀木尼堪"(布里亚特蒙古人的称呼,意思是内部非常团结的人)或"纳米雅尔"或"那妹他",共有旧纳米雅尔、新纳米雅尔、托空窝儿等15个氏族,其氏族首领有根特木尔等。其三是"使鹿部",分布于贝加尔湖以西,勒拿河支流威吕河和维提姆河一带。鄂温克族共有12个大氏族,酋长是叶雷、舍尔特库等。后金天聪七年至天聪八年(1633—1634),后金(清朝)统治者取代明朝对"索伦部"进行统治。天聪九年(1635)又征服了贝加尔湖地区的"喀木尼堪"。在天聪十三年至天聪十四年(1639—1640)最终统一了贝加尔湖以东的索伦部地区。

清朝将鄂温克族以氏族为单位编成"佐",选拔了佐领等官职,每年向清朝纳贡貂皮。17 世纪中叶以后,由于沙俄的侵略,清朝将鄂温克族迁到了大兴安岭地区嫩江流域居住。1732 年,清朝从布特哈地区抽调 1600 多名鄂温克族兵丁,携带家属迁至呼伦贝尔草原地区,驻守边防。这部分人便是后来鄂温克族自治旗的鄂温克族。17 世纪中叶,沙俄侵入我国黑龙江流域,烧杀掳掠,无恶不作,激起了鄂温克等各族人民的无比愤怒和坚决抵抗。1651 年,沙俄侵占黑龙江上游鄂温克族聚居区,鄂温克族人民奋起反抗,他们用弓箭向使用火器装备的沙俄侵略者展开了坚决的抗争。1664 年,鄂温克族与当地蒙古族居民围攻了盘踞在尼布楚的沙俄军队,沉重地打击了沙俄侵略者。

(二)鄂温克族的生存概况与民族文化

鄂温克族有自己的民族语言,鄂温克语属于阿尔泰语系,满-通古斯语族,通古斯语支。在日常生活中,鄂温克人多数使用本民族语言,但没有本民族的文字,使用蒙古文、汉文及满文,有些人学习和掌握了日语和俄语。鄂温克语有三种方言,即布特哈方言、陈巴尔虎方言、敖鲁古雅方言。鄂温克语属于黏着型语言,共有 8 个短元音,10 个长元音,2 个复元音,15 个辅音。复元音多出现在借词中。元音和谐规律比较严整。基本语序为主语在前宾语在后,有数、格、领属等语法范畴,多音节词语较多。因为生活环境及生产方式影响,有关狩猎、畜牧、森林、动物、植物等方面的词汇较丰富。鄂温克人讲话时,经常使用手势,以强调语气。因为鄂温克族没有本民族的文字,所以生活中的许多事件无法用文字记录下来,就只好用语言、图画进行记录。鄂温克人普遍掌握了汉语、蒙古语,有很多汉语和蒙古语的词被引入到鄂温克语当中。

鄂温克人的氏族组织叫"哈拉"。同一哈拉的人,都有血缘关系,具有共同的祖先和姓氏。鄂温克人一般以河名、山名、人名或居住地名称命名自己的氏族,因此,每一个哈拉都有固定的名称,其氏族名称又都具有一定的含义。例如,"杜拉尔"(在河旁居住的人)、"涂克冬"(在秃山底下居住的人)、"纳哈他"(在山南坡居住的人)。同一氏族的人,有共同的祖先神,称作"舍窝刻"或"敖教尔"。氏族内部成员,严格禁止互相通婚。民国时期,由于受户籍制度及汉族文化影响,靠山区和农业区的许多氏族简化了姓氏。如,"杜拉尔"氏族简称为杜,"涂克冬"氏族简称为涂或戴,"纳哈他"氏族简称为那等。每一个氏族都有自己的首领,称作"哈拉达"。哈拉达通过氏族成员民主选举的方式产生,其任职时间没有统一规定。如果哈拉达办事不公正,则可以由氏族成员大会罢免。哈拉达有权召集氏族成员在指定地点开会,商讨和处理氏族内部的重要事务。同时,哈拉达也有权处理氏族内部的纠纷,有权处罚违反氏族习惯法的人。在鄂温克族的氏族组织之上,还存在着部落。因此,清代的鄂温克人又可以分为若干个部落。由同一部落的各氏族长组成部落长老议事会,选举部落酋长。鄂温克人的部落同样以地名、河名、山名而命名。例如:阿伦部落就是住在阿伦河流域的鄂温克人,由"杜拉尔""涂克冬""纳哈他"三个氏族组成;"根千"即居住在格尼河的鄂温克人,有"涂克冬""纳哈他""卡尔他基尔"三大氏族。

受到迁徙和人口繁衍等因素的影响,鄂温克人的氏族又分化出若干个大家族,鄂温克语称其为"毛哄"。"毛哄"是建立在公有制基础之上的父系家族公社,通常由同一父系祖先十代以内的子孙组成。

鄂温克族的传统服装以皮制为多。用狍皮、鹿皮、羊皮等制作冬季长袍、裤子、套裤、靴子、帽子、手套、袜子等。妇女的衣袍以布制为主。在农区,衣袍要镶边衬里,穿长袍时外面罩长、短坎肩。敖鲁古雅鄂温克族妇女穿连衣裙,衣领较大,加白、黑、红色领边,前面对襟。陈巴尔虎旗鄂温克族妇女冬夏都穿连衣裙,上身较窄,下身裙部多褶宽大。已婚妇女的衣袖上缝有一寸来宽的彩布绕袖,穿有彩色布镶边的坎肩。男子的帽子呈圆锥形,顶部有红缨穗,多以蓝布为面。夏季为单布帽,冬帽用羔皮、水獭皮或猞猁皮制作。鄂温克人的皮手套多种多样,其中五指手套缝有美丽图案,很是精致。用狍腿皮做的靴子,美观、防潮、轻便、耐磨,适于在山林雪地上行走。

鄂温克族多信奉萨满教,牧区的居民同时信奉藏传佛教。有动物崇拜、图腾崇拜和祖先崇拜等文化,部分氏族以鸟类和熊等为图腾崇拜对象。各氏族或大家族有巫师"萨满",多由头人(酋长)担任。

鄂温克族创造了丰富多彩的传统文学艺术。他们的民间文学包括神话、传说、故事、叙事诗、谚语、谜语等,其中传达着古代鄂温克人的信仰观念、历史轶事、理性思维，蕴含了人们向往美好生活、追求进取的情感。

鄂温克人在长期的狩猎实践中，积累了丰富多样的狩猎技术和经验。除了用猎枪打猎外，还采用围猎、陷阱、枪扎、箭射、犬捉、夹子、网套等各种捕猎方法。而狩猎知识和经验的传授，早在鄂温克人的孩童时代就已开始，孩子们从小就随大人出猎，十二岁便可试枪，随父兄狩猎，先学打灰鼠、野兔，再学打大型野兽。到十六七岁时便可单独狩猎，到青年时多数已成为优秀猎手。鄂温克猎民发明制作了滑雪板作为交通工具，并用其来追赶各种野兽。他们还发明制作舟船。最初用五米多长的粗大原木刳木为舟，可乘 1 到 2 人。后来，利用桦树皮制造桦皮船，可乘 3 人。

驯鹿曾是鄂温克人唯一的交通工具，被誉为"森林之舟"。鄂温克人饲养驯鹿具有悠久的历史。相传在很早以前，他们的 8 位祖先在山中狩猎，捉住了 6 只野生鹿崽带回饲养，久而久之发展成了今天人工饲养驯鹿的规模。据有关专家考证，鄂温克人饲养鹿可追溯到汉朝以前，《梁书》中关于"养鹿如养牛"的记载指的就是饲养驯鹿的北方民族。由于历史的发展和时代的变迁，饲养驯鹿的传统在其他北方民族中都已先后消失，唯独在鄂温克猎民中得以延续。以狩猎为生的鄂温克人无论男女老少都非常喜爱和乐于保护驯鹿，将它们视为吉祥、幸福、进取的象征，也是追求美好和崇高理想的象征。因此，鄂温克人将驯鹿确定为其民族的吉祥物。

居住在北部大兴安岭原始森林里的鄂温克族，完全以肉类为日常生活的主食，吃罕达犴肉、鹿肉、熊肉、野猪肉、狍子肉、灰鼠肉和飞龙、野鸡、乌鸡、鱼类等，食用方法也与牧区略有不同，其中罕达犴、鹿、狍子的肝和肾一般都生食，其他部分则要煮食。纯畜牧业生产区的鄂温克族以乳、肉、面为主食，每日三餐均离不开奶茶，不仅以奶茶为饮料，而且常把奶茶加工成酸奶和奶制品。主要的奶制品有：稀奶油、黄油、奶渣、奶干和奶皮子。最常见的吃法是将提取的奶油涂在面包或点心上食用。鄂温克族传统的炊餐用具别具特色，有用罕达犴骨做的杯子、筷子，鹿角做成的酒盅，罕达犴筋缝制的鹿皮盛粮口袋，桦木、皮制的各种碗、碟等。鄂温克族吃饭时，全家人围绕火堆席地而坐，在三脚架上吊着铁锅，将捕获的驼鹿或其他猎物切成肉块，放入沸滚的锅里涮着吃。涮出的兽肉多挂着缕缕血丝，半生半熟。人们认为这样吃不仅营养丰富,而且容易吸收。剩余的大量兽肉,鄂温克人会将它们晾晒成肉干和肉条,储存起来慢慢吃,外出狩猎时,把它们装在鹿皮兜里当干粮。鄂温克人食用的肉类以牛羊肉为主。过去每户平均每年要食用二十来只羊和两头牛。冬季到来之前是鄂温克人大量宰杀牲畜储存肉类的时节。食肉的方法有:手把肉、灌血肠、熬肉米粥和烤肉串等。鱼类多用来清炖,清炖鱼时只加野葱和盐,讲究原汤原味。鄂温克人很少食用蔬菜,只采集一些野葱,做成咸菜,作为小菜佐餐。主食渐被面食,如面条、烙饼、馒头等所代替。饮料以奶茶为主,制作的方法是在烧开茶水后,先滤去茶叶(一般都用砖茶),然后放入少量的炒稷子米和盐,适量地兑入鲜奶,烧开后即成奶茶。饮用时根据个人的口味再加黄油、奶渣。此外,还饮用面茶、肉茶。面茶即将炒稷子米捣成面,经油锅炒后加入奶茶;肉茶即把熟肉切成碎块加入奶茶。

鄂温克族敬火如神,在喝酒、吃肉前,要先向火里扔一块肉、洒上一杯酒,然后才能进食。举行结婚仪式时,新婚夫妇要敬火神。鄂温克族对火还有许多禁忌,比如不许用带尖的铁器捅火,不许用水泼火,不许向火里扔脏东西,不许女人从火上跨过,不能用脚踩火,等等。

每年的农历五月二十二是鄂温克族的民间传统节日"米阔鲁节",主要流行于内蒙古陈巴尔虎旗鄂温克族当中。在这一天,人们要举行赛马、套马比赛,还要给当年产的羊羔剪耳朵,作为记号。按照传统习惯,老人要送给后辈母羊羔,祝福他们今后羊群如云、生活幸福。还要设宴款待亲朋好友,向大家宣布当年产幼畜的数字。"奥米那楞会"是鄂温克族牧区盛大的宗教活动和娱乐节日,一般都在每年的八月举行。"祭敖包"会是鄂温克人比较大的宗教盛典。祭敖包时鄂温克人要宰牛、羊作为祭品,祈求上天保佑人畜平安。

鄂温克族的婚姻为一夫一妻制,有氏族外婚及姑舅表婚,婚姻只能在不同氏族之间进行,同一氏族内禁止通婚。他们也与蒙古、鄂伦春、达斡尔等族通婚。在陈巴尔虎旗的鄂温克人中尚保有"逃婚"的习俗,相恋的青年男女决定结婚日期后,女方乘黑夜逃至男方所搭的"撮罗子"里,由候在此处的老妇把姑娘的八根小辫改梳成两根,即成为合法的婚姻。

不同地区的鄂温克族在长期的生产生活实践中积累了丰富的经验,他们对于判断时间、距离、度量衡、方向,预测年成、气候等形成了一些独具特色的方法。例如,鄂温克人主要靠太阳和星星来计时。白天按"天刚亮""太阳出来""太阳到西南""太阳要落了"等来计算时间。冬天的夜里主要靠观测星星而将夜晚分成三段时间:"三星出来""三星偏西""三星要落"。狩猎地区的鄂温克人,把太阳处在正南时叫"找狍子的时间",太阳刚出时叫"打犴鹿的时间",太阳偏西南叫"吃饭的时间"。鄂温克人主要以星位和太阳的位置判定方向,如北斗七星出自东北方向,三星出自东南方向,晓星(超鲁朋)在早晨放亮前出自东南方。天河是东北至西南方向的一条宽线,四季方位不变。日、月是从东方出来的,猎区把"日出的方向"称东,"日落的方向"称西,"中午太阳的方向"称南,"太阳到不了的方向"称北。传统观测天气的方法,主要依据方向、节气及自然界的各种变化。如,从东南方向下雨,一定是大雨。从西北刮风时,不会下雨。太阳和月亮的周围出现光圈,是变天的预兆,将会刮风、下雪或下雨,而且一定下得多。夏季白蝶多,则冬季多雪。夏季小鼠洞多,则冬季少雪。清明这天刮风,春天必有大风。清明下雪,春季就要降大雪。预测年景好坏,是根据农历十二月二十四这天天亮之前南斗星和月亮的位置判断。月亮在南斗星的左上边,则认为来年要涝;月亮在南斗星的右上边,则来年要旱;月亮在南斗星的中间或下边时,预示着一定是风调雨顺的好年成。

第五节　东北草原地区的蒙古族、达斡尔族

一、蒙古族

(一)迁入东北地区的蒙古族部落

清代蒙古族主要分布在贝加尔湖以东至黑龙江上游的广阔地区,主要

分为布里亚特、茂明安、科尔沁、巴尔虎和厄鲁特诸部。布里亚特蒙古居住在贝加尔湖附近及额尔古纳河流域;茂明安部游牧于贝加尔湖以东至尼布楚一带;科尔沁蒙古主要分布在嫩江流域;呼伦贝尔大草原则居住着巴尔虎和厄鲁特蒙古诸部。

从12世纪20年代至18世纪50年代,先后有不同蒙古部落迁入黑龙江地区,构成黑龙江地区蒙古族的主体。金朝天会二年(1124)朵儿边部从贝加尔湖、哈拉哈河流域迁至嫩江东畔。郭尔罗斯部蒙古于金朝明昌六年(1195)从根河流域迁至嫩江下游、松花江上游地区,清朝时被编入八旗蒙古,后逐渐融入明朝时迁入的科尔沁蒙古的郭尔罗斯部中。帖木哥斡赤斤部是成吉思汗的弟弟所在的部落,于蒙古国八年(1213)从斡难河流域迁入大兴安岭、黑龙江流域,明朝中叶,被科尔沁部吞并,并逐渐融入其中。

科尔沁蒙古诸部为元太祖铁木真的弟弟哈布图哈萨尔的后裔,姓博尔济吉特。其牧地原在额尔古纳河、呼伦湖和海拉尔一带。明初属兀良哈三卫地。洪熙宣德年间,哈布图哈萨尔十四世孙奎蒙克塔斯哈喇被厄鲁特蒙古所破,遂东避嫩江流域,并自号嫩·科尔沁,以与其子昆都伦岱青的河鲁·科尔沁相区别。科尔沁蒙古在蒙古诸部中是最先与后金政权发生关系的。后金天命十一年(1626),奎蒙克塔斯哈喇四世孙奥巴率部众归附后金。科尔沁蒙古中扎赉特部、杜尔伯特部和郭尔罗斯部也先后降后金。"扎赉特之牧地,在齐齐哈尔城西南,东至嫩江;杜尔伯特之牧地在齐齐哈尔东南,呼兰城西,当嫩江东岸;郭尔罗斯前后两旗牧地在混同江北,嫩江东岸。"为了加强对科尔沁蒙古的统治,清朝政府设左右两翼、十旗,进行管辖。这就是著名的科尔沁十旗,又称哲里木盟十旗,包括科尔沁左右翼六旗、郭尔罗斯前后二旗、杜尔伯特一旗和扎赉特一旗。属今黑龙江省境内的为郭尔罗斯后旗(今肇源县)和杜尔伯特旗。

巴尔虎,清代为漠北蒙古喀尔喀之属部。一作巴尔呼,有新旧之别。新巴尔虎,于康熙二十九年(1690)由贝加尔湖以东地区陆续迁至黑龙江齐齐哈尔、布特哈地区,后被编入八旗,雍正年间被派往呼伦贝尔驻防。陈巴尔虎,于康熙年间由热河围场迁至兴安岭北段以东地方放牧。雍正十年(1732)巴尔虎部被调入呼伦贝尔驻防。"在呼伦贝尔者,新旧巴尔虎相间,而新者盛也。"今呼盟新巴尔虎左右两旗和陈巴尔虎旗居民都是这批驻防官兵的后裔。

厄鲁特,明代称卫拉特(瓦剌),清代为漠西蒙古属部。一作邵勒特,也有新旧之分。新厄鲁特,为准噶尔部阿睦尔撒纳的后裔,于乾隆年间由新疆迁至呼伦贝尔,以后,又移驻乌裕尔河。旧厄鲁特,为吉尔吉斯族,与乌梁海(兀良哈)同种,语言与蒙古迥异,其先世曾在阿睦尔撒纳部下为卒,随新厄鲁特迁来。雍正年间,新旧厄鲁特也被派往呼伦贝尔驻防。厄鲁特蒙古,"多在呼伦贝尔,齐齐哈尔间有之"。依克明安旗,原为我国新疆厄鲁特蒙古的准噶尔人。乾隆二十二年(1757),一部分准噶尔人(九十九户,三百余口)在合吉巴桑的率领下迁入呼伦贝尔草原,后又迁至乌裕尔河流域放牧,自编为一旗,因以其姓(依克明安)名旗,故称依克明安旗。

清朝黑龙江地区的蒙古族,处于不同行政制度下。杜尔伯特、扎赉特、郭尔罗斯各部蒙古实行的是盟旗制,独立性较强,在各自的旗内放牧。而巴尔虎蒙古南迁后,实行的是八旗制,他们被编入八旗,分驻各地,与达斡尔、鄂温克、鄂伦春等各民族接触较多,受其影响较大。黑龙江地区的蒙古族经济仍然以游牧为主,但已经有很多蒙古人开始学习和从事农业,社会经济有了一定的发展。

(二)蒙古族生存概况与民族文化

蒙古族有本民族的语言、文字,蒙古语属阿尔泰语系蒙古语族,黏着语,在语音方面有严格的元音和谐律。蒙古语的方言大致分为:内蒙古方言、巴尔虎-布里亚特方言、卫拉特方言。传统蒙古文字是在回鹘文字母基础上形成的。早期的蒙古文字母读音、拼写规则、行款都跟回鹘文相似,称作回鹘式蒙古文。元朝至元六年(1269),元世祖忽必烈颁布并施行"蒙古新字",今通称"八思巴文",回鹘式蒙古文的使用一度受到限制。元朝后期,回鹘式蒙古文又逐渐通行。到17世纪时,蒙古文发展成为两支:一支是通行于蒙古族大部分地区的传统蒙古文,即回鹘式蒙古文;一支是只在卫拉特方言区使用的托忒文,托忒文是由卫拉特蒙古族学者扎牙班迪达根据卫拉特方言的特点,在回鹘式蒙古文基础上创制的文字。

蒙古族自古以来就过着游牧生活,因地理环境不同,也存在狩猎、采集、农业等生产方式。清朝屠寄在《蒙兀儿史记》中记载:"方春鹅雁已至,孛端察尔臂鹰飞猎。"蒙古族人饲养的牲畜主要有牛、马、羊、骆驼等,随水草长势而放牧于广阔的草原地区。同时草原上的干牛粪,蒙古语称"阿日嘎勒",也成为蒙古人的主要燃料,称为"草原上的煤"。东北地区的蒙古族的狩猎方式分为个人行猎及集体围猎。个人行猎,一年四季随野兽迁徙而随时进行。围猎的时间一般在初冬季节。围猎的人数,由十几人至几百人不等,可以是一个家族或一个旗的成员共同进行。围猎结束后,全部落的人一起举行隆重的猎归仪式,载歌载舞,庆祝丰收。"漫撒子"是蒙古族早期较粗放的农业耕作方法,适用于稷子、荞麦等晚熟作物。每当雨后,人们将稷子、荞麦的种子带到田间漫天撒播,再将牛群赶到地里来回踏耕,将种子踩进松软的土里,任其自然生长。

蒙古族传统服饰为长袍,左衽或右衽方领同时存在,腰间扎长绸带,领边、袖口及衣衽镶有彩色花边。夏季用布锦面料,冬季用毡毛皮革制成。男子多用蓝色、紫色、墨绿色,女子多用红色、粉色、花色等衣料。宽大的蒙古袍既方便于蒙古族骑马放牧,同时也起到了御寒挡风的作用。蒙古族男女都喜欢穿靴子。蒙古靴多是用牛皮制成的长至膝盖的软筒靴,鞋尖上翘,呈船形月牙状,上面绣有各种花纹图案。蒙古靴穿着舒适,利于骑马,同时又起到护腿保暖的作用。

哈达是蒙古族的一种礼物,多用绢帛制成,长条形。哈达分为白色、蓝色和黄色三种。蒙古族民众日常使用白色、蓝色较多,黄色哈达多用于祭祀或佛教高僧佩戴。哈达主要用于节庆、集会、婚嫁、祭祀及贵宾到来等场合,人们弯腰行礼,双手托着哈达,举过头顶,赠送给对方,以示尊敬和祝福。

蒙古族的传统饮食具有浓郁的民族特色,分为红食和白食。红食,蒙古语称"乌兰依德根",即牛肉、羊肉等肉制品。白食,蒙古语称"查干依德根",包括各种奶制品。白色在蒙古族观念中代表纯洁、吉祥、崇高,故而白食是蒙古族传统的敬客食物。随着农业的发展,蒙古族日常也会食用面食,蒙古语称"古日林依德根",多是用荞麦制作的食品,如亥莫格、猫耳汤、图古勒汤等。蒙古族人还喜食炒米,即将稷子通过隔水焯熟,然后炒干,再用石碾子碾去皮。炒米的特点是携带方便,容易储存,香脆可口,吃法多样。

据史料记载,蒙古族最早的居室为"皮棚",即以一棵树或立一根粗木为中心,四周搭上木架,再盖以兽皮,一侧留门出入,类似鄂伦春族的"斜仁柱"。后因游牧生活需要,居室逐渐演化为圆形尖顶毡帐,即蒙古包。蒙古包由若干根细木棍交叉,用麻绳或皮绳绑在一起,随意伸缩,外面用毛毡覆盖,抵抗风吹雨淋。蒙古包的特点是便于拆卸及搭建,十分适用于蒙古族的游牧生活。

蒙古族的婚俗丰富多彩,各部落不尽一致。蒙古族一直保留着同姓氏部落内部禁婚的习俗,所以年轻男女主要通过各种集会、祭祀仪式等相见结识。男女双方定情后,男方需主动上门求亲,并向女方家赠送牛、马、羊,金银首饰,绫罗绸缎等作为定亲礼物。双方婚事商定后,接下来要举行定亲仪式、接亲、祭火、送亲等流程。

蒙古族的土葬,分为卧棺和立棺两种。普通人去世后一般用卧棺,虔诚的佛教徒或高寿之人去世后,多用立棺。人去世后,双腿盘坐于棺内,身体直立于棺身,头部则在棺顶。安葬时,立棺一半埋于地下,一半留冢于地上,形似一座小庙。蒙古族的火葬是随着藏传佛教的传入而实行的。活佛、大喇嘛及有名望的高僧,去世后均实行火葬。火葬时,修筑一砖塔,塔底放入柴火,将尸体放入塔内,呈坐形,然后把骨灰装入坛中,放在塔内或埋入塔底,便成灵塔。

蒙古族的传统民间文学主要是"乌力格尔",即说书。因说书时多配以马头琴或四胡伴奏,故也称"胡尔沁""豁尔赤",即执琴者。每逢重要节日,蒙古族牧民就会聚到一起,请"胡尔沁"来说书。说唱的内容有《英雄的成吉思汗》《五箭训子》等历史故事及神话传说,也有从中原地区流入,被译成蒙古语的《封神榜》《隋唐演义》等。好来宝,即接连之意,一般有两人,一个接一个地说唱或问答,轮流多次,直到二人讲和为止。蒙古族是个能歌善舞的民族,长期在广阔草原上游牧的生活,造就了其热情豪放的性格,所以蒙古族舞蹈多具有粗犷、刚健的特点。蒙古族的"布吉格"(舞蹈)中,安岱舞、天魔舞、鹰舞等多来源于日常生产生活或神话传说,具有广泛的群众性及表演性。蒙古族的民歌、祝酒词、赞词等均来源于蒙古族古老的历史及民俗文化,体现了人们对大自然的热爱以及对美好生活的赞美。

二、达斡尔族

(一)达斡尔族的发展

17世纪中叶,达斡尔族的先民分布在外兴安岭以南精奇里江流域河谷与东起牛满江、西至石勒喀河的黑龙江北岸河谷地带。清朝初期,清朝统治者将分布于黑龙江中上游广大地区的各民族统称为"索伦部",将分布于精奇里江中下游的各族居民称为"萨哈连部"。达斡尔人就是索伦部的主要成员。因沙俄入侵,清政府将达斡尔族南迁至大兴安岭和嫩江流域。后来清政府又征调达斡尔族青壮年驻防东北地区及西北边境城镇,部分达斡尔人徙居至呼伦贝尔、瑷珲及新疆塔城地区。

为了巩固后金的统治,努尔哈赤及皇太极先后多次发动征服索伦部的战争。天聪八年(1634)黑龙江上游索伦部中的达斡尔人巴尔达齐率四十四人到盛京朝贡,表示归附,并贡献貂皮一千八百一十八张。巴尔达齐受到皇太极的热情款待,并赐婚满族格格,使其成为后金的额驸,赐以鞍马、莽衣、凉帽、玲珑鞋带、弓矢盔甲、缎布等。在他的影响下,同年十月,索伦部孔恰泰、哈拜登均来朝,贡献方物,表示臣服。天聪九年(1635),皇太极"命管步兵梅勒章京霸奇兰、甲喇章京萨穆什喀,率章京四十一员,兵二千五百人,往征黑龙江地方",从索伦部所在地区获得人口7418人、马880匹、牛560头、貂皮等3140张。此后索伦部首领博穆博果尔多次赴盛京朝见,贡献貂皮等物。崇德五年(1640)八月,皇太极征服包括达斡尔人在内的索伦部时,将在战争中俘获的壮丁、妇女、幼小共5673人均以隶入八旗,编为牛录。此后,清政府陆续将归附内迁的达斡尔人编为牛录,将布特哈的达斡尔人编为都博浅、莫日登、讷莫尔3个甲喇,隶属于齐齐哈尔总管衙门管辖。

清朝时期,在抵抗外敌入侵黑龙江地区的战争中,达斡尔将领与民众均发挥了重要作用,故有俗语"索伦骑射甲天下"。崇德八年(1643),沙俄瓦西里·波雅科夫等哥萨克人入侵黑龙江流域,闯入精奇里江达斡尔族居住区,遭到达斡尔族居民的坚决回击,迫使哥萨克侵略者狼狈逃窜。顺治八年(1651),哈巴罗夫又率领沙俄军再次入侵黑龙江。当到达桂古达尔达斡尔族联防城时,侵略者威胁居民向沙皇交纳"毛皮贡赋",达斡尔族首领桂古达尔回答:"我们向顺治皇帝进贡,哪有给你们的贡品?要我们交贡,除非我们战斗到最后一个人。"达斡尔族人民抵抗了沙俄军队的进攻,661人英勇牺牲。康熙二十三年(1684),达斡尔族参加了反抗沙俄侵略的雅克萨之役。雍正十年(1732),清政府在达斡尔族3个甲喇和鄂温克族5个阿巴的基础上正式组建了布特哈八旗。其中,达斡尔人聚居的都博浅甲喇被编为镶黄旗,莫日登甲喇被编为正黄旗,讷莫尔甲喇被编为正白旗。在瑷珲、墨尔根、齐齐哈尔、呼伦贝尔、呼兰等城驻防的八旗官兵中,均有一定数量的达斡尔人。在齐齐哈尔、墨尔根、瑷珲三座军事重镇的官兵中,"达呼里居数之半"。

(二)达斡尔族的生存概况与民族文化

"哈拉"是达斡尔族的基本社会组织,是由同一个父系祖先以血缘关系为纽带而结成的氏族集团,族人推举资历较高、为人公正者为"哈拉达"(氏族首领),管理氏族内日常事务。每一个"哈拉"都有固定的聚居地,例如"郭博勒哈拉"生活在精奇里江下游支流布丹河流域,"鄂嫩哈拉"聚居在黑龙江中游的鄂嫩河流域,"敖拉哈拉"分布于精奇里江中游支流提拉登河流域,"沃热哈拉"分布在黑龙江上游的沃热迪河流域等。因同一"哈拉"的人均具有血缘关系,因而严格实行哈拉外婚原则,禁止哈拉内部通婚。达斡尔族人以"哈拉"为单位进行共同生产、集体生活和平均分配。随着社会的发展和人口的增加,"哈拉"的规模日益扩大,于是一个"哈拉"又分为若干个"莫昆"氏族组织。每一个"莫昆"都有自己的家族名称,如敖拉哈拉分为多金、雅尔斯、德孔等莫昆,何斯尔哈拉分为何斯尔、巴克尔、甘浅等莫昆。每个"莫昆"居住在同一个或邻近聚居区,并集体拥有附近的山林、草场和水资源,例如敖拉哈拉的多金和雅尔斯莫昆,分布聚居在多金城和雅克萨城。"莫昆"实行民主制,每个成年男子都有权参加"莫昆"会议,它是家族的最高权力机构,负责选举或撤换"莫昆达"(家族长),商讨家族内部生产和生活上的大事,组织祭祀敖包、祭祖、新萨满训练,处罚违反习惯法的家族成员等。

达斡尔族在长期的生产生活中,形成了不成文的习惯法,涉及不得进行哈拉莫昆外婚、遗产由男子继承、照顾莫昆内的鳏寡孤独者、不得侵害公众利益等社会生活的各个方面。无论是"哈拉达"还是"莫昆达",都是在为族人尽义务,没有任何报酬,也没有任何特权,不脱离劳动。清朝时期,统治者在达斡尔族居住地建立地方行政机构,"哈拉达"和"莫昆达"被任命为基层政权的行政首领,负责代替清政府管理达斡尔族民众政治、经济事务。

达斡尔族有自己的民族语言,属于阿尔泰语系蒙古语族,属黏着语。达斡尔语与蒙古语族的其他亲系语言有许多共同的语法特点和相同、相似的词汇。由于居住分散,达斡尔语形成了布特哈、齐齐哈尔、新疆和讷漠尔4种方言,但在语音、词汇、语法等方面的差别不大,可以互相交流。达斡尔语构词方法主要有派生法和复合法。除布里亚特语和卡尔梅克语外,达斡尔语是蒙古语族内部与蒙古语最相近的语言。达斡尔人在辽代曾使用契丹文,后由于战乱及民族分化等原因,契丹文失传。清朝统治时期在东北地区推广使用满文,达斡尔人开始学习使用满文,并涌现出大批精通满文的文人志士,他们利用满文字母拼写达斡尔语,形成了"达呼尔文",用于日常记录及书写家谱等重要资料,并留下了《巡边记》等记载中国东北边疆历史、文化的重要文献资料。清朝中期始,达斡尔族人开始学习使用汉文,随着民族间交流的增多及汉文教育的普及,达斡尔族人民群众大多能使用汉文。20世纪初期,郭道甫、钦同普、德古来等人分别在拉丁字母和俄文字母基础上创制了达斡尔文,并编写出版了不少教材及翻译著作,但由于战乱等因素未能大面积推广使用。20世纪末,达斡尔族内部出现恩和巴图等的记音符方案和乌珠尔的标音符(省略不清元音)拼写方案,但未被国家认定为标准文字。现使用拉丁达斡尔文字,以标音符为主体,吸收记音符的优点,应用日益广泛。

达斡尔族采用农牧并举,渔猎兼营,手工业、采集业等多种经济成分共生共存的经济生产方式。达斡尔族居住的村庄均选在黑龙江流域、嫩江流域等土地肥沃、依山傍水、物产丰富的地方,形成"远耕近牧"的生产习俗。达斡尔族早期农业主要是种植稷子、荞麦、麦子等作物,盛行"轮歇游耕,广种薄收"的耕种方式。达斡尔族素以擅长饲养牲畜著称,每家每户都养有数十头乃至百头的牛、马。牛、马不但是达斡尔族的耕种工具、运输工具,也是他们的肉食、皮革来源。放鹰是达斡尔族进行狩猎的一种方式,达斡尔语称"首瓦塔勒贝"。达斡尔人在茂密的森林中利用猎鹰迅速发现猎物,精准进攻,每次都能满载而归。

达斡尔人的主食有米和面。米食以稷子米饭为主,是达斡尔人款待贵客的主食之一。稷子的做法分为两种:一种是把带皮的稷子用锅蒸熟或熬熟,捞出来放在火炕上炕干,再磨成米,就做成了熟稷子米,达斡尔语叫"敖苏莫"。这种米颜色呈橘黄色,饭粒大而不粘连,有扑鼻的香味,可做成稷子干饭或煮牛奶稀饭。另一种做法,是将稷子直接去皮碾成米,称生稷子米,达斡尔语叫"希基莫"。这种米颗粒较小,稍有黏性,颜色雪白,很像稻米,除了做干饭外,也可做黏粥,或者压成面做糕点。面食主要是荞麦面,达斡尔语叫"达勒巴达"。制作方法是将荞麦磨成面粉,将和好的荞麦面团用达勒压成面条放入开水中煮熟,再配上野味肉汤,是极佳饮食。除此之外,还可以烙荞面饼,或将荞麦蒸熟炕干后碾成米,达斡尔语叫"阿勒莫"。随着民族间交往的增加,达斡尔人从汉族、满族处学会了种谷子、玉米、小麦、黄豆等农作物,油饼、面条、馒头、饺子等面食多了起来。达斡尔族的日常饮食中还包括肉类、奶制品、蔬菜和山货等。"库木勒"是达斡尔人喜爱的野菜之一,即柳蒿芽,具有明目、泻火、利尿、清胃热等功能。"库木勒"的做法很多,可与鱼类炖着吃,也可焯水后直接食用。

受地域环境及生产方式影响,达斡尔族传统服饰以兽皮衣为主。男子穿一种长至膝盖的皮袍,达斡尔语叫"哈日密",由狍皮或牲畜皮制作,形制与满族长袍相似,立领、右衽、大襟。长袍衣领、袖口有很宽的绲边,边上绣有图案,衣领以下的右斜襟也有宽襟边,用多道浅色条布组成。束宽腰带,腰带用皮或布制成,上面挂有烟具。达斡尔人着皮裤或布裤,上端有带,系于腰部。妇女穿长袍,不束腰带,颜色以蓝为主,重要节日或者喜庆场合穿各色绣花的绸缎衣服,外面套斜襟坎肩,襟边、袖口、领口、下摆等处多绣精美图案,达斡尔语叫"奥勒情",与满族坎肩样式基本相同。

头上戴的帽子种类较多,有冬天戴的皮帽,春秋时戴的毡帽,夏天戴的草帽,见客时戴的礼帽,郑重场合戴的官帽,狩猎时戴的狍头皮帽,等等。达斡尔人平时脚穿"奇卡米"（用袍皮、鹿皮做的靴子）、"斡洛奇"（布勒布底或皮底的便靴）或乌拉。"奇卡米"多用犴皮或狍皮制作。皮子要经过阴干、反复搓揉熟制。把毛色美丽的前腿皮毛朝外后，按毛纹、色泽搭配好，然后用兽筋线缝合拼接成靴面靴靿，用熟软的犴皮制作靴底。靴靿上缝两条皮带子系紧，以便保暖，雪也不易进入。"奇卡米"靴轻巧、暖和、防滑，在雪地上行走声音很小，适用于寒冷冬季和狩猎时穿。

达斡尔族传统院落修建得十分整齐，房屋一律坐北朝南，东西两侧有厢房、仓房、牲畜圈等。房屋多是一种起脊式的、土木结构的"介"字形草房，达斡尔语称"雅曾格日"。草房以两间的居多，其次是三间的，南面和西面开窗，南面东侧开门。如果是两间房，则以西屋为居室，以东屋为厨房；如果是三间房，通常以中间屋为厨房，东西两间住人。居室内南西北三面有相连的火炕，俗称"蔓子炕""弯字炕"，是达斡尔人冬季不可缺少的取暖设施。南炕长辈居住，北炕由晚辈居住，西炕由客人居住。天棚和四壁上面装饰着鸡、凤、鹌鹑以及狩猎等各种图案、剪纸，有的直接把雉羽、带花丝的皮毛贴在墙上，作为对狩猎丰收的祈愿，以及对自己狩猎所得的炫耀。

达斡尔族的民间文学极为丰富，包括神话、传说、民间故事、谚语、谜语、祝赞词、民歌等，不仅题材广泛，而且内容丰富，生动地反映了达斡尔族人民的生产生活、历史文化。民间故事是达斡尔族民间文学作品中数量最丰富的一种体裁。有人物故事《阿波卡提莫日根》等，动物故事《套嘎沁脱险》等，生活故事《阿拉塔尼莫日根》等，萨满故事《尼桑萨满的传说》等。神话反映了达斡尔人对自然的探索以及对天体的认识。民间传说多关于民族、部落和氏族源流，历史人物和事件，乡土风俗和文物古迹的来历等。达斡尔族的民歌短小精悍，内容十分丰富，涉及达斡尔人的社会生活、生产劳动、精神文化、风俗习惯等。

从体裁上划分，达斡尔族民歌大致可以分为"扎恩达勒"（山歌）、"哈肯麦"歌曲（舞蹈歌）、"乌钦"（叙事歌曲）、"雅达干伊若"（萨满歌曲）以及游戏歌、仪式歌等。其表现内容、调式结构和旋律各具特点。

达斡尔族早期实行族外婚，青年男女的婚姻多由父母包办，青年人没有自主选择配偶的权利，也不能进行自由的婚前社交活动。同时，入赘婚也比较普遍。男人入赘女方家后，所生子女仍属父亲的"哈拉"，女婿在岳父家只从事劳动，并无继承女方财产的权利。其传统婚姻习俗十分讲究且烦琐，通常包括说媒、定亲、过礼、结婚、回娘家等流程。达斡尔族的婚礼一般选在春暖花开的季节里举行。男方要在红日东升的时候去迎亲，预祝新人如朝阳一样幸福美满。

达斡尔族同其他东北地区各民族一样，原始宗教为萨满教。在长期的历史发展过程中，达斡尔族也接受了藏传佛教、道教和天主教，也有人供奉关帝神、娘娘神等神灵。在达斡尔人中，每个氏族都有自己的氏族萨满，达斡尔语中称主持宗教活动的萨满为"雅德干""亚达干""亦都罕""耶德根"等。人们相信，"雅德干"是神的代言人和人的保护者，他们具有特殊品格和神奇本领，能够通神，为族众求神驱鬼、占卜祭祀及消灾祈福。"雅德干"没有特殊权利，平时参加生产劳动，遇族中大事萨满便负责"转达"神灵的帮助，替人跳神治病，主持祭祀活动。达斡尔人供奉的神灵，种类和数量很多，有与农业相关联的"嘎吉日巴尔肯"（土地神）、"巴那吉音"（土地神），有与畜牧业息息相关的"吉雅其巴尔肯"（富畜神），也有与渔猎经济密切相关的"毕日给巴尔肯"（河神）、"白那查"（山神）和"巴特何巴尔肯"（猎神）。这些神灵的存在，反映出达斡尔人的自然崇拜、图腾崇拜、偶像崇拜、祖先崇拜等万物有灵传统信仰的特点。

"阿涅节"是达斡尔族最盛大的传统民族节日，每到这天清晨，各家各户都要祭祖、扫墓、打扫房屋庭院、准备美食，人们还要在大门前堆起两大堆干牛粪当燃料。夜晚，人们穿上节日的盛装，点燃两堆篝火，老人们将大块的肉食、饺子等抛进火堆中，祝福人畜兴旺、五谷丰登。随后，家中成员烧香，叩头祭神、祭祖，晚辈向长辈依次跪拜敬酒，开始家宴。欢度"阿涅节"的活动从除夕一直延续到正月十五。

正月十六是达斡尔族的"抹黑节"。清晨，长辈们在晚辈脑门上抹一点锅底黑灰，人们走出家门，互相朝见面的人脸上抹黑灰，意为辟邪免灾，预祝丰收和幸福，同时也标志着"阿涅节"正式结束。

农业为达斡尔族主要的经济生产方式，因此风调雨顺是其每年所期盼的。每当久旱无雨时，达斡尔人就会举行"泼水求雨"的祭祀仪式。这种风俗可追溯到辽代。据《辽史》记载："若旱,择吉日行瑟瑟仪以祈雨……又翼日,植柳天棚之东南,巫以酒醴、黍稗荐植柳,祝之……既三日雨,则赐敌烈麻都马四匹、衣四袭;否则以水沃之。"①仪式由二神"巴格奇"主持,主要由妇女参加,各带一只鸡、一碗稷子米,跟随二神来到河边的柳树下,由巴格奇唱求雨祷词,然后杀鸡,在锅中做鸡肉米粥。肉粥煮好后,巴格奇再次致求雨祷词,妇女们便给河神焚香叩头,祈求河神速降甘霖。礼毕,妇女们围坐在地上吃鸡肉米粥。食罢,大家拎着水桶、脸盆等到河里取水,互相泼水。达斡尔人认为通过这种方式祭祀,能使河神欢悦,以解干旱之灾。

达斡尔族聚居的地方,每年春秋两季都要举行祭祀敖包活动。敖包就是用石头在山坡或高岗上堆砌的圆丘,中间种树,为天地山川诸神的祭坛。每年春季祭祀敖包,是为了祈求诸神保佑风调雨顺、牲畜兴旺。每年秋季祭祀敖包,是为了感谢诸神给予的恩惠,使得人们五谷丰登。举行祭祀仪式时,由巴格奇主持,宣读祭文。然后男子杀猪宰牛,用吊锅煮熟,盛于大木盘上放在敖包前,众人向敖包跪拜叩首,围坐吃肉粥和熟肉,以此来取悦众神。

悠久的渔猎生活,造就了达斡尔族独具特色的民间体育活动。在长期的生产实践中,达斡尔人积累了许多狩猎方面的知识与经验,如下套子、设陷阱、放地箭、"打围"、鹰猎等等。有适应狩猎生产和抵御外来敌人的射箭运动;有摔跤、扳棍、颈力赛等体育活动。颈力比赛是达斡尔族民间最常见的一种体育娱乐项目。颈力比赛类似拔河,具有广泛的群众性。打曲棍球是达斡尔族喜爱的一项传统体育项目。达斡尔语称曲棍球为"扑列",有小孩用的牛毛沾水团成的软质毛球,有成人用的木球,还有专门夜间用的火球。打球用的曲棍达斡尔语称为"贝阔",多为根部弯曲的柞树加工而成。曲棍球由场地中心发球,比赛中除守门员外,其他人不得用手抓球。任何一方将球击入对方球门即为得分。

---

① 脱脱等:《辽史》卷四十九,中华书局1974年版。

第六节　汉族在黑龙江地区的发展

一、汉族移民

黑龙江地区等东北地区原是满族发祥地,清入关后,成为禁区,规定其他民族不准擅入。早在清军入关前与明朝作战过程中,清军掠夺和俘虏了大量的辽东及中原的汉族民人,将他们迁入黑龙江地区。黑龙江地区的清朝汉族移民主要由几部分组成:一部分是清政府派遣到东北地区的遣犯、战俘和普通犯人,被迁徙发遣到松花江、黑龙江一带。他们在各地驿站充当站丁,清朝末年废除驿站后,改从农业。例如三藩之乱中云南的残部,在康熙二十二年(1683)被清政府判刑,充军到黑龙江地区的齐齐哈尔、喀尔喀、三姓各地免死发遣的罪犯。一部分是自愿出关谋生的百姓,他们呈现出零散性、广泛性、流动性强等特点,贯穿清朝移民东北的各个时期。大批汉族贫民,从华北闯入关东,顺治、康熙时期,汉族移民主要聚集在辽东地区,即以奉天府为中心,后辗转辽吉,到达黑龙江。一部分是政府组织的有目的性的移民开垦,包括移垦东北的八旗子弟及招垦政策下有组织的大批汉族移民等。因为辽东是传统的农耕区,"辽东招民开垦令"颁布之后一直为流民迁徙的中心。但清末为了防止沙俄入侵,保卫东北边境,封禁令解除以后,辽东地区的汉族人口也一度达到饱和,为了获取更多的土地,移民重心也开始发生变化,向松花江等东北更偏远的地区发展。三姓地区地处松花江流域,是由关外通往黑龙江流域等各地的必经之路,便利的交通条件使三姓等地汉族人口迅速增长,形成后来依兰县内居民人口最多的民族。

汉族移民进入黑龙江地区,加入户籍,注入丁册,编为保甲,不仅要承担赋税,还要承担诸如铺路、送粮等各种差役。按照旧习,旗民向来依口粮以生活,多数不事农耕,而汉族人移居此地后,在百里之内,划为官庄。他们开垦了大量荒芜的土地,原有的山林洼塘,逐渐变为肥沃的土地,人民生活状况较渔猎时代有了明显变化,人们逐渐知道农耕的益处。随着人口的增加,土地使用面积的扩展,汉族居民在黑龙江地区任便筑屋,境内逐渐形成一些以汉民为主的新兴村屯。

二、汉族流人

清代黑龙江地区有很多的汉族人,这些汉族人中有个特殊的汉族群体,他们对汉族文化在东北地区的传播和发展起到重要的作用,这个群体就是东北的流人。清入关以后,东北地区人烟稀少,百废待兴,气候寒冷,条件恶劣,所以为了开发东北和惩戒流人,东北地区就成了清朝重要的遣戍区域。据谢国桢在《清初流人开发东北史》中考证:"大抵清初流徙的罪人,其初不过充军到沈阳,后来由尚阳堡到宁古塔,最后乃发遣到黑龙江、齐齐哈尔等处。"①大量的流人在东北地区屯田开垦土地,有的被贬为奴在东北地区修筑城池,还有一些在驿站充当站丁,也有一些流人在东北开馆结社,以教书为业等,这些人对开发东北、传播中原文化做出了贡献。清朝流放到东北的汉族人中除了个别人外,很大一部分是饱读诗书、有出众才华和学识的文人,他们因为各种政治原因,牵连家眷,最终拖家带口一起被发配到了东北地区。

"文字狱"指清代统治者为加强思想、文化控制,防止和镇压知识分子的反抗,从其作品中摘取字句,制造罪名,将其入狱或流放东北边陲地区。清朝,因"文字狱"而获罪的文人很多,最甚的是乾隆朝,乾隆一朝所发生的各种类型的文字狱就有一百多起,占整个清朝文字狱案件的百分之七十左右。例如,著有《秋笳集》的"边塞诗人"吴兆骞就是因顺治十四年(1657)科场案中遭累,与方氏家族一起被流放宁古塔地区的文人。顺治十五年(1658)河南闱科场案中,黄铋和丁澎因违例更改举人原文作程文被遣戍尚阳堡。除此之外,还有很多文人是因为抗清、渎职、收受贿赂等原因被流放东北地区。清代这些有学识的流人、政治犯在黑龙江等边陲地区进行文化传播,把汉族文化带到了东北,同时也吸收当地特色文化的养分,并在当地生根发芽,蓬勃发展,形成了独特的流人文化。所谓流人文化,"是指流人这一社会群体

① 谢国桢:《清初流人开发东北史》,山西人民出版社 2014 年版。

所特有的文明现象的总和"，"此一文化现象出现于康熙前期，至雍乾之际已成为系统的文化，乾隆时代达到兴盛期"。

三、八旗汉军

清代东北地区还有一个特殊的汉族人群体，那就是汉军旗人。清朝的八旗包括：八旗满洲、八旗蒙古和八旗汉军三个主体部分。天聪五年（1631），"太祖用兵于明，明边吏民归者，籍丁壮为兵。至太宗天聪间，始别置一军，国语号'乌真超哈'"[①]。皇太极为了加强统治，把善用火器而闻名的汉族人先编了一个汉军旗，后来清朝在吉林和黑龙江设置将军，也陆续编立了汉军旗，设佐领管辖。此外吉林和黑龙江还设有独立的水师营、鸟枪营等旗人机构，属汉军旗人序列，归将军直领。水师营人，原为康熙年间在吉林一带收编的船夫。因出征雅克萨，抵抗沙俄等的侵略有功，后来定居于松花江流域，部分迁徙到黑龙江流域。

崇德七年（1642）编八旗汉军时，把很多的辽东降将编入旗籍，并任命祖泽润、刘之源等八人为八旗固山额真，祖可法等十六人为梅勒章京，孔有德、耿仲明、尚可喜等也率部归于旗下，这些人几乎是东北地区最早的汉军旗军官，他们作为桥梁和纽带联系着满族和汉族人。他们能被重用与他们的军政才能有关，而他们的才干正是受汉族文化熏陶后的集中表现，在入关之前他们就将所掌握的优秀先进的汉族文化用于八旗满洲的军政事务，促进了八旗满洲的封建化进程，一定程度上促进了汉族文化在八旗内的传播，促进了满汉族文化的交融。东北八旗汉军的独特性，在另一方面也促进了汉族文化的传播。汉军旗人虽然加入了旗籍，但是汉族人的习俗和观念在他们的身上是根深蒂固的。"汉军在东北满洲中的地位，与关内汉军有很大的不同。汉军旗人大都是满语汉语皆通，他们又比汉族人的地位高，所以他们是满洲与汉族人之间的平衡，弥补了满族人统治的不足之处。"他们在政治地位上高于普通汉族人，这意味着他们比普通汉族人更容易接近八旗内部，汉军旗人大都通满语满文，这使他们更容易把汉族人的文化习俗和先进生产

---

① 赵尔巽：《清史稿》，中华书局1977年版。

技术带入八旗。

清朝有旗民不通婚的政策,东北的八旗汉军中的旗人,可以与满族人通婚,以此建立更加密切的关系。这些八旗汉军中的文士很受重用,有的会被将军聘为师教授子侄,黑龙江的水师营官陈广耀就曾"教授诸阿哥"于将军府中,对汉族文化的传播起到了一定作用。总之,清代的东北汉军旗人是一个特殊群体,他们作为满族与汉族人之间的纽带,沟通着彼此,把汉族先进的生产技术和文化习俗传入八旗满洲。八旗中汉语的使用慢慢超过了满语,使满洲骑射习武习俗渐渐被取代,客观上加速了八旗制度的瓦解,推动了东北地区少数民族对汉族文化的认同。汉族迁入前,黑龙江地区的农业发展水平非常落后。汉族迁入后,黑龙江地区的经济生产方式及技术水平发生了重大变化。大片的荒地被开垦,先进的生产技术被传入,农作物品种增多,粮食产量逐年增多,商业贸易及其他各业都有了不同程度的发展。

第三章

清代中后期黑龙江地区世居民族间的交往交流

清朝于康熙二十三年(1684)完成统一后,国家进入康乾盛世阶段,黑龙江地区各民族自身发展基本稳定,民族间交往交流进入活跃期。满族贵族作为统治者主体,特别重视对黑龙江地区等本民族发源地的保护与管理。黑龙江地区各民族呈大杂居、小聚居的分布特点,同时通过杂居联姻,各民族和谐共荣;通过经济贸易交流,黑龙江地区各民族除传统渔猎业外,农业、手工业迅速发展;中原汉族文化传到黑龙江地区,对少数民族传统文化产生影响。黑龙江地区诸民族相互依赖、相互影响,形成了形态多样的民族关系。

第一节　满族与蒙古族的交往交流

　　统一东北女真各部时期,努尔哈赤就十分重视与周边强大的蒙古科尔沁部的关系。著名的以少胜多之战——大败"九部联军"后,满族统治者即开始与科尔沁蒙古实行联姻政策,巩固和加强两族的友好关系。明万历二十二年(1594),"北科尔沁蒙古贝勒明安、喀尔喀五部贝勒始遣使通好,自是蒙古诸贝勒通使不绝"。明万历四十二年(1614),"蒙古科尔沁莽古思贝勒,送女与太祖四子贝勒为婚"。明万历四十三年(1615),"蒙古科尔沁部孔果尔贝勒送女与太祖为妃,迎接,设大宴,以礼受之"。后金天命二年(1617),"正月初,帝纳蒙古明安贝勒女……至是闻其来见,于初八日与皇后率诸王大臣,迎至百里外富尔简阿拉处,接见于马上,随宴讫,明安贝勒以骆驼十只,马牛各一百奉献。至十一日入城,每日小宴,越一日大宴。留一月,赠礼至厚,与人四十户、甲四十副及缎匹财物,送三十里外,一宿而还"。后金天命十年(1625),"科尔沁寨桑贝勒遣子台吉吴克善送女与四贝勒为妃,四贝勒迎之,遇于沈阳城北冈,筵如礼。将至,上率诸贝勒及后妃等出迎十里,又宴之。入城,设大宴,以礼成婚。因吴克善亲送其妹,优待之,赐以人口、金银、蟒缎、布帛、铠甲、银器等物甚厚,送之还"①。皇太极的后宫中有七位蒙古女子,其中较有名气的就是一后四妃。满蒙联姻时,既有满族迎纳蒙古族女子入宫的,也有满族皇室女嫁至蒙古的。天聪二年(1628),"下嫁公主于科尔沁台吉满珠习礼。公主,贝勒岳托之女,上抚为己女,至是下嫁。满珠习礼,科尔沁国贝勒莽古思扎尔固齐之孙、台吉寨桑之子也"。天命九年(1624)初,"与蒙古科尔沁贝勒,通使往来者数年,至是,上复使人往,与之约,坚盟好焉。科尔沁台吉奥巴乃使人赍书来奏,称上如青天之上,太阳当空,众光尽敛,威震列国,众民慑服,普天共主之圣明皇帝陛下,自称嫩江水滨所居科尔沁贝勒等……上于是与蒙古科尔沁国修好"。满族与蒙古族之间的联姻,促进了两个民族联动关系的不断发展。

后金在与明朝的对战过程中,多次借助蒙古族力量,并借道蒙古,进攻中原。天聪三年(1629)皇太极起兵征明,此时蒙古的科尔沁、扎鲁特、奈曼、喀尔喀等部已先后归附后金。皇太极此次征明与以往不同,他绕开防守坚固的锦州、山海关一线,绕道蒙古,从明朝防守比较薄弱的蓟州北部地区进攻中原。蒙古科尔沁、喀尔喀、扎鲁特等部诸多贝勒率领骑兵部众追随。蓟州北部各关口"塞垣颓落,军伍废弛",不堪一击。满蒙联军号称十万大军,声势浩大,从龙井关、洪山口、大安口突入关内,进而攻占河北遵化等地,直逼京师。明廷紧急调集各地兵马,驻守辽西的袁崇焕也亲率大军赶回支援,与皇太极大战于广渠门外。天聪四年(1630年),皇太极在京郊大肆掠夺一番后,率军向东进攻防守薄弱的滦州、永平、迁安等地,连克数城后,率领大军撤出关内,带着大量物资返回东北地区。天聪五年(1631年),科尔沁部协助皇太极攻打大凌河,大败明朝将领祖大寿。满蒙军事联盟,特别是蒙古铁骑的助力,使得后金军事力量大增,为日后入关统一全国奠定了基础。

---

① 《清太祖高皇帝实录》,中华书局1986年版。

在清朝统治时期,统治者为进一步巩固满蒙联盟,制定了"南不封王,北不断亲","分封以制其力","崇释以制其生"的三大国策。首先,清朝统治者扩大了满蒙联姻的范围,将联姻对象由漠南蒙古扩大到漠北和漠西蒙古,包括了蒙古三大部,并对联姻进行规范化管理,实行必要的保障措施。纵观整个清朝,满蒙联姻达 586 次。根据《钦定理藩部则例》,下嫁外藩的公主及其额驸按等级不同,可获不同数量的俸银和俸缎。顺治二年(1645),"以太宗文皇帝第八女固伦公主下嫁科尔沁国土谢图亲王巴达礼子巴雅思护朗,是日赐诸王群臣宴,其所献礼物,颁赐亲王、郡王、公主有差"。此外,清廷还采取备指额驸、生子授衔、入京朝觐、回京省亲、赐恤致祭等政策和措施来保障满蒙联姻在有清一代的连续延绵,使建立在姻亲血缘基础上的满蒙政治联盟不断得到巩固。[①]

其次,清朝统治者还赐封蒙古贵族高官显爵。蒙古贵族中凡归顺和降附者,根据其地位和功劳皆可获封相应的爵位,上自亲王,下至台吉等,甚至外藩蒙古贵族还可以保留汗爵。并且,为确保清朝对其的控制,满族统治者在蒙古地区划分牧地、编设盟旗,授予蒙古贵族管理本部的实权,使蒙古贵族对清朝的统治心悦诚服。蒙古地区共被分设了二百多个盟旗,彼此不相统属。清廷规定,蒙古贵族按等级不同,享有比其他官吏高出许多的、不同数量的俸禄。"科尔沁卓哩克图亲王、图什业图亲王、达尔汉亲王暨喀尔喀等处汗,岁支银二千五百两",而京城一品文武官员年俸只有一百八十两。另外,蒙古贵族按年班来京朝觐,清廷还要按等级赐予数量不等的赏赉,一般在七十两至五百两之间。清廷还重用蒙古族人才。在清朝权力机构中,蒙古族官吏的地位仅次于满族官吏,故有"优礼外藩,传龟袭紫,任及子孙,处离褥裖,遂珥貂珰,眷何隆也"之说,由此清朝形成了以满族贵族为核心的多民族联合执政的局面。以清朝中央政府权力中枢军机处为例,乾隆七年(1742)有军机大臣七位,其中满族三位,蒙古族两位(班第和纳延泰),汉族两位。在皇帝巡幸、召见,臣子朝觐等重大活动中,满族统治者亦对蒙古贵族礼遇有加。皇帝塞外出巡都要召见蒙古贵族,在承德避暑山庄举行"塞

---

① 余梓东:《论清代民族关系格局的形成与发展》,载《中央民族大学学报(哲学社会科学版)》2007 年第 6 期。

宴"，还会赐予其"乾清门行走""御前行走"等荣衔，以示"优恤"，此举有效地缩短了民族之间的心理距离。此外，清朝政府免除蒙古诸部的赋税，每遇灾荒，还进行赈济，史不绝书。

最后，清廷在蒙古地区大力提倡藏传佛教、兴黄教，使宗教成为清廷统治蒙古地区的重要工具。藏传佛教在清朝建立以前就已经在蒙古地区广泛传播，形成了广泛且巨大的社会影响。因此，尊崇藏传佛教就成为清廷抚绥蒙古诸部的重要政策之一。此项政策源于后金政权，在清朝前期趋于完善。"本朝崇礼喇嘛，非如元代之谄敬番僧，盖蒙古最尊奉黄教，兴黄教即所以安众蒙古。"喇嘛享有免除兵役、差役的特权，其寺庙内有庙产、领地和庙丁。因此，"善待蒙古，结为姻亲，联为羽翼，资彼之力，建立巩固的满蒙联盟，是后金—清的基本国策之一。"①这种联动合作、长期共存的民族关系，对清朝巩固统治、维护边疆稳定起到了非常重要的作用。

第二节　满族与锡伯族、赫哲族、达斡尔族的交往交流

一、锡伯族

后金政权建立初期曾遭到锡伯族的武力对抗。明万历二十一年（1593），锡伯部首领曾率兵反抗努尔哈赤的武力征服，失败后，退回故地。1616年，后金建立后，努尔哈赤势力强大，有些锡伯族人归附投诚。据《满文老档》记载，锡伯部巴达纳弃其祖先世居之地，率丁三十名来投有功，升为备御。胡岱、巴珠、格卜库等三人，自锡伯地方携妻子来投有功，其子孙世代勿令当差。但绝大部分锡伯族人仍居嫩江、松花江流域，依附于科尔沁蒙古。至天聪年间（1627—1636），科尔沁等蒙古各部先后归附后金，锡伯部随之归附。崇德元年至顺治五年（1636—1648），清廷先后设立科尔沁十旗，依附科

---

①　周远廉：《清朝兴起史》，吉林文史出版社1986年版。

尔沁之锡伯族也被编入其中。

此后清政府为了达到加强东北地区防务的目的,采取了重金赎回锡伯部的政策。在花费数百万两白银的代价下,康熙三十年(1691)仲夏,康熙帝又遣使至科尔沁十旗,招徕锡伯人。据《黑龙江将军衙门满文档案》记载:康熙三十一年(1692),科尔沁王等以下台吉等,平民以上,将其所属锡伯、卦尔察、达斡尔丁一万四千四百五十八名进献,其中除年老之丁、年幼之童及家奴丁外,可披甲者共一万一千八百一十二名,后又续献一部分锡伯人。清朝统治者将赎回的锡伯族人编入满洲八旗,调防驻迁,使之成为满洲八旗的一支重要武装力量。清政府将移驻齐齐哈尔、乌拉、伯都讷的兵丁四千名、附丁八千名合编为八十牛录,其中镶黄、正黄二旗各二十七牛录,正白旗二十六牛录。锡伯族兵丁的任务是驻防城池、坐卡巡边、保护台站、防范盗贼等。锡伯族的附丁及其家眷的主要职责是开垦土地、种田打粮、饲养牲畜、供养披甲、交纳官粮等。作为嫩江流域的世居民族,锡伯族始终效命于清政府,为保卫边疆、开发边疆做出了重大贡献。

(一)锡伯人的再次迁徙

清政府将锡伯部从科尔沁蒙古旗中抽出,分别调往齐齐哈尔、伯都讷、乌拉等地驻防,这是锡伯族在清代的第一次迁徙。此后,康熙三十八年至四十年(1699—1701),为了加强盛京的驻防以及对锡伯人的统治,清政府又将驻守在伯都讷、齐齐哈尔及乌拉的锡伯人部分移驻到开原、辽阳、义州、金州、兴京、牛庄、抚顺等地,另一部分则留驻京师或派往顺天府等地,分配到满洲、蒙古八旗中当差。

康熙三十七年(1698)上谕:"归化城地方,地阔有鱼,著黑龙江将军等招集齐齐哈尔所有锡伯人等,迁至归化城,交右卫将军兼管。伯都讷、乌拉所有卦尔察兵,著并居伯都讷,看护牧群。伯都讷所有锡伯人等,著迁至盛京,免除盛京八旗兵内懦弱之辈,家奴披甲,由锡伯人内选其身强力壮者,披甲代替。乌拉所有锡伯人等,著迁来京师当差。将锡伯、卦尔察迁移安置事宜,著明春委派大臣二员办理,移来京师之锡伯人等,著派去大臣当即办理,令其起程。"同年四月,黑龙江将军萨布素以锡伯佐领阿木呼郎等旷误防哨奏请:"此项锡伯人,自编牛录,设官披甲,供食俸饷以来,已有五六年,竟至今不遵法令,伊等系特令坐卡查拿盗贼之人,竟如此旷误防哨,甚属可恨。此等之辈,若不严加惩处,则不能使锡伯、达呼尔官兵倾服法令,难以管教操练。"①基于以上原因,清政府拟将伯都讷城及齐齐哈尔城的锡伯人分三批迁往盛京城。第一批迁徙原驻扎在伯都讷城的三十个牛录,他们于康熙三十八年(1699)春耕前到达盛京。第二及第三批迁徙于齐齐哈尔城驻扎的二十四个锡伯牛录,原计划将其先迁往归化城,再迁至盛京。康熙三十八年(1699)正月二十九日,康熙帝谕大学士伊桑阿等曰:"本年自齐齐哈尔迁移之锡伯一半人口甚众,若迁至归化城,则归化城之米不足,著停迁归化城,于本年春耕前,不误农时,赶紧迁至乌拉境内,令其种田,俟收获后,食其所获之粮,迁至盛京,明年再照此例,迁其一半。"②黑龙江将军萨布素接到圣谕后,将原拟由齐齐哈尔城迁往归化城的扎斯泰、阿玉西、迪延、阿穆呼朗、当萨、巴延、乌尔图纳斯图、巴扎尔、德勒登、颁达尔沙、阿裕锡、肯哲客十二个牛录,编为三个小队,每小队由协领一员,佐领、骁骑校各二员,兵丁二百员护送,钦派黑龙江副都统关保统率,自二月十九日由齐齐哈尔城起程,二月二十六日到达伯都讷城。扎斯泰等十二牛录锡伯人,在伯都讷城种田收获后再次起程,于康熙三十九年(1700)正月二十六日到达盛京城,这是第二批迁到盛京的锡伯人。第三批要迁徙的锡伯牛录,即扎鲁、阿木呼郎、孔撰、巴璘、格玫、们笃、鄂绰尔、纳逊、翁散、巴哩衮、阿布喇勒、鄂罗十二个牛录,也参照前一批的迁徙方式,编为三个小队,每小队由协领一员,佐领二员,兵丁八十员护送,钦派黑龙江副都统耿格依统率,于康熙三十九年(1700)正月初七起程,先迁到伯都讷城种田,收获后继续迁徙,于康熙四十年(1701)春耕前到达盛京城。迁徙至盛京的这三批锡伯人后分散到开原、铁岭、兴京、辽阳、盖州、凤城、岫岩、广宁、锦州等地驻防。

清政府又下令将原驻扎在吉林乌拉城的二十个锡伯牛录迁到京师等地。这部分锡伯人于康熙三十八年(1699)初起程,当年四月到达京师,一部分被分至满洲、蒙古八旗之中,在上驷院当差。另一部分则被分到顺义、良

---

① 《黑龙江将军衙门档案》"康熙三十七年",黑龙江省档案馆藏。
② 《黑龙江将军衙门档案》"康熙三十八年",黑龙江省档案馆藏。

乡、三河、东安及山东德州等地,驻守关卡。

无论是从伯都讷和齐齐哈尔城迁徙到盛京地区的锡伯人,还是由吉林乌拉城迁徙到京畿地区的锡伯人,清廷都不再为其专设锡伯牛录,而是将他们编入满洲、蒙古八旗,分散到各地,以便管理。所迁徙锡伯人共计七十四牛录,人口总数为六万六千六百三十七人,不过实际到达盛京及京师的总人口不及此数,这是因为迁徙途中逃亡及死亡人数较多。①

附:《太平寺碑记》译文,原为满文②

碑额:万世永传

太平寺碑记

总集三世诸佛之大成,广开三乘之教义,弘扬释迦牟尼佛法。历史明载世传之锡伯部族,原居海拉尔东南扎赉托罗河一带。其后,移居齐齐哈尔、墨尔根、伯都纳等处,编为七十四牛录,凡四十余载。康熙三十六年,荷蒙圣祖仁皇帝施以高厚仁恩,将锡伯部众分为三批,于康熙三十六、七、八年,迁入盛京,并分置各省驻防效力。康熙四十六年众锡伯筹集白银六十两,购房五间,建立太平寺。自京师虔请甘珠尔经一百零八部,每年四季,集众喇嘛,诵经不绝,永偿所愿。

乾隆十七年,协领巴岱,佐领音德布、阿富喜等众锡伯协力共建三大殿,两侧配庑各三间,正门三间,恭塑三世佛。

至四十一年,协领罗卜桑、拉锡、德固苏、绰地等锡伯,修葺全寺,立宗喀巴、五护法、观世音、四天王诸佛,增请金刚般若波罗密多经,每年四季,不断诵经,永不休止。

嘉庆八年七月十六日,梨树沟边门章京加一级记录二十一次花沙布谨立。

---

① 《沈阳锡伯族志》,辽宁民族出版社 1988 年版。
② 赵展:《锡伯族源考》,载《社会科学辑刊》1980 年第 3 期。

(二)锡伯族的西迁

乾隆年间,清政府先后平定了准噶尔、大小和卓叛乱,开始强化对新疆地区的统治。新疆伊犁地区地处边陲,土地荒芜、人烟稀少,若不加强管理和驻守,则西北地区仍然不能安定。为了加强新疆伊犁地区防务,乾隆二十七年(1762),清政府任命明瑞为首任伊犁将军,在当地筑城设防,移民屯垦,驻兵戍边。清政府陆续从全国各地调遣八旗兵丁、绿营军、流放犯携家属到新疆等地充实西北边疆。但增调兵力仍不能满足边疆开发需要,明瑞将军于是奏请朝廷,请求增员:"闻得盛京驻兵共有一万六七千名,其中有锡伯兵四五千名。伊等未甚弃旧习,狩猎为生,技艺尚可……于此项锡伯兵内拣其优良者一同派来,亦可与黑龙江兵匹敌。"①明瑞将军的奏请得到了批准。乾隆二十九年(1764),清政府从盛京、凤凰、辽阳、开原、牛庄、广宁、熊岳、复州、岫岩、金州、盖州、锦州、义州、兴京和抚顺十五处征调锡伯官兵一千零二十名,连同眷属共计三千二百七十五名,分成两个队,分别于同年四月上旬和中旬自盛京出发,沿北方克鲁伦路和蒙古高原驿路,战风沙,抗洪水,忍饥挨饿,艰苦跋涉。"第一批内安排防御五名,骁骑校五名,兵丁四百九十九名,连同眷属共计一千六百七十五人,交由协领阿穆胡朗管带,于四月初十日起程前往;第二批内指派防御五名,骁骑校五名,兵丁五百零一名,连同眷属共计一千六百人,交由噶尔赛管带,于四月十九日起程。"②第二批锡伯人在出发前于农历四月十八日聚集在了锡伯家庙"太平寺",留在当地的锡伯人为远行的同胞、亲人设宴钱行,祭奠祖先,焚香祈求平安。这一天后来成为锡伯族人重要的民族节日——西迁节。锡伯族两批军民于八月二十四日、二十五日抵达乌里雅苏台,并在此过冬。西迁之锡伯人及所带牲畜由于路途遥远、环境恶劣,大部分已疲惫不堪,不少中途病逝。于是乌里雅苏台将军充扎布奏请借马匹、骆驼,再每人带四个月的口粮和一个月的茶叶,仍分两队,于乾隆三十年(1765)三月初十日继续向伊犁出发。途径科布多一

---

① 《满文月折档》"乾隆二十八年十二月",中国第一历史档案馆藏。

② 《满文月折档》"乾隆二十九年四月二十九日",中国第一历史档案藏。

带时,正值阿尔泰山积雪融化,锡伯人只得绕科齐斯山行进,一路克服重重困难,最终于七月二十日、二十二日前后抵达伊犁地区。

盛京锡伯族军民到达伊犁境内时人数实为四千零三十人。据乾隆三十年(1765)九月十八日,参赞大臣爱隆阿、伊勒图等奏:锡伯人"前来伊犁时,除已入册之人口外,途中相继出生婴儿已达三百五十余人。此外,经我等在途中查出从原籍自愿跟随而来的男女已有四百余人。其中,男二百四十七名,妇女一百五十八名"①。伊犁将军随即将西迁而来的锡伯人编为六个牛录,将其驻扎在惠远城之南伊犁河畔。乾隆三十一年(1766)正月,清政府又将锡伯人迁移到察布查尔地区,将六个旗扩编为八旗,组建锡伯营。作为"伊犁四营"(索伦营、锡伯营、察哈尔营和额鲁特营)之一,锡伯营是集军事、行政、生产三项功能于一体的组织,在此后的历史进程中,为建设边疆、抵御外敌做出了巨大贡献。

锡伯族军民迁驻伊犁河南岸后,自耕自食,开始在察布查尔各地修渠引水、开荒种地。其中有至少三个牛录的军民在伊犁河支流——绰霍尔河两岸安营扎寨,引该河水开垦土地一万亩,解决了锡伯营自身的口粮问题。同时,以清政府借予的马、牛为基础,他们创办了营办"马厂"和"牛厂",初步解决了军供。

18世纪末19世纪初,锡伯族人口逐年增多。时任锡伯营总管的图伯特根据军民的意愿,决定在绰霍尔河南开凿一条引伊犁河水的新渠,以扩大耕地面积。大渠动工后,经过六年的艰苦劳动,终于在嘉庆十三年(1808)初竣工放水。该渠东西长二百余里,渠深一丈,宽一丈二尺,时称"锡伯渠"或"锡伯新渠",后称为"察布查尔布哈"(察布查尔渠,锡伯语,意为粮仓渠)。该渠一经凿通,自最东面之镶蓝旗至最西面的镶黄旗各牛录,增加新垦耕地七万八千七百多亩,自此,锡伯营军民的生活有了巨大的改善,察布查尔地区荒凉的面貌开始改变,锡伯营成为伊犁八旗中最富庶的旗营。

索伦营亦为伊犁四营之一,由达斡尔族和鄂温克族组成。嘉庆三年(1798)和道光十四年(1834),清政府自锡伯营抽调二百六十青壮年户共计一千二百七十九人补充到索伦营西四旗。清末,索伦营中锡伯族已占多数。在驻守台站、防守卡伦、开发边陲等活动中,锡伯族军民与达斡尔族、鄂温克

---

① 《清高宗纯皇帝实录》,中华书局2008年版。

族军民共同做出了贡献。

二、赫哲族

(一)"编户编旗"改变赫哲族社会组织

后金初期,统治者将包括赫哲族在内的黑龙江流域部分部族迁往辽东等地,以加强对其的管理。天命元年(1616)十月,努尔哈赤派遣大臣安费扬古、扈尔汉率兵抵达黑龙江、松花江汇合处一带,招抚居住在齐纳林(又称钦德兰)一带的努叶勒(诺雷)、胡什哈里两大赫哲部族。努叶勒和胡什哈里族众千余人随后金军迁至牡丹江与乌斯浑河汇流处定居,从事渔猎生产生活。后金时期,虽然部分赫哲族民众南迁,被纳入到后金直接统治之下,但坚守在黑龙江、乌苏里江流域的部分赫哲人并未被完全编入旗籍,与后金统治者保持着松散的朝贡关系,仅需每年进贡貂皮等特产。

清初,统治者为加强对黑龙江流域部族的管理,将包括赫哲族在内的部分少数民族人口编入八旗,称"伊彻满洲"或"新满洲",未能编旗者编入村屯成为户民,隶属宁古塔、三姓副都统等管辖。顺治二年(1645),清政府为镇压山东地区的起义,征调赫哲族参军作战。回师之后,这些赫哲族被编入八旗,亦为"新满洲"。随后,清政府多次将归顺的赫哲族部众分批迁徙到宁古塔、三姓等地区披甲入旗,设置协领对其进行管辖。此外,清政府将部分赫哲人迁至盛京、北京等地入旗。顺治十年(1653),沙尔琥达将军与赫哲族葛依克勒氏族头人库力甘额夫等十二人受清政府命,招抚赫哲族九姓四百三十二户并将之编入户籍。康熙十五年(1676),又新增赫哲、费雅喀部族编户一千零二十九户。康熙、雍正及乾隆朝,清政府多次在黑龙江流域增编户民,共编赫哲族一千二百七十七户、费雅喀九百七十三户。[①] 康熙五十三年(1714),清政府从三姓地区赫哲族中挑选二百名披甲,编为正黄、镶黄、正白、正红四旗,并任命其部落首领担任世管佐领(世袭佐领)。其中正黄旗由德新赫哲部落葛依克勒哈赉达扎哈拉充任世管佐领,镶黄旗由奇纳林赫哲

---

① 曹廷杰:《西伯利东偏纪要》,辽海书社 1885 年版。

部落努业勒哈赍达堪戴充任世管佐领,正白旗由锡禄林赫哲部落胡什哈里哈赍达额普奇充任世管佐领,正红旗由奇纳林赫哲部落舒穆鲁噶山达崇古喀充任世管佐领。雍正十年(1732年),清廷命三姓副都统从赫哲族打牲人丁中,挑选披甲八百名,增设正黄、镶黄、正白、镶白、正红、镶红、正蓝、镶蓝八旗公中佐领(非世袭佐领)。

在漫长的历史进程中,赫哲族实行"哈拉莫昆"的社会制度,以血缘为纽带,严格遵守氏族内禁婚、氏族审判、亲属继承财产等部族法规。"哈拉"语义为"姓氏",即指氏族,"莫昆"语义为"族",即指家族或宗族。"达"语义为"长""领导者","哈拉达"语义为"氏族长","莫昆达"语义为"宗族长"。清统治者将松花江下游、黑龙江、乌苏里江流域的赫哲族编入"新满洲",而未编入旗的人员则编入户籍,以噶珊(村屯)或氏族为基层组织,由姓长、乡长进行日常管理,宁古塔、三姓副都统统辖。

(二)"贡貂赏乌林"制度改变赫哲族生产方式

渔猎是赫哲族传统的生产方式。有清一代,赫哲族与满族等其他民族交往频繁,积极学习其他民族先进的渔猎方法。早期赫哲族使用椴树皮、柳树皮、黄芹等野生植物纤维编织渔网。后来,棉线和麻绳从辽东地区传入赫哲族,使其不仅提高了渔网质量,而且增加了网的种类,大大提高了打鱼效率。此外,铁器和火器的传入使赫哲族的狩猎得到质的飞跃。如伏弩作为弓箭的衍生品,是射中率高的狩猎武器。"激达"又称扎枪,由枪柄、枪头两部分组成,枪柄由硬木制成,枪头由兽骨制成。满族的铁器传入赫哲族之后,他们使用铁质枪头"激达"猎捕黑熊、野猪、老虎等大型动物,而火绳枪等火器的传入,不但帮助其提高狩猎效果,而且可保护猎人。

清政府规定,黑龙江流域民人每年每户贡貂皮一张,朝廷返给丰厚财帛,这即为"贡貂赏乌林"制度。清朝"贡貂赏乌林"制度对赫哲族商业和手工业的发展发挥了重要作用。赫哲族每年向清政府贡貂的同时,还带兽皮等特产到中原地区或三姓地区进行交易,换回衣服、盐等生产生活必需品。"三姓城中……主要是一些专营皮张贸易的店铺,他们从前来三姓的少数民族手中收购貂皮等皮张,再转售给前来此地的内地商人。"①在满族和汉族等民族的影响下,赫哲族手工制品的种类和技艺水平有所发展,产品受到其他民族的喜爱。"在那乃人的手工业中,锻铁业占有重要地位。那乃人的锻铁业是在汉人和满人的影响下发展起来的。他们用铁制作渔猎用具、各种生活用具,还制作铠甲和头盔。那乃人造船和制作雪橇及滑雪板的技术,已达到相当高的水平。那乃族妇女鞣制兽皮和鱼皮,制作鱼皮线和鱼胶,缝制服装和靴鞋,编筐织席,制作桦皮器皿,等等。"②可见彼时赫哲族大量制造船只、桦皮器皿、渔具、猎具、鱼皮、兽皮、衣物等到市场上进行交易。

(三)杂居通婚改变赫哲族生活习惯

黑龙江流域的赫哲族在迁徙过程中,与满族、汉族等杂居,清廷向部落首领赏赐物品,封官赐爵。在与其他民族的日常交往中,赫哲族的生活习惯发生变化。恩赐财物和为无室者提供妻仆,是清朝统治者安抚赫哲族的重要手段之一。"天命三年十月,闻东海瑚尔哈部长纳喀达,率民百户来降,命二百人迎之。二十日至,上升殿。降众见毕设宴。将举家来归者列一处。有遗业而来欲还者,另立一处。其为首八人,各赐男妇二十口、马十四、牛十只、冬衣、蟒缎、皮裘、大褂、秋衣、蟒袍、小褂,四季衣服俱备,及房田等物。"③为笼络赫哲族诸部,凡入京娶妻者,清政府送给下嫁女子丰厚的嫁妆。"松花江中洲上(通呼巴汉)敦敦地方剃发黑斤屯、又下八百余里北岸阿吉地方、又下六百里南岸普禄地方、又下二十余里北岸乌活图地方,三处俱不剃发黑斤屯。四屯各有铜坛一件,呼曰奇勒革特二拉荡云,系先代取革居陪嫁之物,以为传家至宝。"④随着赫哲族和其他民族的联姻,蟒袍、鞋帽、器具、书籍、药物等物品进入赫哲族的日常生活中,改变了赫哲族的生活习惯。赫哲族妇女服饰受满族的影响较深,其上身如同满族人着长袍,衣襟过膝,腰身稍窄,下身肥大,袖子肥短,只有领窝,没有衣领,喜紫色,梳方头,穿厚底龙

① 佟冬、丛佩远:《中国东北史》,吉林文史出版社 2006 年版。
② 侯育成:《西伯利亚民族简史》,黑龙江省社会科学院西伯利亚研究所 1987 年版。
③ 《清圣祖仁皇帝实录》,中华书局 2008 年版。
④ 《清圣祖仁皇帝实录》,中华书局 2008 年版。

舟鞋。年轻妇女佩戴耳钳(乌雅坎),老年妇女戴耳环(希坎),妇女无论年龄大小都喜爱戴手镯。清朝中期,赫哲族从三姓满族人那里学会食用小米等农作物,每逢过年过节和家中来客人时,要用小米做成"拉拉"(稠粥)或"蒙古布达"(肉粥),表示庆祝及尊敬。在商品交易及民族交往中,赫哲族学会了使用满语交流,接受满族"国语骑射"教育,并学习使用满文。

三、达斡尔族

达斡尔族的先民主要散居在外兴安岭以南精奇里江流域与东起牛满江西至石勒喀河的黑龙江北岸地区。天命元年(1616年)七月,清朝统治者派军队征讨居住在黑龙江、精奇里江一带的达斡尔族。天聪九年(1635),皇太极命管步兵梅勒章京霸奇兰、甲喇章京萨穆什喀率章京四十一员,兵二千五百人征讨达斡尔人居住地区。崇德五年(1640),清政府将在征服索伦部战争中俘获的壮丁、妇女等共五千六百七十三人均隶入八旗,编为牛录。此后,又将陆续归附内迁的达斡尔人编为都博浅、莫日登、讷莫尔三个扎兰,由齐齐哈尔总管衙门管辖。经过长期的征讨,达斡尔族被纳入清廷统治之下的人口达一万八千一百七十人。为了维护对其的统治,清廷将部分归顺的达斡尔人分散"充补各旗披甲之缺额",后又实行了"兵留将守"制度,即在达斡尔各村分别驻守一部分军队,并派驻若干将领来管理达斡尔族事务。后因沙俄殖民者的入侵和清政府对其统治的加强,达斡尔人南迁至大兴安岭和嫩江流域。"兵留将守"制度在黑龙江北岸达斡尔族聚居地区实行的时间不长,几年后又由于达斡尔族举族南迁而结束,它实际上是清朝统治者对达斡尔族人民实行的一种强制性的军事管制。

雍正九年(1731),清政府在达斡尔族三个扎兰和鄂温克族五个阿巴的基础上,按哈拉、莫昆将达斡尔人编为布特哈八旗。其中,达斡尔人聚居的都博浅扎兰被编为镶黄旗,莫日登扎兰被编为正黄旗,讷莫尔扎兰被编为正白旗。在瑷珲、墨尔根、齐齐哈尔、呼伦贝尔、呼兰等城驻防的八旗官兵中,均有一定数量的达斡尔人。在齐齐哈尔、墨尔根、瑷珲三座军事重镇的官兵中,"达呼里居数之半"。因清政府规定布特哈地区凡年满十五岁男子,每年贡纳貂皮一张,此地百姓便每年五月在齐齐哈尔城附近举行"楚勒罕"(集市),届时人们拣选贡貂,并有满汉等各族人民到此进行贸易。

清朝统治者另一方面也重用达斡尔族人。如天聪八年(1634),皇太极将格格尔公主嫁与归附的达斡尔族首领巴尔达齐为妻,并封其为额驸。

顺治六年(1649),额驸巴尔达齐、公主格格尔自精奇里江多科屯携带家族成员迁居京师,清朝统治者赏给巴尔达齐家族住宅和田园,并授予巴尔达齐家族世袭佐领。清朝统治者还重视任用大批达斡尔族官员,如孟格德被授为二等侍卫,倍勒尔任防守瑷珲总管、副都统,马布岱任布特哈地方索伦总管、副都统,齐三任布特哈总管衙门副总管等等。① 达斡尔人骁勇善战,被清政府征调作战达六十余次,平时他们分驻瑷珲、呼伦贝尔等地镇守,在开发和保卫东北边疆上做出了卓越贡献。

第三节　满族与汉族的交往交流

一、满汉互补交流

后金时期,努尔哈赤和皇太极就极力拉拢明朝将领,重用汉族人才。清朝建立后,特别是问鼎中原之后,其统治疆域进一步扩大,所管辖的民族数量进一步增加,清朝政府所面临的局部地区民族关系问题就逐步演变成全国的民族关系问题。这样,清朝民族关系格局的范围进一步扩大,而民族问题的复杂性也愈加突显。尽管清朝实现了统一全国的战略目标,但是满族人口数量相对于汉族来说较少,各类人才资源有限,以少临众的局面不但没有得到改变,反而进一步加剧。这就决定了满族贵族必须联合其他民族成员共同执政,才能巩固清朝统治。清朝统治者有针对性地采取一系列政策和措施调整满汉之间的关系,从总体上将满汉关系调整到相对稳定的状态。

---

① 　吴扎拉克尧:《清代满族与其他少数民族关系研索——以黑龙江地区为中心》,载《黑龙江民族丛刊》2007 年第 5 期。

首先,主动吸收汉族先进的政治制度、经济生产方式,以增强自身实力。其次,尊孔取士,学习汉族风俗文化等,把儒家学说当作统治思想和社会主导意识形态,此举大幅度减少了满汉文化冲突,有利于缓和满汉矛盾。最后,招揽人才,从优录用,对于进入黑龙江地区的汉族人口实行赐予田产、劝民垦荒等政策。清朝时期迁入黑龙江地区的汉族人,无论是汉军、流人还是普通百姓,不仅数量多、分布广,而且将先进的生产技术、思想文化带入到边疆地区少数民族之中,与当地满族交流互补,加速了黑龙江地区的建设和发展。

黑龙江地区地广人稀,冬季漫长,气候寒冷。清初,百姓生活困苦,例如宁古塔一带的少数民族,不知种蔬菜,汉族人教其种蔬菜,不知养蜜蜂,汉族人教以煎熬之法,始有蜜有蜡。"遇喜庆事,汉人自为蜡烛,满洲人亦效之。"①黑龙江东部地区满族等少数民族多采用较原始的"火田法"耕种方式,每垧地仅能收获约一石粮食。汉族人迁入后,广泛使用牛耕和铁质工具,采用中原地区的"轮作法",使黑龙江地区的粮食产量有了很大提高,农作物品种也多了起来,各族人民的经济生活也发生了很大的变化。在手工业方面,黑龙江地区的房屋、车船建造等,其工匠很多都是汉族人。此外,在汉族商品贸易的影响下,各少数民族的商品交换意识有所加强,汉族、满族及其他民族间的交往频率增加,交流范围有所扩大。总之,随着汉族流人、移民的不断迁入,清代黑龙江地区的社会经济、文化水平得到了快速发展。汉族与满族在政治、经济、文化方面互补、互利,同蒙古族、锡伯族、赫哲族、鄂伦春族、鄂温克族等一起开发黑龙江,守卫黑龙江。

二、汉族移民高潮

清朝统治者入主中原以后,将数以万计的人口由东北地区大规模地迁徙到关内,并设边墙对其发源地实行封禁保护。这一政策所导致的直接后果,是东北地区以往的政治、经济中心人口锐减,城镇废弃,大片荒地出现。但随着封禁政策的失效、八旗生计问题的突显,以及外敌对边疆的不断侵

---

① 吴桭臣:《宁古塔纪略》,见杨宾等:《龙江三纪》,黑龙江人民出版社 1985 年版。

扰,清政府开始加强对东北地区的管理,鼓励人民出关垦荒。另外由于战争、天灾等原因,关内大量汉族流民也主动进入关外广大地区,使得东北政治、经济发生巨大变化。

清朝初期仍沿用明代对罪犯的充军、遣戍、实边制度。三姓、宁古塔等黑龙江地区即为发遣罪人的流放地,所遣人等或单身就道,或携带家属移民东北。康熙年间,黑龙江地区设防驻旗,因此有了少量的旗地,这些遣犯被派到此地种植土地,驻守边防。康熙五十二年(1713)定"发遣人犯,暂停发齐齐哈尔、黑龙江等处。俱著发三姓地方"。乾隆三十七年(1772年)又定"……并发齐齐哈尔、黑龙江、三姓、喀尔喀、科布多,或各省驻防为奴"①。由此黑龙江地区人口不断增加。嘉庆八年(1803)九月,据查丈田亩之协领沃胜额等报称:"职等奉派查出吉林地方民人私垦浮多地四万九千九百六十八亩,无丁分居之民人五十五户,由内地流来民人二百四十六户;查出伯都讷私垦浮多地一千七百五十九亩,内地流民三百九十八户;查出阿勒楚喀内地流民二百八十七户;查出宁古塔无丁分居之民人一百零五户;查出三姓有内地流民一百四十一户,等语。"②

清后期,清政府废除封禁政策,东北地区开始接纳外来移民,并鼓励汉族人移民东北,因此黑龙江地区的汉族人口逐年增加。道光后,由于沙俄等列强侵略,清政府为了解救危机,实行"屯垦""招民试种"政策(也叫"移民实边""试办屯田")。咸丰十年(1860),沙俄侵占乌苏里江东部地区后,又于1871年出兵伊犁,并扬言欲进攻东北。所以光绪六年(1880),清廷派吴大澂督办宁古塔、珲春、三姓防务和屯垦事宜,因而开放了三姓属界倭肯河等处,致使大批移民进入此地。光绪十七年(1891),全区域内人口为三千零一户,计二万一千五百一十八人。至宣统三年(1911)增加到七千一百二十三户,计三万二千四百五十七人。由此可见,清朝后期,清政府废止"封禁令",开始实行"京旗移垦""移民实边"政策,大量关内移民深入黑龙江地区,开垦了大量荒地。

---

① 辽宁省档案馆等:《三姓副都统衙门满文档案译编》,辽沈书社1984年版。

② 辽宁省档案馆:《清代三姓副都统衙门满汉文档案选编》,辽宁古籍出版社1995年版。

清朝关内流人移民东北的原因主要有以下几点:第一,政治原因。清代自雍正朝起,八旗人口生计日益拮据,为了解决这一问题,清政府采取"京旗移垦"政策。所谓"京旗移垦",就是把居住在京畿一带的闲散旗人,移往东北从事农业垦殖,使其自食其力,以减轻国家的财政负担。这些旗人在迁移的过程中,也带来了很多汉族人口。此外,面对东北边疆危机,一些边疆大吏疾呼,要加强边务,开禁实边。清政府在加强盛京驻防的同时,不得不放弃落后的封禁政策,颁布招垦政策,主动招关内民人出关开垦土地,这样,数百年封禁之地利,遂至荡然无存。清廷通过招民开垦令将出关的各族居民编户入籍,承认其拥有土地所有权,并令州县征收赋税,摊派徭役,使之组成与关内生产关系一样的民地系统。康熙年间,西方列强对东北边疆不断侵扰,清政府急需移民实边,抵抗外敌,加上关内天灾连年,百姓自愿出关垦种,遂出现关内流民向黑龙江等东北地区移民的高潮。

第二,经济原因。移密就疏是早期经济移民的自然选择,东北地区南部经历代开垦,荒地已基本开发殆尽,土地承载量达到极限。康熙中叶以后,历经几十年太平盛世,伴随社会生产力的发展,人口骤增,关内土地严重不足,以致出现大量的过剩人口,关内人口密度远高于黑龙江等东北沿边地区。尤其是松花江下游、黑龙江流域地广人稀,人口密度很低,彼时荒凉遍野,渺无人烟。此外,黑龙江地区除了有肥沃的土地资源外,森林、物产、畜牧、水源等资源也十分丰富。对于关内的汉族百姓来说,清政府优越的政策以及黑龙江地区大片的荒芜、富饶的土地极具吸引力,所以关内汉族百姓源源不断地进入三姓、瑷珲等黑龙江地区。

第三,自然原因。清代华北内陆地区的生存环境由于人口的增加和战争的破坏日益严峻。再加上全国许多省份遭灾,直隶、山东、河南等地流民纷纷涌向关外辽东地区。尤其是山东地区,因地力不丰,物产缺乏,涌向辽东的流民更多。《荣成县志》记载:"地瘠民贫,百倍勤苦,所获不及,下农拙于营生。岁歉则轻去其乡,奔走京师辽东塞北。"自然灾害加上与官僚勾结的地主、富豪的盘剥,即使丰年"穷民所得之分甚少,一遇凶年,自身并无田地产业,少壮者流离四方,老弱者即死于沟壑",其他省份情况也类似。因此,地广人稀的三姓等东北地区必然成为流民寻求生路的乐土。

第四,交通改善。由东北地区政区地图可以看出,一些人口聚居区和城镇的兴起都是因其临近陆路或水陆发达的交通要道。进入东北地区的流民中,山东地区流民多经由海路到达辽东半岛,而其他内陆地区流民大都沿陆路经山海关进入东北。清初东北东部边疆交通极为不便,只有吉林至宁古塔、宁古塔至珲春等驿道,且驿道上驿站寥寥。清后期为移民实边,黑龙江地区在原有基础上开辟了若干驿道,主要有宁古塔至三姓、宁古塔至三岔口、珲春至密山等等,并在驿道上设置了众多驿站,一些城镇便兴起在驿道、驿站旁,这些驿道后来成为公路、铁路修建的基础。清末黑龙江地区又开辟了几条重要的道路,主要有富锦至饶河、虎林至穆棱至宁安、富锦至宝清至密山、密山至勃利至三姓等。这些道路方便了移民逐渐深入到东北内部,沿路开荒建城,也有利于各城镇与外界的交往和自身的发展。

三、满汉通婚

对于满族发源地东北地区,清政府十分重视对各民族关系的管理,满汉通婚更呈现出有别于其他地区的发展样态。

目前学界对于清代满汉通婚问题已有诸多探讨和研究:有些学者认为,有清一代,统治者为了维护其至高无上的地位,曾严令禁止满族与汉族间自由结亲,即"满汉不通婚"。美国学者黄仁宇言:"满汉通婚被禁止。"[①]近年来学者通过对清代文献、档案及家谱等史料的深入梳理,发现仅以民族成分作为通婚限制的说法似乎并不符合史实,正如清史学家王锺翰先生所言:"有清一代三百年间,上自王公贵族(宗室觉罗),下至平民百姓(披甲、闲散),满汉互相通婚的事实,确是普遍存在的"[②]。继而出现"不分满汉,但问旗民"的观点,即强调清代"满汉不通婚"的限制,关键不在于传统所认为的民族成分,而是强调编入八旗的"旗人"和编入户籍的"民人"之分。在八旗内部,不论满、汉,乃至在旗的蒙古、锡伯、达斡尔等民族间均可自由通婚,而

---

① 黄仁宇:《中国大历史》,三联书店2008年版。

② 王锺翰:《满族八旗中的满汉民族成分的问题》,见《清史续考》,华世出版社1993年版。

身份不同的"旗人"和"民人"间却禁止通婚。刘小萌教授认为,"清代社会婚姻关系的基本特点是旗民不通婚"①。杜家骥教授提出:"清朝统治者的满汉不通婚政策,确切地说,应称旗(人)、汉(人)不通婚政策。"②郭松义教授解释道:"由于旗人的主体是满人,民人的主体是汉人,所以旗民不通婚,有时也叫满汉不通婚。"③实际上,是否禁止满汉(旗民)间通婚,有一个历史范畴,清代各朝此禁令历经变革,在不同的时间、不同的地域、不同的层次上,政令的具体实施情况存在着较大的差异。特别是在满族的发源地东北地区,由于满汉杂居,旗民人口比例不平衡等,尽管统治阶级的通婚政策几经变革,满汉(旗民)通婚基本上呈现出连续的状态。

(一)清初提倡满汉(旗民)通婚

明末清初,满洲贵族起兵统一东北女真各部,建立了后金地方政权。此时后金的统治范围在东北地区,因此各项政令都是为了维护其在东北地区的统治,稳定东北各民族间的关系而制定的。

努尔哈赤统治时期,为了巩固刚建立的政权,缓和社会矛盾,清太祖主张笼络汉族地主阶级及知识分子,对投降的汉族将领和官兵配给妻室,提倡满汉通婚。后金天命三年(1618),明朝守将李永芳因立有投降后金的"首功",所献抚顺城又是后金夺得的明朝辽东第一城,努尔哈赤大喜,将第七子阿巴泰之女妻之,并升其为总兵,命他继续管领抚顺城,称他为"抚顺额驸"。李永芳次子李率泰年至十六岁时,努尔哈赤又将宗室女下嫁之。通过政治上的联姻,后金稳定了满汉臣民的军心,进而达到与之合力抗明、进军中原的目的。

皇太极也极力主张学习汉族的制度、文化,鼓励满汉间通婚。天聪六年(1632),后金大将贝勒岳托建言:对于归降后金的汉族官兵,"诸贝勒大臣以女与之,岂不有名,且使其妇翁衣食与共,虽故土亦可忘也","凡一品官,以

---

① 刘小萌:《清代北京旗人社会》,中国社会科学出版社2008年版。
② 杜家骥:《八旗与清朝政治论稿》,人民出版社2008年版。
③ 郭松义:《伦理与生活——清代的婚姻关系》,商务印书馆2000年版。

请贝勒女妻之。二品官,以国中大臣女妻之"。① 太宗嘉纳之,攻下大凌河后,大凌河守备刘士登就迎娶了镶红旗牛录的女儿。与此同时,清朝统治者还将俘获来的民间汉族女子嫁给无配偶之旗人。崇德七年(1642),"松山、锦州、塔山俘获蒙古妇人二百二十五口,汉妇人四百五十一口,幼稚六口。至是命择蒙古妇人,赐和硕亲王以下,固山贝子以上各一人。其余分给各处归附无妻之人为妻"②。可见,此时东北地区的满汉通婚,不仅仅限于贵族阶层的政治联姻,普通旗人、民人间也可婚嫁。

入关后,清廷仍奉行太祖、太宗所提倡的满汉通婚之策。顺治五年(1648)八月,顺治帝谕礼部:"方今天下一家,满汉官民皆朕臣子,欲其各相亲睦,莫若使之缔结婚姻。自后满汉官民有欲联姻好者,听之。"③后又谕户部:"朕欲满汉官民,共相辑睦,令其互结婚姻,前已有旨。嗣后凡满洲官员之女,欲与汉人为婚者,先须呈明尔部。查其应具奏者即与具奏,应自理者,即行自理。其无职人等之女,部册有名者,令各牛录章京报部方嫁,无名者听各牛录章京自行遣嫁。至汉官之女,欲与满洲为婚者,亦行报部。无职者听其自便,不必报部。其满洲官民娶汉人之女,实系为妻者,方准其娶。"④为了倡导满汉(旗民)通婚,顺治帝亲自做表率,选汉族女子入宫,即户部左侍郎石申的女儿,并恩赐永寿宫,封为恪妃。在世祖的倡导下,贵族亲王们也积极迎娶汉族女子为妻,还有一些汉族大臣娶旗人女子为妻。吴三桂降清后,清廷即赐其四名满族女子。

这一时期东北地区的民间,受上层统治阶级的影响,汉族与满族间通婚自由。且原以采集狩猎为主要生产生活方式的满族,主动向经济发达的汉族学习农业耕作,两族多愿意结亲互助。满、汉通婚时,双方家庭都要送一些厚礼,如农业生产工具、种子、生活用品等,这促进了满族社会经济的发展。另外,两族在风俗习惯、思想教育方面相互影响,文化相互融合,有利于后金这个新政权稳定在东北地区的统治,消除民族矛盾。

---

① 《清太宗文皇帝实录》,中华书局 2008 年版。
② 《清太宗文皇帝实录》,中华书局 2008 年版。
③ 《清世祖章皇帝实录》,中华书局 2008 年版。
④ 《清世祖章皇帝实录》,中华书局 2008 年版。

(二)清中期禁止满汉(旗民)通婚

清朝统治者禁止满汉通婚,约始于顺治末年,盛于康乾盛世时期。此禁令的实施,概因满族作为统治阶层,认为需保持本民族"血统的纯正和尊贵",保护本民族的传统语言、民俗,此外如果过多地与汉族通婚,也会给旗人的田产、人口带来影响。《辽阳县志》载,顺治以来满人与民人不交产、不结婚,意在保持生计及民族。①

不管出于何种考虑,清朝统治者对于满汉禁止通婚开始有了明确规定。乾隆二年(1737)上谕内务府:"向来包衣管领下女子,不准聘与包衣佐领下人,包衣佐领下女子,不准聘与八旗之人。"乾隆五十七年(1792)又议准"宗室觉罗不得与民人结亲,违者照违制律治罪"②。可见,清廷的禁婚是以在旗与否为限定的。此外,清政府规定凡是宗室王公嫁娶可以"领红赏",而如果与旗外通婚不但领不到红赏,还会治罪。然而在实际嫁娶时,宗室与旗人娶汉族女子为妻的情况并不少见。此外,即便是宗室女子,也有因特定的政治需要而下嫁汉族男子的。

1. 颁布东北地区满汉(旗民)通婚的禁令

清政府禁止满汉通婚的政策,在满族的发源地东北地区有特别的规定。

乾隆七年(1742)三月,兵部议复:"议政大臣和硕裕亲王广禄等会议,黑龙江将军博第等奏称,黑龙江城内贸易民人,应分隶八旗查辖。初至询明居址,令五人互结注册,贸易毕促回,病故、回籍除名,该管官月报。如犯法,将该管官查议。其久住有室及非贸易者分别注册,回者给票,不能则量给限期。嗣后凡贸易人,娶旗女、家人女,典买旗屋,私垦租种旗地及散处城外村庄者,并禁。"③

乾隆二十九年(1764)下发给吉林将军衙门的一份禁令称:"旗人之女不嫁民人,行之已久,而不禁家奴之女嫁与民人。此事若不严行禁止,则不守本分之流民到处栖止,于地方无益。嗣后不论旗人之女与家奴之女,皆不得

---

① 隋中岳等:《辽阳县志》,奉天第二工科职业学校 1928 年版。
② 《清高宗纯皇帝实录》,中华书局 2008 年版。
③ 《清高宗纯皇帝实录》,中华书局 2008 年版。

嫁与民人为妻,违者一经查出,则治以重罪。"①

乾隆三十年(1765)十一月,奉天副都统常在建言:"蒙古、锡伯、巴尔虎、汉军包衣佐领下之女,照满洲例,禁止与汉人结亲。"清廷回谕道:"汉军每与汉人结亲,历年已久,毋庸禁止。其另户蒙古、锡伯、巴尔虎佐领下女,俱照满洲例。从之。"②

然而对于汉军八旗与民人通婚,清统治者多采取与其他八旗不同的态度。雍正十三年(1735),福州将军准泰上奏:"闻得别省汉军驻防地方,多有将女儿许配民人者,总以定例未载,相沿成习。伏思汉军与满洲、蒙古均属旗人,所有定例相应划一遵行。奴才请嗣后,凡汉军旗人之女,悉照满洲、蒙古之例,不许卖与汉人,亦不许私与汉人结姻。"而雍正帝回复准泰:"向来既未定例禁约,此非目前要务,姑且缓之。"乾隆帝曾言:"汉军每与汉人结亲,历年已久,毋庸禁止。"由此可见,清朝统治者对汉军八旗与民人通婚采取默认的态度。

从清廷向东北地区下达的谕令可以看出:首先,这几份谕旨都是一事一议的回复,并不是清政府针对全国统治而下发的政令或大清律例。其中乾隆七年(1742)的谕令是针对黑龙江城内贸易民人的,乾隆二十九年(1764)的禁令是下发给吉林将军衙门的,乾隆三十年(1765)的谕令规定,蒙古、锡伯、巴尔虎包衣佐领下女子禁止嫁与汉族男子,但是却排除了汉军包衣佐领下女子。其次,"旗民不婚"的规定明确禁止旗人女子外嫁与汉族民人,而对于民人女子嫁进八旗或汉军八旗与民人通婚,并没有严格限制。最后,这几条禁令表面上是限制东北地区"旗人"与"民人"自由通婚,实际上是出于经济因素考虑,通过"旗民不通婚""旗民不交产"来减少民人在东北地区置产垦荒、安家落户,从而保护旗人在关外的田产和经济利益。

2. 东北地区民间满汉(旗民)通婚呈现连续性

虽然清廷对于东北地区旗民(满汉)通婚有严格的禁令,但实际情况是,民间满汉通婚屡禁不止。康熙四年(1665),清廷定例:"宁古塔流徙民人,有

---

① 辽宁省档案馆:《清代三姓副都统衙门满汉文档案选编》,辽宁古籍出版社 1995 年版。

② 《清高宗纯皇帝实录》,中华书局 2008 年版。

嫁女旗下者,听。"①"黑龙江,系罪人发配之所。"清中期发遣到黑龙江等东北地区的流犯多为中原的汉族文人、政客,其随行所带的汉族家属数量也十分庞大。这些"流徙民人"到当地后与旗人杂居,参与生产劳动,其中与旗人婚嫁的自然不在少数,而清统治者对汉族民人女子嫁给旗人采取默认态度,这也是东北地区满汉(旗民)通婚的主要形式。

在东北地区民间,特别是满汉杂居地区,很多旗人娶汉族女子为妻时采用"顶名婚"或"私相聘娶"等办法,达到通婚的目的,不过满族女子很少嫁给汉族男子。"红、黄带子娶民人女子为嫡妻仍用顶名办法,但娶民人女子为庶妻,庶妻生子时可以随子一起上册。"②所谓"顶名婚",就是汉族女子"顶上汉军旗人已出嫁的女儿名字上册",以隐瞒汉族民人身份的方式嫁给满族男子。如果是红、黄带子与民人女子通婚,就让民人女子"顶上不属于宗人府所辖的满人姑娘的名字上册"。

清中期,大批汉族百姓因天灾移居关外,来到土地资源丰富的东北地区,与当地的满族等杂居相处,在共同的地域和经济环境下,民族融合、文化涵化是必然趋势。乾隆十二年(1747),宁古塔将军阿兰泰奏称:吉林乌拉原来仅有旗人,而后民人陆续移入,与八旗满洲杂居,长期相处,相互融合,许多旗人与民人成为好友。但是,当地的很多满族人,特别是不识农业的旗人却非常贫困。乾隆六年十一月(1742.1),宁古塔将军鄂弥达等曾奏:"吉林乌拉满兵三千余户,穷苦者一千一百八十五户,甚穷苦者六百七十八户。盖因兵丁每月食饷二两,又无米石,值屡次出征,每年两次打围,需费甚多。又扣豫借生息银两,放饷时,除抵扣外,所余无几。"③这些旗人因贫困无力娶妻,而有些汉族家庭却很富裕,因此他们多与这些民人女子结婚。出于经济目的,有些贫困的汉族家庭也愿意将女儿嫁给旗人,"为了以后能将女儿嫁入旗人之家,自小就不给女孩子们缠足"④。

① 张廷玉等:《清朝文献通考》,商务印书馆 1936 年版。
② 《满族社会历史调查》,民族出版社 2009 年版。
③ 《清高宗纯皇帝实录》,中华书局 2008 年版。
④ 《满族社会历史调查》,民族出版社 2009 年版。

3. 史料中有关东北地区满汉(旗民)通婚的记载

杜家骥教授在研究东北吉林地区《他塔喇氏家谱》中记载婚嫁的情况时发现:"共得 719 例,其中与当地满洲旗人结姻者为 509 例,占总数的 71%。与汉姓通婚为 210 例,占总数的 29%,这 210 例中,明确为汉军旗人的为 80 例,其他 130 例中,很多是明确写作'民籍'汉姓人。其未写民籍的汉姓人,满洲旗人当很少。""统计数字还表明,这 210 例与汉族血统通婚之事中,该家族男性娶汉姓之女者又占大多数,为 158 例,占 75%。而该家族之女嫁汉姓人者较少,为 52 例,占 25%。进一步说,在这一满洲旗人家族与汉血统人通婚事例中,该家族所娶汉姓女生育的满汉混血的满洲旗人,要多于该家族出嫁给汉姓人的满人女所生育的汉满混血汉人。""这一家族有记录的婚姻人口有近十分之三是与汉族血统人通婚,这是一个不小的比例,反映了东北地区不设驻防满城而散居各镇、屯的驻防满洲旗人与汉人通婚较多的状况。由此产生其后裔的满汉民族血缘融合,也可想见。"① 清史专家定宜庄先生从《清史稿》、内务府来文以及一些族谱、碑刻数据中,找到康熙至道光年间近五十个民人女子嫁入八旗的典型案例。② 这些民间通婚的事例使我们窥见,即使在"旗民不通婚"的禁令之下,东北地区仍存在一些违禁通婚的事实。

此外,在清代一些民歌、子弟书、小说和戏剧中,我们也发现很多表现东北地区满汉(旗民)通婚的内容,表达了民间百姓支持民族间通婚往来的真实情感。例如民歌《再也不叫尼堪婆》③:

> 萨齐玛,杜日饽,噼嚓啪嚓满地波。
>
> 又摔瓢,又捆桌,我家起了大风波。
>
> 阿玛吵,额娘说,阿浑娶个尼堪婆。
>
> 尖尖脚,粗脚脖,头发挽在后脑壳。
>
> 不会舂米会拉磨,闲着没事儿摇纺车。

① 杜家骥:《〈他塔喇氏家谱〉及其所反映的清代东北驻防旗人家族》,载《东北史地》2006 年第 3 期。

② 定宜庄:《满族的妇女生活与婚姻制度研究》,北京大学出版社 1999 年版。

③ 博大公等:《满族民歌集》,辽宁民族出版社 1989 年版。

纺车摇得嗡嗡响,又纺纱来又织罗。

做个马褂儿给阿玛卡,做个坎肩儿给俄莫克。

俄莫克穿上直抿嘴儿,阿玛卡穿上笑呵呵。

都夸阿沙手艺巧,再也不叫尼堪婆。

这是一首描述东北地区满汉通婚家庭日常的民歌,旗人家的儿子娶了一位汉族女子,公公婆婆一开始十分不满意,把点心、锅瓢、桌椅都摔了一地,吵闹不休,嫌弃汉族人媳妇裹小脚、梳脑后髻……不过这个汉族媳妇心灵手巧,会纺纱织布,她也不着急,默默地给公公做马褂,给婆婆做坎肩,老两口一下子乐得合不拢嘴,直夸媳妇能干,再也不提什么"尼堪婆"(尼堪,汉意为"汉族")了。这首民歌展现了在当时旗人的心里,只要媳妇能干、孝敬公婆,能够让家庭和睦安乐,结亲对象是旗人还是民人根本不是大家关注的重点,一般人对于旗民通婚的态度是非常开放的。[1]

(三)清末废除"旗民不婚"禁令

从清末道光、咸丰朝开始,"旗民不婚"禁令开始松动。咸丰朝对于旗人娶民人女子既往不咎,而对于旗女外嫁民人也仅仅是采取开除其旗籍的处罚而已。"驻防兵丁娶民人之女为妻者,准照各该处红事赏银数目,一体赏给。"大概因此时民族间的矛盾业已弱化,满汉民族经济、文化逐渐融合。同治、光绪年间,禁止满汉通婚的禁令被废除。同治四年(1865)六月,清朝统治者颁布上谕:"旗人告假出外,已在该地方落业,编入该省旗籍者,准与该地方民人互相嫁娶。"[2]同治帝废除了包括东北地区在内的各省有关满汉(旗民)间通婚的禁令,"旗民不婚"制度仅限于京畿的八旗子弟间实施。"旗民不婚"禁令的最终废止是在光绪朝。光绪二十七年(1901),慈禧太后下令:"我朝深仁厚泽,沧浃寰区,满汉臣民,朝廷从无歧视。惟旧例不通婚姻,原因入关之初,风俗语言,或多未喻,是以著为禁令。今则风同道一,已历二百

---

① 邱唐:《旗民不婚?——清代族群通婚的法律规范、实践与意识》,载《清华法学》2016年第1期。

② 《清穆宗毅皇帝实录》,中华书局2008年版。

余年,自应俯顺人情,开除此禁。所有满汉官民人等,著准其彼此结婚,毋庸拘泥。至汉人妇女,率多缠足,由来已久,有伤造物之和。嗣后,缙绅之家,务当婉切劝导,使之家喻户晓,以期渐除积习。断不准官吏胥役,借词禁令,扰累民间。"[1]刘坤一、张之洞亦曾上奏言:当今"满、蒙、汉民,久已互通婚媾,情同一家"。

清末的东北地区,由于大量汉族移民的进入,汉族人口数量明显超出满族,满汉杂居使得两族风俗习惯逐渐趋同。随着国力减弱、八旗人口增加而日益突显的生计问题,也使得越来越多的八旗子弟丧失旗人的优越感,旗民界限逐渐淡化。东北地区一直就存在民间通婚现象,此时满汉(旗民)通婚得到了国家的认可,因此通婚现象越来越普遍。民人女子嫁给旗人后,能够享受与旗人一样的待遇,也可以得到恩赏银两。旗人若娶民人女子为庶妻,则庶妻生子时,也可以随子一起上册,成为旗人的一分子。这其实就承认了旗人娶民人之女为庶妻具有合法性。废除"旗民不婚"禁令诏书的颁发,当然是清末风雨飘摇中的满族统治阶级对民间此起彼伏的"排满倒满"运动的响应,他们希望打破满汉畛域,通过宣扬满汉一家来缓解社会矛盾和民族矛盾。

通过对清代满汉通婚政策演变及东北地区满汉通婚实际样态的梳理,我们可以总结出以下几点:

第一,所谓的"旗民不婚"并非在清朝统治两百多年间制定的。满汉(旗民)之间的通婚政策,经历了从清初的鼓励通婚,到中期的禁止通婚、禁止单向通婚,再到清末统治者的默许通婚,直至禁令废除的演变过程。此项政令呈现出地方法规性质,而非连贯的、完整的、通行于全国的法规,而政令的制定、更改与废除亦因统治者的政治需求、民族关系变化而变化。

第二,在"旗民不婚"禁令实施期间,无论是在皇族、王公将相等贵族阶层间,还是在民间旗民之间,满汉(旗民)通婚事例均大有存在。而旗民不婚的禁令明确禁止旗人女子嫁与汉族民人,对于民人女子嫁进八旗或汉军八旗与民人通婚,却并没有严格限制。禁令也多因维护满族传统文化及保护旗人经济利益等原因有针对性地实行。

---

① 《清德宗景皇帝实录》,中华书局 2008 年版。

第三，"旗民不婚"禁令的严格执行多限于满族贵族及京畿地区,统治者对于边疆八旗驻防区的满汉(旗民)通婚则态度缓和,纠察不严。而同样是民族间通婚的满蒙联姻制度,从清入关之前就已有之,几乎贯穿整个清朝,一直延续到清末,统治者均大力倡导。且满蒙联姻是大规模、多层次、持续性的互通婚姻,而非单向的"下嫁",概因其出发点与归宿,始终落在建立和巩固满洲贵族与蒙古族王公之间的政治联盟上。满族统治者以联姻促进联盟,以通婚获得蒙古族支持,赢得满蒙民族间的和平共处。

总之,在满族的发源地东北地区,满汉民族间通婚呈现出有别于其他地区的发展样态。由于满汉杂居,汉族移民人口比例增加,经济生产方式、风俗文化趋同,法令执行不严格、统治阶级态度含糊等原因,东北地区满汉(旗民)通婚基本上呈现出连续的状态。东北地区无论是在籍旗人还是民人百姓对于满汉通婚多持有乐观、开放的态度。

第四节　满族与鄂伦春族、鄂温克族的交往交流

一、鄂伦春族

黑龙江地区的鄂伦春族分布较广,流动性较大。一部分分布于大兴安岭、黑龙江中上游地区,与鄂温克、达斡尔等民族相邻,另一部分分布于黑龙江下游及库页岛等地,与赫哲、费雅喀等民族共处。他们常年游猎于山林江河之间,清朝统治者对其主要采取招抚笼络的统治方式,将招抚过来的鄂伦春族人以路佐制进行管束。这样,鄂伦春族同时并行两种社会组织机构。氏族长"穆昆达"由氏族民主选举产生,而佐领则是清政府任命的。路佐制刚施行时,"穆昆达"的地位仍然很高,从氏族的角度管理氏族内部事务,佐领一般从行政角度管理氏族,两者的分工是明晰的。"穆昆达"有权教训本氏族当佐领的人。而随着路佐制度的巩固,"穆昆达"的很多职权被佐领取代,甚至连"穆昆达"的产生也改为由

佐领报官方任命。"穆昆达"的职权由氏族授予过渡到佐领授予,路佐制的施行大大加强了清朝统治者对鄂伦春族的控制。

清政府在征服黑龙江流域后,将部分居民南迁并编入八旗,组成"新满洲"。此外对黑龙江下游及库页岛居住之赫哲、费雅喀、鄂伦春、奇勒尔等,"不编佐领,辖以三姓副都统,统以吉林将军"。为了改善和鄂伦春族的关系,清朝统治者任用了很多鄂伦春族官员,如特别设立的兴安城总管衙门,在十名副总管中,有八名是鄂伦春族人。康熙二十八年(1689),鄂伦春人被划归布特哈总管衙门管辖,后为黑龙江将军统辖。最早编入八旗的鄂伦春人又称"摩凌阿"鄂伦春,他们随军征战,在维护清朝稳定中做出了突出贡献。"摩凌阿"鄂伦春人阿穆勒塔是一位维护国家统一的英雄人物,他英勇善战,屡建功勋,在抗击廓尔喀侵略军等战争中立有大功,官至总管、加副都统衔,成为清朝统治者极为信任、在清代历史上职位最高的鄂伦春族军事指挥官。

清政府通过羁縻的松散管理体制,加强了对鄂伦春族的统治,达到了"羁縻诸部,固我边陲"的目的。鄂伦春等民族处于从属地位,在政治、经济、思想文化等方面极大程度上需要满族的帮助。同时,也应当看到满族与鄂伦春族关系中的另一面,即鄂伦春族人对清朝统治者的抗争。清光绪年间,库玛尔路骁骑校烈钦泰聚集各路鄂伦春族,反抗清朝统治者所设官方"谙达"的残酷剥削和压迫,要求裁撤布特哈总管衙门。烈钦泰等鄂伦春族人的反抗斗争取得了效果,最终清朝统治者撤销布特哈总管衙门,设兴安城总管衙门,官方"谙达"制被废除。①

二、鄂温克族

清初,清朝统治者对鄂温克族进行了武力征讨,多次用兵,索伦部首领博穆果博尔率众抗击,以失败告终。余众被编入满洲八旗,成为其中的"新满洲"。清政府令居住在石勒喀河及精奇里江等地的鄂温克族向南迁徙。

---

① 吴扎拉克尧:《清代满族与其他少数民族关系研索——以黑龙江地区为中心》,载《黑龙江民族丛刊》2007年第5期。

鄂温克人迁徙到了额尔古纳河以东的根河和海拉尔河流域,定居下来。鄂温克族南迁后,清政府一方面承认鄂温克人选定的居住地和游牧区,另一方面又划定范围使其定居,并在其遇到自然灾害时给予救济。康熙六年(1667),清政府将南迁的鄂温克头人敖洛克腾率领的二千一百三十四名壮丁按姓氏编成二十九个佐,任命了佐领。康熙十年(1671)以后,清政府又把"图勒图""阿布纳"等部众陆续编佐,总称"布特哈打牲部落",后将嫩江流域的鄂温克族编为五个"阿巴"(围猎场),即阿尔拉、涂克冬、雅鲁、济沁、托信,由理藩院管辖。雍正九年(1731),清政府又将五个"阿巴"按居住地编入八旗。据《龙沙纪略》记载,鄂温克"分八围,共四千九十余人。就用其人为佐领六十九员辖之"①。由此可以看出,清政府对于鄂温克族的统治是较为松散的。

康熙年间,清朝统治者决定对沙俄入侵进行自卫反击。八旗军队中的鄂温克族官兵英勇地参加了自卫反击和收复雅克萨城的战斗。鄂温克族人民大力支援清军作战,为清军"安设驿站",备养马匹、供应饲料,出"夫役"、侦察敌情等,积极配合清军打击沙俄侵略者。如康熙二十四年(1685),鄂温克族总管博克等人,曾多次带兵打败沙俄入侵者,活捉了三十一个沙俄匪徒,并将其中五人解送京师。清朝统治者还将鄂温克族官兵调往全国各地征战。据《黑龙江志稿》记载,索伦兵"转战几达二十二省"②,还曾驻防东北、西北边疆的墨尔根、齐齐哈尔、呼伦贝尔、伊犁、塔城、乌鲁木齐等地,并参加过平定厄鲁特蒙古准噶尔部噶尔丹的叛乱。清代文献多有"索伦劲旅,从前效力最多""索伦效力勤劳"等记载。中俄《尼布楚条约》签订后,黑龙江边境地区局势日趋安定,鄂温克、鄂伦春等民族与满族、汉族的交往也日趋频繁。各民族在向清政府缴纳貂皮贡品之余,还可以参加贸易集市。他们向满族等卖出自己的产品,换回需要的米、盐、犁、瓷器等生产生活用品。许多汉族商人也直接来到鄂温克人居住地区进行商品交易,极大地促进了鄂温克等民族的社会经济发展。

综上,清代前期鄂伦春、鄂温克等黑龙江流域索伦部在被纳入清王朝统

---

① 方式济:《龙沙纪略》,见杨宾等:《龙江三纪》,黑龙江人民出版社1985年版。

② 张伯英:《黑龙江志稿》,黑龙江人民出版社1992年版。

治过程中,并没有产生大的战争与牺牲,他们与满族贵族统治主体间建立了羁縻关系。在这种关系下,索伦部与满族和谐相处,政治上承认其领导地位,经济上不断得到其引领,思想上受其影响得到教化。清代中后期,国家进入康乾盛世阶段,鄂伦春族、鄂温克族与清王朝仍保持主属关系。但由于两族依旧在黑龙江地区广袤的山林中过着游猎生活,人口稀少,社会发展迟缓,清朝统治者因俗而治,对其实行恩赏笼络的怀柔政策,故满族与两族间也保持着松散的民族关系。

第四章

清代黑龙江地区世居民族交往交流的特点与影响

第一节　清代黑龙江地区世居民族交往的特点

一、满族是黑龙江地区民族交往中的核心

满族先民属于东北三大族系中的肃慎族系。从先秦时期开始,肃慎族系族众在东北这片富饶、广袤的土地上繁衍生息,与自然和谐发展。明末时期,建州女真首领努尔哈赤统一了东北地区女真各部,吸收了部分其他民族成员建立八旗组织。天聪九年(1935 年),新的民族共同体——满族由此形成。后金统治下的满族共同体分布在辽东、辽西、松花江、牡丹江等广大地区。从人口比例上看,在东北地区,满族人口远远多于其他民族,而锡伯族、赫哲族、鄂伦春族、鄂温克族等各民族由于人口稀少,则分散居住在黑龙江流域、大小兴安岭等地区,分布地域较小且环境闭塞。满族作为东北地区的世居民族,早期由于受自然环境所限,以渔猎为主要生产方式。随着满族不断南迁,与汉族等其他民族杂居,其经济水平飞速发展,逐渐成为以农业为主、渔猎等其他生产方式为辅的社会发展水平较高的民族。

满族是东北地区政治、经济、文化等各项政策的制定者。满族先民曾建立过渤海国、金国等地方政权,是东北地区的领导者。清朝是以满族贵族为

统治者主体建立起来的,因此满族在清代享有较高的政治地位,满族与其他民族之间的关系格局对清朝的统治具有广泛而又深刻的影响。清朝统治者利用所掌握的政治权力、军事实力、经济命脉,制定和实施各种顺应统治需要的民族政策,协调和处理各种民族关系问题。康熙皇帝曾经强调:"朕统一寰区,无分中外,凡尔民人,咸吾赤子。"清初,统治者依靠强大的军事力量,征服了黑龙江地区各民族,将其南迁纳入统治范围,或编入八旗组织。清中期,国家实现大一统后,清政府为加强对东北地区各民族的统治,通过有异于中原的统治政策,加强了各民族间的往来:政治上,设立八旗驻防、边民姓长制等,因俗而治;经济上,设立边贸市场,实行"贡貂赏乌林"制度等,促进少数民族地区经济发展;文化上,通过联姻、设立学校等促进民族文化间的交流,将满语确立为官方语言及重要的民间交往通用语言之一,各民族广泛学习使用满语、满文。

满族共同体在发展过程中,形成了独特的民族文化。满族文化历史发展悠久,从先民时期即已萌发,女真人时期形成了成熟度较高的语言文化。满族文化在女真文化的基础上萌芽,最终发展为在物质方面、精神信仰方面、社会制度方面、语言文字方面均较为完备的、具有鲜明特征的文化模式。满族文化是其先民与自然环境抗争、经济生产方式不断发展的产物,是满族不断发展壮大下对其传统文化的沉淀,是其不断学习、吸收其他民族文化后的融合体,是具有强大影响力的民族文化。在各民族语言文化交流中,满族文化影响着其他民族文化,得到了其他民族的认可和接纳。

二、民族交往格局的多层次性

清王朝建立后,满族贵族成为统治集团的核心。为了维护国家稳定、民族团结,以及保护满族肇兴地,清政府在东北地区制定了一系列政策。清初,满族与黑龙江地区其他民族间的关系可概括为"征威有治,抚恤赏和"。清代黑龙江地区的民族交往,由于各民族的分布地区不同、发展程度不同,分为多个层次。主导层次包括满汉交往、满蒙交往。这几个民族历史悠久、人口众多,是维护黑龙江地区稳定与发展的主力军,也是促使边疆地区政治、经济发展的主要力量。满汉、满蒙关系是清朝黑龙江地区民族关系格局的基础,不仅影响着其他民族间关系,同时也影响清朝的综合国力,直接决定了清朝东北边疆的统治是否稳定。次主导层次包括满族与锡伯族、赫哲族、达斡尔族的交往。锡伯族、赫哲族与达斡尔族居住地与满族毗邻,其先民较早就在汉族、满族的影响下发展农业,故社会经济、文化发展迅速。后金时期,其部分族众就加入满洲八旗组织中,清初即被纳入清朝统治之下,替清政府管理其族众,他们在满族语言、文化方面接受程度也较深。在东北地区诸少数民族中,这几个民族是维护黑龙江边疆稳定,促进政治、经济发展的主力。最后是满族与鄂伦春族、鄂温克族的交往。这两个民族人口较少,多隐居于大小兴安岭等深山丛林之中,一直固守着游猎、畜牧等较为原始的生产方式,与外界交往较少,形成独立民族的时间也较晚,清政府通过纳贡抚恤等政策与其保持着松散的关系,对其民族语言文化上的影响也是渐微式的。

在民族关系中,一方面满族作为主导者,对其他民族有强制性或引导性的影响,另一方面人口较少民族对满族亦存在影响。满族的统治制度、生产活动、文化成就、思想观念促进了锡伯族、赫哲族等人口较少民族的社会发展;而锡伯族、赫哲族、鄂伦春族等人口较少民族特色鲜明的民族文化也为满族文化的发展增光添彩。黑龙江地区各民族间你中有我、相互依存的关系促进了整个东北地区的政治稳定、民族和谐、经济发展、文化繁荣局面的形成。

三、各民族间文化的交流交融为主流

黑龙江地区各民族间的交往形式多样。政治方面,清朝统治者设立特殊的管理边疆少数民族政策,例如满汉联姻、满蒙联姻、满族与赫哲族通婚,少数民族编旗、贡貂赏乌林等。经济方面,满族与其他民族通过杂居、经济往来促进民族融合,如互市、马市的设立,移民、移垦等。军事方面,各民族间通过争战与合并促进融合。而在文化方面,各民族间的交流与相互影响占主导地位,如各民族风俗习惯的相互影响与趋同。各民族间交往的结果既有满化、汉化,也有人口较少民族对其他民族的影响,总体呈现大融合状态。

清代各民族经济、社会得到发展,经济生产方式复杂化、多样化,由单一的生产方式转变为以一种生产方式为主,其他生产方式为辅。各民族在已满足生活需要的基础上,开始有意识地去设计行为规范,统一制度,除了物质文化,在精神文化、制度文化层面,人们开始意识到体现民族特色及保护、传承传统文化的重要性。这一时期的各民族有自己的语言,有的民族创制了文字,语言发展也处于鼎盛时期,有稳定的语言使用群体、明确的语言政策和语言教育制度。各民族内部文化趋于整合,呈现出独特的文化模式。

由于各民族政治、经济发展程度不同,因此各民族文化发展程度也不尽相同,文化间的关系呈现不同样态。清代东北地区各部有的已经形成民族,有的还处于部族状态。满族作为清朝的主体统治民族,影响着其他民族文化,而其他民族间的文化交流,多为政府引导性、制度性的。边陲地区的民族之间交流较少。在东北地区,满语是重要的民间交往语言及官方语言之一,各民族广泛学习、使用满语和满文。满族文化也成为一种重要的文化,但在文化关系上各民族文化是相互影响的,在某些文化层次及领域,东北地区其他民族文化也为满族文化的发展及变迁提供了养分。

第二节　黑龙江地区和谐共荣的民族关系

纵观有清一代,黑龙江地区各民族间形成了和谐共荣的民族关系。清代黑龙江地区没有发生大的叛乱与冲突。满族与各民族间通过政治、经济、文化等方面的交往交流,促进了先进生产技术、生活用品、思想文化的传播,以及各民族社会的发展。

一、社会组织与性质的变化

清政府在黑龙江等东北地区实行的行政制度与中原各省不同,东北实行军政合一的八旗驻防制度,以将军、副都统为地方行政长官,统辖当地旗民的一切民政事务。直到清代中后期,在政治、经济、边疆问题等各种内外因素的促使下,清政府才逐渐实施新政,撤副都统衙门设立府县,为东北地区的行政管理体制向近代化转变奠定了基础。同时政治体制的改革也促进了黑龙江等东北地区土地的开发、经济贸易的交流，促进了农业、商业、手工业的发展。政治稳定、经济发展又促进了人口的增长，东北边疆地区出现了很多新兴城镇，改变了昔日地广人稀的局面，加速了黑龙江地区各民族的社会变迁。

由于自然环境不同、社会发展水平不均衡，至清朝刚建立时，黑龙江地区赫哲族、鄂伦春族、鄂温克族等仍处在父系氏族时代。其原始的氏族组织为"哈拉莫昆"。"哈拉莫昆"内部，成员是平等的，"哈拉达"（氏族长）、"莫昆达"（家族长）没有特殊权利，只是执行"哈拉莫昆"成员会议的决议。清朝统治者征服黑龙江流域后，在三姓等地区实行"编户"制度，"哈拉达""莫昆达"受朝廷册封，在作为当地少数民族的头人——氏族长或家族长的同时，又具有了清政府的基层官员的身份。被编户的普通赫哲人、鄂伦春人、鄂温克人的身份也相应发生了改变：一方面他们是氏族的成员，要遵守氏族习惯，受氏族长的管辖；另一方面他们又是清政府的臣民，要服从清廷的管理，尽臣民的义务——向清政府贡貂。封建社会的统治制度、等级制度自上而下渗透到赫哲族等民族的各个部落乃至家庭。清政府在其贡貂的同时，实行赏乌林制度，根据他们身份和地位的不同，配套赏给的衣服和日用品也有差别，表现了严格的封建等级制度。赫哲、鄂伦春、鄂温克等民族的首领拥有大量财富、土地和牧场。被编入旗的佐领和编户地方的姓长、乡长等成为赫哲族的上层，在清政府的授权下分别掌管旗务和基层地方行政事务，赫哲等各少数民族内部开始出现了等级制度，并逐步由原始父系氏族社会向阶级社会转变。与此同时，清政府还将一些战争中的俘虏、流人分配给锡伯族、赫哲族、达斡尔族"披甲"为奴，为其服务和从事生产，家奴制在各民族中发展起来。据《黑龙江志稿》记载，在布特哈地区，有披甲四百七十六户，其下奴隶有一千三百二十三口。这些家奴都是世袭的，主人对其有生杀大权及买卖转让权。直至清末，黑龙江地区少数民族中的奴隶制才彻底瓦解。

而满族原来的农奴主逐步转化为封建地主，在生产方式和阶级关系方面，满汉逐步趋于一致，原有的差别逐渐消失。黑龙江地区各民族社会组织的发展与进步，使得各民族民众能够顺应历史的潮流，不断进步，在逐渐趋同的民族发展水平上进行交往与交流。

二、民族经济迅速发展

清初黑龙江地区各少数民族多以渔猎业为主要生产方式,经济模式单一,且发展水平一直较中原地区落后。伴随着编旗、编户、贡貂赏乌林等制度的实施,黑龙江各民族间的经济往来增多,生产方式亦有所改变。特别是大量的汉族移民来到东北,带来了大量的劳动力和先进的生产工具,使得黑龙江地区开垦了大量的荒地,经济形态也由原始的以渔猎、采集为主,逐渐转变为以渔猎为主、农业经济和商品交易为辅,多种经济形式并存。包括赫哲族、鄂伦春族、鄂温克族、锡伯族、达斡尔族等在内的少数民族逐渐由游牧生活过渡到定居生活。农业、牧业、商贸业的共同发展,使当地赋税激增,经济发展,人民生活状况得到改善。

清代中期,清政府徙民入旗,又因沙俄南侵,达斡尔等民族南迁,加之关内汉人北移,他们先后交汇于辽河流域、松嫩流域,促进了南北民族的交流与交融。如戍守边疆,"乃建艾虎、莫尔根、卜魁三城,各置兵戍守。嗣后流人日至,商贾云集,竟为内地。其街市喧闹,仿佛北省中上州县,惟寒冷异常,雪霜早,是以艰于南亩耳",又曰"卜魁、莫尔根城中番汉杂居而番种非一,曰巴尔虎,曰索伦,曰打狐狸,曰洗白,亦俱随旗人,任其聪慧者能通语言文字,与汉人无异也"。在东北地区,每个民族的经济文化带都保持它的主体性,但在其交接处,又出现各族文化相互影响的混合型经济带。

第一,土地开发、农业经济发展。东北地区封禁政策废除后,大量汉族人口由关内迁徙至黑龙江等地区,该地区荒芜的土地获得开发,农业经济成为主要的经济生产方式。雍正末年,三姓等地区已开垦旗地一万二千九百二十六垧。① 到嘉庆十二年(1807年),三姓地区"八旗十五个佐领下官兵、闲散人等已耕地二千六百九十一块,共有一万七千四百六十四垧","十五个官庄……额丁、帮丁现有耕地共一千九百二十五块,一万三千九百七十五

---

① 《八旗通志初集》,东北师范大学出版社1986年版。

垧"。① 大量汉族移民同时还带来了先进的农业生产工具和生产方式,改变了当地居民那种"岁易其地,待雨乃播"的粗放耕作方法,采用了"休间""轮作"等先进技术,使农作物产量较前有了很大的提高,这些都为黑龙江地区农业的发展打下了基础。

第二,自然资源开发,新兴城镇、村落增加。大量汉族人口移居东北地区,使得地广人稀的黑龙江等地区发生巨大变化,人口迅速增长。黑龙江地区自乾隆三十六年(1771)开始户籍编审工作。《黑龙江通志纲要·户籍志纲要》中记载:"乾隆三十六年编审原额新增实在行差人丁三万三千五百七十二。是年,新编民户,户二万零五百零八,口三万五千二百八十四。"②到嘉庆十七年(1812),四十多年间人口增长到四十五万。人口的增加使得过去人烟稀少的东北边疆地区出现了许多村屯、城镇,各族民众辛勤劳作,变荒地为良田,并使森林、湖泊、矿产资源得以开发利用,给东北地区带来了繁荣景象。

第三,市场交易频繁,商品经济发展。黑龙江地区的赫哲族、鄂伦春族、鄂温克族、达斡尔族等少数民族自古以来以狩猎、捕鱼和采集为主要的经济生产方式。由于少数民族人口数量较少,内部社会分工简单,对外交易也不发达。清代,统治者开放、宽容的民族政策,促进了各民族间的交往,在民族聚居区交界处形成了多处长期或不定期的交易市场。此外,由于"贡貂赏乌林"制度的实施,赫哲族等百姓在纳贡之余,将多余的貂皮、人参、蘑菇等物品带到关内市场交易,或者在本地与官商以物易物,换取关内的铁制品、布匹、食盐、粮食等生产生活用品。清政府鼓励各民族间贸易交流,不仅促进了黑龙江地区各民族的生活水平的提高,而且强化了他们的商品交换意识,促进了其社会商品经济的发展。农业在黑龙江地区各少数民族的经济中的比重不断增加,而商品经济的发展,促使东北地区少数民族传统的单一渔猎经济,转变为渔猎、农业及商品经济兼容并存的格局。

---

① 辽宁省档案馆:《清代三姓副都统衙门满汉文档案选编》,辽宁古籍出版社 1995 年版。

② 金梁:《黑龙江通志纲要》,成文出版社 1925 年版。

三、和亲通婚促进民族团结

东北地区各民族大杂居小聚居,民族间实行通婚,进而促进了民族间的团结。清中叶以后,随着经济的发展,交通愈加便利,民族迁徙,黑龙江地区各民族间交往日渐频繁,民族通婚、民族交融趋势进一步强化。不仅满汉通婚成为普遍现象,其他民族之间,如达斡尔族与蒙古族、锡伯族、赫哲族、鄂伦春族之间也出现了通婚现象。

赫哲族、鄂伦春族、鄂温克族、锡伯族、达斡尔族等黑龙江地区各民族部分被编入满洲八旗,属伊彻(新)满洲,与佛(陈)满洲有同等的政治待遇和应尽义务。"生子即报本旗,注于册档。成丁后遇有征伐之事,即须入伍从戎,……洎承平之世,除服职旗署外,余皆耕读为业。"①这部分"伊彻满洲"(新满洲)随着岁月的推移,与满族或杂居或通婚,逐渐融入满族之中,其民族文化与生活习俗也相互影响和交融。当时"满洲、汉军,皆与蒙古通婚姻,然娶蒙古者多。达呼尔、巴尔呼自相婚姻,或与蒙古通。营站官屯,则满洲汉军娶其女者有之。"②

满族与黑龙江地区各民族的和亲、通婚是统治者的一种政治政策,也是各民族承认与满族政治、军事上的隶属关系的表现。和亲政策的实施,一定程度上有利于清廷对黑龙江地区的统一,巩固了对边疆地区的统治,解除了后顾之忧。同时,黑龙江地区各民族的朝贡归附,部分民众加入八旗组织,也壮大了清朝的军事实力。

同时,满族也不断吸收其他民族成分加入满族共同体。各民族首领得到清政府的册封和扶植,能够更好地代替统治者对当地人民进行有效管理。一些首领获得"额驸"的称号,或任牛录章京、姓长、乡长等职,获得无限荣耀和权力。他们负责维护地方秩序,监督经济生产,催缴百姓纳贡。经济上,"额驸"们还享有进京朝贡的特权,可以获得清政府大量的物质财富的赏赐,这在一定程度上是对其民族渔猎经济生产的补充,有益于提高各民族生活

---

① 张嘉宾:《〈卢氏宗谱〉谱序》,见《赫哲族研究》,哈尔滨出版社 2003 年版。

② 西清:《黑龙江外记》,黑龙江人民出版社 1984 年版。

水平。

客观上,和亲政策减少了民族间的征伐与伤害,使百姓能够安居乐业,促进了满族与黑龙江地区各民族的政治、经济和文化上的交往与交流。通过联姻通婚,满族不断把先进的生产技术和文化思想带入到各民族之中,对当地各民族的经济发展、文化进步起到了促进作用。

四、民族文化交融局面加强

各民族在生产、生活上的交往、交流,促进了民族文化的交融。清初,黑龙江地区一些少数民族不断南迁,风俗受到汉族影响,同时一些汉人也受到满族习俗的影响,如吴兆骞自云:"久沉异域,语言习俗,渐染边风。"①奉天地方更是"满、汉旧俗不同,久经同化,多已相类"②。总之,东北地区满汉等各族的节庆、歌舞、娱乐等,除一部分为满族固有的习俗外,大半源自关内。东北地区的现有习俗,大多或源于满族,或移植于汉族,最终形成了以满汉习俗为主体、其他少数民族习俗并存的东北民族文化习俗。

清中期以后,东北各民族逐渐形成了以满汉习俗为主流的婚俗,以"父母之命,媒妁之言"为结合的纽带,以相亲、过礼、择日、迎娶、回门为主要流程。各民族婚礼独具特色,风格迥异,但在主要程式上没有大的区别,只是具体仪式细节有所不同。东北地区各民族的葬俗,也表现出以满汉习俗为主,其他民族各存细节差异的特点,大致可分为报丧、停灵、守夜、出殡、下葬、烧七等流程。下葬也由原来的土葬、火葬、水葬等多种形式,趋同于实行土葬,后又发展为先火葬再土葬。

居住方式方面,黑龙江地区包括赫哲族、鄂伦春族、鄂温克族等在内的各少数民族早期的居住方式都比较原始,住房分临时住房和固定住房两种。在渔猎生产时,他们多沿江而居,住在自然的山洞里,或搭建取材方便的草屋、木屋,搭盖的临时住房十分简陋。清代曹廷杰的《伯利探路记》对此有详

---

① 吴兆骞:《秋笳集》,商务印书馆 1935 年版。
② 王树楠:《奉天通志》,东北文史丛书编辑委员会 1983 年版。

细的记载:"冬夏所止之处,取树皮或草为小屋,有安口(桦皮为之,捕牲住),搓罗(草盖用棚,捕鱼住),傲苟(冬行晚宿所住,或布或树皮为之),胡莫纳(桦皮小圆棚,夏捕鱼住),麻依嘎(不剃发黑斤捕鱼小棚),刀伦阿吉嚷莽(行船时晚宿岸上小布棚)诸名。"①固定住房有"地窖子"和"马架子",多为半地下式住房——在平地向下挖数米深坑,在出口处搭建木架子覆以树皮等,或为在地面以木板为墙而建成的房子。清代中期以来,部分少数民族由于生产方式的改变,为从事农业生产、养殖业而长期定居下来,并受满族、汉族等影响,开始搭建泥墙草顶的房屋,围以院落。其房屋一般两至三间,外屋多用作厨房,内屋设有环三面的火炕,基本布局和东北地区满族、汉族的口袋房房屋式样相同。蒙古族人以游牧为生计,"逐水草所在,插帐棚为居,以肉为食,以酪为浆"②,到了清末,居住在奉吉两省相邻地区的蒙古人,受汉族影响,也开始过上了定居生活,以砖瓦构造房屋,"至高楼杰阁,全境蔑有"③。

饮食习俗方面,黑龙江地区少数民族早期以渔猎所得的野兽肉、鱼肉为食,其次为采集所得的野果、野菜等。在与汉族不断接触后,各民族农业生产得以发展,人民的饮食习俗也渐渐发生改变,饮食中增加了农业产品,烹饪方法也丰富起来。日常饮食中,满族、锡伯族、赫哲族等以黄米、高粱等作为主食,将之煮成黏饭,或将粮食与兽肉煮成肉粥。各民族食用的蔬菜种类也增多了,有白菜、萝卜、豆角、茄子、葱、蒜、辣椒、土豆、菠菜、香菜、大头菜等,改变了只依靠采集山菽野菜为菜食来源的历史。④ 同时东北地区的汉族受蒙古族、达斡尔族等民族的风俗影响,也吃炒米,喝奶茶;受满族、赫哲族等渔猎民族影响,喜欢吃水煮白肉、腌制酸菜等。

服饰方面,赫哲族、鄂伦春族、鄂温克族等早期的衣服被褥多用鱼皮、兽皮制作。清初,布匹、锦帛等通过满族、汉族越来越多地传入黑龙江流域各民族中。在各民族人民长期交往的过程中,越来越多的赫哲族人、鄂伦春族

① 曹廷杰:《西伯利东偏纪要》,辽海书社 1885 年版。
② 林傅甲:《黑龙江乡土志》,商务印书馆 1913 年版。
③ 张遇春、贾如谊:《阜新县志》,奉天正文斋印刷局 1935 年版。
④ 凌纯声:《松花江下游的赫哲族》,民族出版社 2012 年版。

人、鄂温克族人、达斡尔族人也效仿满族穿着打扮,日常穿着的皮衣逐渐被布衣所代替,其服饰样式亦渐趋一致。"初服鱼皮,今则服大清衣冠。"①黑龙江地区渔猎民族大多开始穿长袍、马褂,因为窄袖长袍不适于农田耕作,此外箭袖变成了直筒袖,衣领的样式逐渐多样化,服装上的绣样、花边等装饰也变得多姿多彩。清代满族妇女的旗袍讲究装饰,于衣襟、领口、袖边等处常镶嵌几道花绦或彩牙儿,汉族妇女也受其影响,仿照满族装束。同时清政府也规定各民族男女衣着,"俱照满洲式样。男人不许穿大领大袖、戴绒帽,务要束腰;女人不许梳头、缠脚"。"渐绝缩足之风。头面衣服,亦稍拟满洲。"②东北地区流传的诗歌也描绘了当时汉族妇女的衣着打扮:"高髻莲台新嫁娘,领巾手帕绣袍长。出关北地燕支艳,学得旗妆卸汉妆。"③

宗教文化和节日习俗等方面,东北地区赫哲族、鄂温克族、鄂伦春族等民族的传统信仰为萨满教,随着和满族、汉族的交往,其所信奉的神灵逐渐增加,如龙王神、牛神、马神、城隍、土地、山神等等。清后期,佛教、藏传佛教等也逐渐传入黑龙江地区。节庆上,各民族除了过本民族的传统节日外,开始过春节、元宵节、清明节、端午节及中秋节等中原节日,而尤以春节最为隆重,其节日中的习俗、仪式等也逐渐汉化,实可谓"近与华人久处,遂变华俗"④也。

语言文字方面,东北是满族发祥之地,清朝入关前,由于东北地区满族人口较多,且多聚居生活,因此满语是日常用语,满文是通用文字。但后来随着满汉杂居现象普遍出现,满族人学习汉语的风气十分盛行。正如乾隆帝所言:"我朝一统以来,始学汉文。"与汉族人日常交往,共同耕作,如果不识汉文,不懂汉语,是十分不方便的。到了乾隆朝以后,许多东北地区的满族百姓已经不会说满语,只有一些偏远的满族聚居村还在使用满语。乾隆二十五年(1760),上谕:"盛京所属地名,多系清语,今因彼处汉人不能清语,误以汉名呼之。"⑤盛京虽为满洲重地,"土人皆用汉语,微特民人无习满语者,即土著之满人亦如之"。黑龙江地区"通国语者寥寥,满洲多能汉语故也。"①"现时操汉语者占十分之九有奇,已为普通语言所尚已。""今日之势已趋重汉文,能通习满、蒙文字者,盖亦寥寥不多觏也。"②

满族的家谱,在清初时多以满文撰写,"昔日家乘,全系满文"。清中后期,满族人名字逐渐汉化,其家谱也多用汉文书写。"族人以国体更变,识满文者甚少,因之纂修新谱,译成汉文。"③如吉林他塔拉氏十五世世系总图人名,一世到六世没有汉语人名,七世汉语人名占比为百分之十五,到十五世为百分之五十。东北其他少数民族因与汉族杂居相处,语言亦大都汉化。黑龙江地区东部"乌苏里江两岸约有黑斤四五千人,语言衣服行计习尚旧与伯利下剃发黑斤同,近与华人久处,遂变华俗"④。日本人小越平隆游历东北地区时感慨道:"大清肇业之地","满洲语言,于东三省中,无从闻之","然耳中未尝闻一满语"。"西人尝谓满人实被化于汉人,良不诬也。"⑤满族人震钧也有"八旗之习,去汉人无几矣"⑥之感叹。

清朝在三姓地区设有专供少数民族子弟上学的学堂,有相当一部分赫哲人、达斡尔人、锡伯人子弟在学堂学习满文,他们中也有的被送往盛京继续深造,成为黑龙江地区少数民族中有文化的一代新人。"鄂伦春人语言各别,住址无定,通满语文字者尚多,知汉语者甚少,若选用校长,非通晓满语满文,熟谙性质者必难教授。"⑦

当然,虽有诸民族间的交往、交流,清末东北地区出现了民族经济、文化交融的现象,但整体上,东北地区大多数少数民族仍然保持着相对的聚族而居的状态,保留着传统的民族文化习俗。如嘉庆年间,深居大兴安岭的鄂伦春人有的走出深山,与达斡尔族人、汉族人杂居一处,并在生产方式上受到影响,"近日渐知树艺,辟地日多。呼伦贝尔依然畜牧为生,富在羊马,力田

---

① 西清:《黑龙江外记》,黑龙江人民出版社1984年版。
② 张国淦:《黑龙江志略》,黑龙江人民出版社1989年版。
③ 尹郁山:《吉林满俗研究》,吉林文史出版社1991年版。
④ 曹廷杰:《西伯利东偏纪要》,辽海书社1885年版。
⑤ 小越平隆:《满洲旅行记》,广智书局1902年版。
⑥ 震钧:《天咫偶闻》,北京古籍出版社1982年版。
⑦ 孙蓉图、徐希廉:《瑷珲县志》,成文出版社1974年版。

者寥寥也"①。但是也只有少数鄂伦春族人过着半猎半农的生活,大多数鄂伦春人还是居住在山林之中,以游猎、畜牧为生。赫哲族的鱼皮服装、鄂温克族的驯鹿服饰等,在清代不仅没有消失,而且得到进一步改良,成为其最稳固、最具特色的民族文化因素。在民族交往交流的大趋势下,东北地区各民族的文化仍然呈现多元化态势。

总体而言,清代黑龙江地区繁衍生息着汉族、满族、蒙古族、锡伯族、赫哲族、鄂伦春族、鄂温克族等多个民族,存在渔猎、游牧、农耕、畜牧等多种经济生产方式,形成了各具特色的民族传统文化。著名民俗专家凌纯声在民国初年实地考察赫哲族生活状况时指出:"赫哲人的家庭组织,先由满化,再经汉化。"②事实上,这反映出整个东北地区的民族关系格局并非静态的,而是经历了一个动态的历史过程:各民族间文化交融,形成东北地域文化。民族间文化交融是民族发展的必然趋势,也是社会进步的重要表现。各民族在文化上的认同,促进了民族关系的发展,因此在遇到民族问题或冲突时,彼此文化、观念的相似性使得矛盾得以弱化,人们甚至可以通过较和平的方式解决问题。而各民族间的差异,也可以通过文化来弥补。东北地区各民族在长期的生产和生活交往中,结成了和谐共荣的民族关系,而文化使得这种民族关系更为稳定和密切,各民族共同为保卫边疆、开发边疆做出了重要贡献。

第三节　清代黑龙江地区世居民族交往交流对中华民族多元一体格局的贡献

一、对东北地域文化构建的贡献

我国自古以来就是一个地域辽阔、民族众多的国家,黑龙江地区更是边

---

①　西清:《黑龙江外记》,黑龙江人民出版社 1984 年版。

②　凌纯声:《松花江下游的赫哲族》,民族出版社 2012 年版。

疆重地、少数民族聚居地。包括满族、蒙古族、锡伯族、赫哲族、鄂伦春族、鄂温克族、达斡尔族在内的东北地区各民族都世代生活在白山黑水之间,因为处于大体相同的自然地理、人文环境中,而共同过着相近的渔猎、采集生活,从而形成了十分接近的地域文化和思维方式,为东北地区各民族的文化带来了一些共性特点。在各具特色的民族文化基础上,辨识度更高、更具代表性的东北地域文化逐渐形成。由于受到地理环境、自然气候的影响,东北地区少数民族以经济生产方式为民族文化形成的主导因素,兼具渔猎文化、畜牧文化和农耕文化的特点,而以渔猎文化为基本形态。其文化模式的开放性、兼容性,与中原地区农耕文化的稳定性、固守性有着明显的差别。渔猎、游牧民族逐水草而居,逐猎物而迁,这种特殊的生产方式和生活方式使他们的文化形态朴实坚韧、注重实用、充满活力。在与汉族文化的碰撞和融合中,特色鲜明的东北地域文化成为中华文化不可或缺的重要组成部分,促进了中华民族多元一体格局的更新和发展。

有清一代,东北各少数民族对满族文化的认识日渐深入,各族文化与满族文化的交往、融合亦不断加深。这促进了清代东北地区各族文化的发展、多元文化的交流整合,丰富了东北民族文化的多样性,完善了东北民族文化的层次,进而促进了以满汉文化为主、其他少数民族文化为辅的多元一体的东北地域文化的形成。

满族及其先民曾建立过渤海国、金国、清朝等政权,为中国历史的发展做出过不可磨灭的贡献,推动了中华民族文化的发展。广泛吸收唐朝文化的渤海国被誉为"海东盛国",曾将其文化传播到中原。金王朝统治过淮河以北的半个中国,女真文字及文化同样为中原汉族人所熟知。清王朝统治的近三百年间,开放兼容的民族政策更是促进了东北地区世居民族间的相互交流与交往,使东北民族文化与中原汉文化有机地结合起来。例如,清代中原汉族广泛穿着的长袍、马褂,既融合了汉族服装的材质和样式,又加入了满族传统服饰中箭袖的特点,而经过现代理念和技术改造的"旗袍"已成为中华服饰的代表;集合渔猎文化与农耕文化特色的"满汉全席"是我国烹饪界中南北菜系的集大成者。东北地区的山川河流名称印刻着满族语言的痕迹。黑龙江的满语为萨哈连乌拉,"萨哈连"汉意为黑龙。牡丹江的满语是穆丹乌拉,汉意弯弯曲曲的江。嫩江的满语墨尔根,汉意精能善射,即善于狩猎的有智慧之人……东北地区许多村落城市也以满语命名。沈阳旧称盛京,满语穆克敦和吞,汉意兴盛的城。吉林满语吉林乌拉,汉意沿江之城。依兰,满语三,概因此地有三大氏族而得名。清代中原汉族妇女多裹小脚,而东北地区各族妇女则"金头天足"。所谓金头,指在发髻上多使用金银、珠翠、玛瑙等名贵材料制成的小簪,头发盘成凤头、龙头、架子头、大高粱头、水壶头等多种样式,镂花嵌宝,娇艳秀美。所谓天足,即从不裹脚。东北地区冬季漫长、气候寒冷,故而在饮食方面,各民族习俗趋同。东北地区的特色美食首推黏食,因为黏食耐饿,适合于远途征战出猎携带。其次是酸汤、酸菜等发酵食物,因其取材方便、善于保存、利于消化。最后就是各种山珍野味。东北地区山林湖泊密布,渔猎、采集所得品种丰富,深受各族人民喜爱。

二、对中华民族多元一体格局的贡献

黑龙江地区和谐的民族关系有效地增强了各民族的向心力和中华民族的凝聚力,为中华民族多元文化的构建奠定了重要的基础。民族之间的文化交流绝对不是单向的,而是双向进行的。中华民族作为一个自在的民族实体,是在几千年的历史发展过程中形成的,"它的主流是由许许多多分散孤立存在的民族单位,经过接触、混杂、联结和融合……形成一个你来我去、我来你去,我中有你、你中有我,而又各具个性的多元统一体"①。而中华多元文化也绝不是一种文化的独载体,一方面周边地区少数民族倾慕中原文化,对于中原地区的汉族文化采取了主动吸收和积极借鉴的态度;另一方面周边各民族文化也源源不断地向中原地区汇聚,为中原文化输入了新鲜血液。关于东北地区诸民族的渔猎文化、水域文化、森林文化、草原文化对中原农业文化的影响作用,费孝通先生曾给予充分的肯定:"北方诸非汉民族在历史长河里一次又一次大规模地进入中原农业地区而不断地为汉族输入了新的血液,使汉族壮大起来,同时又为后来的中华民族增加了新的多元因

---

① 费孝通:《中华民族多元一体格局》,中央民族大学出版社1999年版。

素。这些对中华民族多元一体格局的形成都起了重要的作用。"①

在清朝近三百年的统治过程中,黑龙江地区民族关系格局从整体上看没有发生大的改变,更没有发生大的叛乱及民族冲突。由于清政府在制定和实行对汉族、蒙古族、锡伯族、赫哲族、鄂伦春族、鄂温克族、达斡尔族等的民族政策的基础上,实施了更加有效的行政管理,做到了因俗而治、政令畅通,故包括黑龙江地区在内的东北地区各民族关系一直处于和谐状态,东北边疆政治、经济、文化稳定发展。在康雍乾盛世的统一、稳定和繁荣的国内政治环境中,通过驻军、科举、垦荒、屯田、解除封禁以及广泛持久地鼓励民族间的交往联系等途径,清政府有力促进了各民族之间的交往,提高了中华民族的文化认同水平。清代黑龙江地区世居民族在交往过程中经济发展、文化交融,形成了独特的东北地域文化。各民族团结一心,在保卫边疆、抵御外敌入侵的战争中也发挥了重要作用。和谐的民族关系促进了文化的多元辐辏、兼容并蓄,博大精深的中华文化呈现出多元一体、异彩纷呈的局面。

---

① 费孝通:《中华民族多元一体格局》,中央民族大学出版社 1999 年版。

参考书目

[1]左丘明.国语[M].北京:中华书局,1985.

[2]司马迁.史记[M].北京:中华书局,1982.

[3]洪亮吉.春秋左传诂[M].李解民,点校.北京:中华书局,1987.

[4]房玄龄,等.晋书[M].北京:中华书局,1996.

[5]范晔.后汉书[M].李贤,等,注.北京:中华书局,1965.

[6]陈寿.三国志[M].裴松之,注.北京:中华书局,1964.

[7]杜佑.通典[M].北京:中华书局,1988.

[8]脱脱,等.金史[M].北京:中华书局,1975.

[9]李延寿.北史[M].北京:中华书局,1974.

[10]魏收.魏书[M].北京:中华书局,1974.

[11]魏徵,等.隋书[M].北京:中华书局,1973.

[12]刘昫,等.旧唐书[M].北京:中华书局,1975.

[13]欧阳修,宋祁.新唐书[M].北京:中华书局,1975.

[14]徐梦莘.三朝北盟会编:附索引[M].上海:上海古籍出版社,2019.

[15]宇文懋昭.大金国志校证[M].崔文印,校证.北京:中华书局,1986.

[16]宋濂,等.元史[M].北京:中华书局,1976.

[17]中华书局.清实录[M].北京:中华书局,2008.

[18]辽宁省档案馆.满洲实录:满文、汉文[M].沈阳:辽宁教育出版社,2012.

[19]大清五朝会典[M].北京:线装书局,2006.

[20]阿桂,等.满洲源流考[M].孙文良,陆玉华,点校.沈阳:辽宁民族出版社,1988.

[21]清朝文献通考[M].上海:商务印书馆,1936.

[22]傅恒,等.皇清职贡图[M].扬州:广陵书社,2008.

[23]万福麟,张伯英,崔重庆,等.黑龙江志稿[M].哈尔滨:黑龙江人民出版社,1992.

[24]魏声龢.鸡林旧闻录[M].长春:吉林文史出版社,1986.

[25]洪皓.松漠纪闻[M].翟立伟,标注.长春:吉林文史出版社,1986.

[26]何秋涛.朔方备乘[M].哈尔滨:黑龙江人民出版社,1992.

[27]曹廷杰.东北边防辑要;西伯利东偏纪要;东三省舆地图说:外五种[M].哈尔滨:黑龙江教育出版社,2014.

[28]西清.黑龙江外记[M].哈尔滨:黑龙江人民出版社,1984.

[29]徐宗亮,等.黑龙江述略:外六种[M].李兴盛,张杰,点校.哈尔滨:黑龙江人民出版社,1985.

[30]富尔丹.宁古塔地方乡土志[M].哈尔滨:黑龙江人民出版社,1992.

[31]徐世昌,等.东三省政略[M].李澍田,等,点校.长春:吉林文史出版社,1989.

[32]方式济.龙沙纪略[M].北京:中华书局,1991.

[33]吴桭臣.宁古塔纪略[M]//杨宾,方式济,吴桭臣.龙江三纪.哈尔滨:黑龙江人民出版社,1985.

[34]张缙彦.宁古塔山水记;域外集[M].哈尔滨:黑龙江人民出版社,1984.

[35]吴兆骞.秋笳集:附录[M].上海:商务印书馆,1935.

[36]方拱乾.绝域纪略[M]//杨立新,等.吉林纪略.长春:吉林文史出版社,1993.

[37]方观承.卜魁风土记[M].长春:吉林文史出版社,1985.

[38]长顺,李桂林.吉林通志[M].李澍田,等,点校.长春:吉林文史出版社,1986.

[39]萨英额.吉林外纪[M].史吉祥,张羽,点校.长春:吉林文史出版社,1986.

[40]李辅.全辽志[M].沈阳:辽海书社,1934.

[41]高士奇.扈从东巡日录[M].沈阳:辽海书社,1934.

[42]阿桂,等.盛京通志[M].沈阳:辽海出版社,1997.

[43]魏源.圣武记[M].韩锡铎,孙文良,点校.北京:中华书局,1984.

[44]赵尔巽,等.清史稿[M].北京:中华书局,1977.

[45]徐珂.清稗类钞[M].北京:商务印书馆,1966.

[46]满文老档[M].中国第一历史档案馆,中国社会科学院历史研究所,译注.北京:中华书局,1990.

[47]中国第一历史档案馆满文部,黑龙江省档案馆,黑龙江省社会科学院历史研究所.黑龙江将军衙门档案[M].哈尔滨:黑龙江人民出版社,2017.

[48]辽宁省档案馆.清代三姓副都统衙门满汉文档案选编[M].沈阳:辽宁古籍出版社,1995.

[49]辽宁省档案馆,辽宁社会科学院历史研究所,沈阳故宫博物馆.三姓副都统衙门满文档案译编[M].沈阳:辽沈书社,1984.

[50]中国第一历史档案馆,中国边疆史地研究中心,吉林省延吉档案馆.珲春副都统衙门档:影印本[M].桂林:广西师范大学出版社,2006.

[51]吉林省档案馆,吉林师范学院古籍研究所.珲春副都统衙门档案选编[M].长春:吉林文史出版社,1991.

[52]潘喆,李鸿彬,孙方明.清入关前史料选辑:第一辑[M].北京:中国人民大学出版社,1984.

[53]中国第一历史档案馆.清代锡伯族档案史料选编[M].乌鲁木齐:新疆人民出版社,1987.

[54]佟玉泉,佟克力.锡伯族民间散存清代满文古典文献[M].乌鲁木齐:新疆人民出版社,2008.

[55]中国第一历史档案馆,鄂伦春民族研究会.清代鄂伦春族满汉文档案汇编[M].北京:民族出版社,2001.

[56]中国第一历史档案馆.锡伯族档案史料[M].沈阳:辽宁民族出版社,1989.

[57]邓晓华.人类文化语言学[M].厦门:厦门大学出版社,1993.

[58]罗常培.语言与文化[M].北京:语文出版社,1989.

[59]马清华.文化语义学[M].南昌:江西人民出版社,2000.

[60]申小龙.中国文化语言学[M].长春:吉林教育出版社,1990.

[61]张公瑾,丁石庆.文化语言学教程[M].北京:教育科学出版社,2004.

[62]张公瑾.语言与民族物质文化史[M].北京:民族出版社,2002.

[63]戴昭铭.文化语言学导论[M].北京:语文出版社,1996.

[64]《中国少数民族语言简志丛书》编委会.中国少数民族语言简志丛书:修订本[M].北京:民族出版社,2009.

[65]季永海.满语语法[M].北京:中央民族大学出版社,2011.

[66]孙伯君.金代女真语[M].沈阳:辽宁民族出版社,2004.

[67]刘景宪,赵阿平,赵金纯.满语研究通论[M].牡丹江:黑龙江朝鲜民族出版社,1997.

[68]赵阿平.满族语言与历史文化[M].北京:民族出版社,2006.

[69]赵阿平.满-通古斯语言与文化研究[M].北京:民族出版社,2008.

[70]郭孟秀.满-通古斯语言与历史研究[M].北京:民族出版社,2006.

[71]长山.满语词源及文化研究[M].北京:社会科学文献出版社,2014.

[72]唐戈.锡伯语　赫哲语　鄂温克语　鄂伦春语研究[M].北京:民族出版社,2008.

[73]胡增益,朝克.鄂温克语简志[M].北京:民族出版社,1986.

[74]胡增益.鄂伦春语研究[M].北京:民族出版社,2001.

[75]安俊.赫哲语简志[M].北京:民族出版社,1986.

[76]朝克.满通古斯语族语言词汇比较[M].北京:中国社会科学出版社,2014.

[77]朝克.满通古斯语族语言研究史论[M].北京:中国社会科学出版社,2014.

[78]朝克.满通古斯语族语言词源研究[M].北京:中国社会科学出版社,2014.

[79]安双成.满汉大辞典[Z].沈阳:辽宁民族出版社,2018.

[80]赵阿平,郭孟秀,何学娟.濒危语言——满语、赫哲语共时研究[M].北京:社会科学文献出版社,2013.

[81]胡增益.新满汉大词典[Z].北京:商务印书馆,2020.

[82]袁珂.山海经校注[M].北京:北京联合出版公司,2014.

[83]方诗铭,王修龄.古本竹书纪年辑证[M].上海:上海古籍出版社,1981.

[84]费孝通.中华民族多元一体格局[M].北京:中央民族大学出版社,1999.

[85]王锺翰.中国民族史[M].北京:中国社会科学出版社,1994.

[86]翁独健.中国民族关系史纲要[M].北京:中国社会科学出版社,1990.

[87]干志耿,孙秀仁.黑龙江古代民族史纲[M].哈尔滨:黑龙江人民出版社,1987.

[88]傅朗云,杨旸.东北民族史略[M].长春:吉林人民出版社,1983.

[89]魏国忠.东北民族史研究[M].郑州:中州古籍出版社,1994.

[90]孙进己.东北民族源流[M].哈尔滨:黑龙江人民出版社,1989.

[91]杨学琛.清代民族关系史[M].长春:吉林文史出版社,1991.

[92]李兴盛.东北流人史[M].哈尔滨:黑龙江人民出版社,1990.

[93]余梓东.清代民族政策研究[M].沈阳:辽宁民族出版社,2003.

[94]《中国北方民族关系史》编写组.中国北方民族关系史[M].北京:中国社会科学出版社,1987.

[95]刘小萌.满族从部落到国家的发展[M].沈阳:辽宁民族出版社,2001.

[96]刘小萌.满族的社会与生活[M].北京:北京图书馆出版社,1998.

[97]方衍.黑龙江古代民族关系史[M].哈尔滨:黑龙江人民出版社,1999.

[98]《满族简史》编写组.满族简史[M].北京:民族出版社,2009.

[99]《锡伯族简史》编写组.锡伯族简史[M].北京:民族出版社,2008.

[100]《鄂温克族简史》编写组.鄂温克族简史[M].北京:民族出版社,2009.

[101]《赫哲族简史》编写组.赫哲族简史[M].北京:民族出版社,2009.

[102]姜维公.中国东北民族史[M].长春:吉林文史出版社,2014.

[103]《鄂伦春族简史》编写组.鄂伦春族简史[M].北京:民族出版社,2008.

[104]吴元丰,赵志强.锡伯族历史探究[M].沈阳:辽宁民族出版社,2008.

[105]舒景祥.中国赫哲族[M].哈尔滨:黑龙江人民出版社,1999.

[106]波·少布.黑龙江鄂温克族[M].哈尔滨:哈尔滨出版社,2008.

[107]乌云毕力格.满文档案与清代边疆和民族研究[M].北京:社会科学文献出版社,2013.

[108]李德山,栾凡.中国东北古民族发展史[M].北京:中国社会科学出版社,2003.

[109]凌纯声.松花江下游的赫哲族[M].北京:民族出版社,2012.

[110]金炳镐.民族理论通论[M].北京:中央民族大学出版社,1994.

[111]金炳镐.民族关系理论通论[M].北京:中央民族大学出版社,2007.

[112]林惠祥.文化人类学[M].北京:商务印书馆,2011.

[113]高凯军.通古斯族系的兴起[M].北京:中华书局,2006.

[114]郑东日.东北通古斯诸民族起源及社会状况[M].延吉:延边大学

出版社,1991.

[115]奇文瑛.满-通古斯语族民族宗教研究——宗教与历史[M].北京:中央民族大学出版社,2005.

[116]吕光天.北方民族原始社会形态研究[M].银川:宁夏人民出版社,1981.

[117]关小云,王宏刚.鄂伦春族萨满文化遗存调查[M].北京:民族出版社,2010.

[118]关小云.大兴安岭鄂伦春[M].哈尔滨:哈尔滨出版社,2003.

[119]秋浦.鄂伦春社会的发展[M].上海:上海人民出版社,1978.

[120]于学斌.鄂伦春游猎生活[M].哈尔滨:黑龙江美术出版社,2003.

[121]黄任远,黄永刚.赫哲族萨满文化遗存调查[M].北京:民族出版社,2009.

[122]张敏杰.赫哲族渔猎文化遗存[M].哈尔滨:黑龙江人民出版社,2008.

[123]秋浦.鄂温克人的原始社会形态[M].北京:中华书局,1962.

[124]内蒙古自治区编辑组.鄂温克族社会历史调查[M].呼和浩特:内蒙古人民出版社,1986.

[125]内蒙古自治区编辑组,《中国少数民族社会历史调查资料丛刊》修订编辑委员会.鄂伦春族社会历史调查[M].北京:民族出版社,2009.

[126]孔繁志.敖鲁古雅的鄂温克人[M].天津:天津古籍出版社,1989.

[127]王为华.鄂伦春原生态文化研究[M].哈尔滨:黑龙江人民出版社,2009.

[128]张岱年,方克立.中国文化概论[M].北京:北京师范大学出版社,1994.

[129]徐万邦,祁庆富.中国少数民族文化通论[M].北京:中央民族大学出版社,1996.

[130]任国英.满-通古斯语族诸民族物质文化研究[M].沈阳:辽宁民族出版社,2001.

[131]中国考古学会.中国考古学会第一次年会论文集 1979[M].北京:文物出版社,1980.

[132]关捷.东北少数民族历史与文化研究[M].沈阳:辽宁民族出版社,2007.

[133]王尧.满、锡伯、赫哲、鄂温克、鄂伦春、朝鲜族文化志[M].上海:上海人民出版社,1998.

[134]孙进己.东北各民族文化交流史[M].沈阳:春风文艺出版社,1992.

[135]张璇如,陈伯霖,谷文双,等.北方民族渔猎经济文化研究[M].长春:吉林人民出版社,1999.

[136]张碧波,董国尧.中国古代北方民族文化史[M].哈尔滨:黑龙江人民出版社,2001.

[137]赵展.满族文化与宗教研究[M].沈阳:辽宁民族出版社,1993.

[138]刘广铭.朝鲜朝语境中的满洲族形象研究[M].北京:光明日报出版社,2013.

[139]佟克力.锡伯族历史与文化[M].乌鲁木齐:新疆人民出版社,1989.

[140]吕大吉.中国各民族原始宗教资料集成:鄂伦春族卷 鄂温克族卷 赫哲族卷 达斡尔族卷 锡伯族卷 满族卷 蒙古族卷 藏族卷[M].北京:中国社会科学出版社,1999.

[141]毅松,涂建军,白兰.达斡尔族 鄂温克族 鄂伦春族文化研究[M].呼和浩特:内蒙古教育出版社,2007.

[142]韩有峰,都永浩,刘金明.鄂伦春族历史、文化与发展[M].哈尔滨:哈尔滨出版社,2003.

[143]吴雅芝.最后的传说:鄂伦春族文化研究[M].北京:中央民族大学出版社,2006.

[144]卡丽娜.驯鹿鄂温克人文化研究[M].沈阳:辽宁民族出版社,2006.

[145]张松.黑龙江满族文化[M].哈尔滨:黑龙江教育出版社,2013.

[146]吴克尧.黑龙江锡伯族文化[M].哈尔滨:黑龙江教育出版社,2010.

[147]姜洪波,都永浩.黑龙江赫哲族文化[M].哈尔滨:黑龙江教育出版社,2008.

[148]韩有峰.黑龙江鄂伦春族文化[M].哈尔滨:黑龙江教育出版社,2010.

[149]吴天喜.黑龙江鄂温克族文化[M].哈尔滨:黑龙江教育出版社,2008.

[150]衣俊卿.文化哲学——理论理性和实践理性交汇处的文化批判[M].昆明:云南人民出版社,2005.

[151]罗康隆.文化适应与文化制衡[M].北京:民族出版社,2007.

[152]鲍明.满族文化模式:满族社会组织和观念体系研究[M].沈阳:辽宁民族出版社,2005.

[153]何群.环境与小民族生存——鄂伦春文化的变迁[M].北京:社会科学文献出版社,2006.

[154]孔繁志.敖鲁古雅鄂温克人的文化变迁[M].天津:天津古籍出版社,2002.

[155]杨光.赫哲族社会文化变迁研究[M].长春:吉林文史出版社,2014.

[156]郝庆云,纪悦生.赫哲族社会文化变迁研究[M].北京:学习出版社,2016.

[157]张敏杰.赫哲族渔猎文化遗存[M].哈尔滨:黑龙江人民出版社,2008.

[158]尤志贤.赫哲族伊玛堪选[M].哈尔滨:黑龙江省民族研究所,1989.

[159]马克.黑龙江旅行记[M].北京:商务印书馆,1977.

[160]史禄国.北方通古斯的社会组织[M].呼和浩特:内蒙古人民出版

社,1985.

[161]杰烈维杨科.黑龙江沿岸的部落[M].长春:吉林文史出版社,1987.

[162]间宫林藏.东鞑纪行[M].北京:商务印书馆,1974.

[163]河内良弘.明代女真史研究[M].沈阳:辽宁民族出版社,2015.

[164]三上次男.金代女真研究[M].哈尔滨:黑龙江人民出版社,1984.

[165]松本真澄.中国民族政策之研究[M].北京:民族出版社,2003.

[166]国家图书馆出版社.李朝实录[M].北京:国家图书馆出版社,2012.

[167]朴趾源.热河日记[M].上海:上海书店出版社,1997.

[168]复旦大学文史研究院,成均馆大学东亚学术院大东文化研究院.韩国汉文燕行文献选编[M].上海:复旦大学出版社,2011.

[169]伍兹.文化变迁[M].石家庄:河北人民出版社,1989.

[170]本尼迪克特.文化模式[M].北京:三联书店,1988.

[171]哈维兰.文化人类学[M].上海:上海社会科学院出版社,2006.

[172]白鸟库吉.东胡民族考[M].北京:商务印书馆,1934.

[173]鸟居龙藏.东北亚洲搜访记[M].北京:商务印书馆,1930.